欧亚历史文化文库

总策划 张余胜

兰州大学出版社

空间与形态

——三至七世纪中国历史城市地理研究

丛书主编 余太山

成一农 著

图书在版编目(CIP)数据

空间与形态:三至七世纪中国历史城市地理研究/
成一农著. —兰州:兰州大学出版社,2012.1
(欧亚历史文化文库/余太山主编)
ISBN 978-7-311-03838-0

Ⅰ.①空… Ⅱ.①成… Ⅲ.①城市地理—研究—中国
—古代 Ⅳ.①K928.5

中国版本图书馆 CIP 数据核字(2012)第 004780 号

总 策 划 张余胜

书 名 空间与形态
———三至七世纪中国历史城市地理研究
作 者 成一农 著
出版发行 兰州大学出版社 (地址:兰州市天水南路 222 号 730000)
电 话 0931-8912613(总编办公室) 0931-8617156(营销中心)
0931-8914298(读者服务部)
网 址 http://www.onbook.com.cn
电子信箱 press@lzu.edu.cn
印 刷 兰州人民印刷厂
开 本 710mm×1020mm 1/16
印 张 25.25
字 数 337 千
版 次 2012 年 1 月第 1 版
印 次 2012 年 1 月第 1 次印刷
书 号 ISBN 978-7-311-03838-0
定 价 76.00 元

(图书若有破损、缺页、掉页可随时与本社联系)

出版说明

　　随着 20 世纪以来联系地、整体地看待世界和事物的系统科学理念的深入人心，人文社会学科也出现了整合的趋势，熔东北亚、北亚、中亚和中、东欧历史文化研究于一炉的内陆欧亚学于是应运而生。时至今日，内陆欧亚学研究取得的成果已成为人类不可多得的宝贵财富。

　　当下，日益高涨的全球化和区域化呼声，既要求世界范围内的广泛合作，也强调区域内的协调发展。我国作为内陆欧亚的大国之一，加之 20 世纪末欧亚大陆桥再度开通，深入开展内陆欧亚历史文化的研究已是责无旁贷；而为改革开放的深入和中国特色社会主义建设创造有利周边环境的需要，亦使得内陆欧亚历史文化研究的现实意义更为突出和迫切。因此，将针对古代活动于内陆欧亚这一广泛区域的诸民族的历史文化研究成果呈现给广大的读者，不仅是实现当今该地区各国共赢的历史基础，也是这一地区各族人民共同进步与发展的需求。

　　甘肃作为古代西北丝绸之路的必经之地与重要组

成部分,历史上曾经是草原文明与农耕文明交汇的锋面,是多民族历史文化交融的历史舞台,世界几大文明(希腊—罗马文明、阿拉伯—波斯文明、印度文明和中华文明)在此交汇、碰撞,域内多民族文化在此融合。同时,甘肃也是现代欧亚大陆桥的必经之地与重要组成部分,是现代内陆欧亚商贸流通、文化交流的主要通道。

基于上述考虑,甘肃省新闻出版局将这套《欧亚历史文化文库》确定为2009—2012年重点出版项目,依此展开甘版图书的品牌建设,确实是既有眼光,亦有气魄的。

丛书主编余太山先生出于对自己耕耘了大半辈子的学科的热爱与执著,联络、组织这个领域国内外的知名专家和学者,把他们的研究成果呈现给了各位读者,其兢兢业业、如临如履的工作态度,令人感动。谨在此表示我们的谢意。

出版《欧亚历史文化文库》这样一套书,对于我们这样一个立足学术与教育出版的出版社来说,既是机遇,也是挑战。我们本着重点图书重点做的原则,严格于每一个环节和过程,力争不负作者、对得起读者。

我们更希望通过这套丛书的出版,使我们的学术出版在这个领域里与学界的发展相偕相伴,这是我们的理想,是我们的不懈追求。当然,我们最根本的目的,是向读者提交一份出色的答卷。

我们期待着读者的回声。

总 序

　　本文库所称"欧亚"(Eurasia)是指内陆欧亚,这是一个地理概念。其范围大致东起黑龙江、松花江流域,西抵多瑙河、伏尔加河流域,具体而言除中欧和东欧外,主要包括我国东三省、内蒙古自治区、新疆维吾尔自治区,以及蒙古高原、西伯利亚、哈萨克斯坦、乌兹别克斯坦、吉尔吉斯斯坦、土库曼斯坦、塔吉克斯坦、阿富汗斯坦、巴基斯坦和西北印度。其核心地带即所谓欧亚草原(Eurasian Steppes)。

　　内陆欧亚历史文化研究的对象主要是历史上活动于欧亚草原及其周邻地区(我国甘肃、宁夏、青海、西藏,以及小亚、伊朗、阿拉伯、印度、日本、朝鲜乃至西欧、北非等地)的诸民族本身,及其与世界其他地区在经济、政治、文化各方面的交流和交涉。由于内陆欧亚自然地理环境的特殊性,其历史文化呈现出鲜明的特色。

　　内陆欧亚历史文化研究是世界历史文化研究中不可或缺的组成部分,东亚、西亚、南亚以及欧洲、美洲历史文化上的许多疑难问题,都必须通过加强内陆欧亚历史文化的研究,特别是将内陆欧亚历史文化视做一个整体加以研究,才能获得确解。

中国作为内陆欧亚的大国,其历史进程从一开始就和内陆欧亚有千丝万缕的联系。我们只要注意到历代王朝的创建者中有一半以上有内陆欧亚渊源就不难理解这一点了。可以说,今后中国史研究要有大的突破,在很大程度上有待于内陆欧亚史研究的进展。

古代内陆欧亚对于古代中外关系史的发展具有不同寻常的意义。古代中国与位于它东北、西北和北方,乃至西北次大陆的国家和地区的关系,无疑是古代中外关系史最主要的篇章,而只有通过研究内陆欧亚史,才能真正把握之。

内陆欧亚历史文化研究既饶有学术趣味,也是加深睦邻关系,为改革开放和建设有中国特色的社会主义创造有利周边环境的需要,因而亦具有重要的现实政治意义。由此可见,我国深入开展内陆欧亚历史文化的研究责无旁贷。

为了联合全国内陆欧亚学的研究力量,更好地建设和发展内陆欧亚学这一新学科,繁荣社会主义文化,适应打造学术精品的战略要求,在深思熟虑和广泛征求意见后,我们决定编辑出版这套《欧亚历史文化文库》。

本文库所收大别为三类:一,研究专著;二,译著;三,知识性丛书。其中,研究专著旨在收辑有关诸课题的各种研究成果;译著旨在介绍国外学术界高质量的研究专著;知识性丛书收辑有关的通俗读物。不言而喻,这三类著作对于一个学科的发展都是不可或缺的。

构建和发展中国的内陆欧亚学,任重道远。衷心希望全国各族学者共同努力,一起推进内陆欧亚研究的发展。愿本文库有蓬勃的生命力,拥有越来越多的作者和读者。

最后,甘肃省新闻出版局支持这一文库编辑出版,确实需要眼光和魄力,特此致敬、致谢。

余太山

2010 年 6 月 30 日

目录

1

3

1 绪论

3—7世纪,大致相当于从东汉末年至唐前期,是中国历史上巨大的动荡时期,内陆亚洲的各个民族纷纷涌入中原地区,相互冲击、涤荡,最终趋于融合,由此也对中国历史的发展造成重要的影响,这一点先贤已经多所关注。就城市而言,无论历史城市地理还是中国古代城市史的研究都认为这一时期中国古代城市也发生了重要的变化:

(1)坊市制形成,同时也在城市中形成了这一时期特有的棋盘格和封闭式的街道格局。

(2)都城城市形态发生了重要的演变,主要特点就是宫殿集中布局;衙署逐渐集中于宫城之前并形成了皇城;棋盘格规划的街道等。

(3)地方城市在全国范围内的空间分布发生了根本性的变化。

(4)地方城市中出现了子城。

除了第一点之外,上述观点就其所论述的现象大致是正确的,但是对这些变化的原因和性质的分析则存在或多或少的问题,而且没有将这一时期的中国城市放置于世界城市史(主要是欧亚城市史)背景中进行讨论,这在一定程度上影响了我们对这一时期城市演变的认识。

在提出本书的研究方法和内容之前,先对以往的研究成果进行综述。

1.1 研究综述

1.1.1 地方城市空间分布格局的变化

3—7世纪,经历了400多年的动荡,汉代地方城市的空间分布格局被完全打破,形成了新的城市空间分布格局,并为唐代之后的发展奠定了基础。如顾朝林提出"魏晋南北朝全国共新设县城近 220 个",[1]并依据《中国历史地图集》的数据,认为"中唐时期我国县城分布与东汉时期比较,很明显,这一时期黄淮海河流域县城废弃甚多,县城总数仅及东汉时的一半,所占全国城市比重,也由东汉时的 1/2 强,下降到 1/5;而长江流域及东南沿海地区则发展很快,县城数增加了一倍以上,约占全国县城总数一半左右"。[2] 李孝聪则进一步提出:"这一时期城市真正得到较大发展的是在南方。据不完全统计,魏晋南北朝时期共新设县城近 220 个,其中以现今四川、湖北、广东三省所在地区数量上分别为前三名,长江下游三吴地区由于人口大量迁入,城市渐成规模。而北方,除黄河中下游及渭河、济水沿岸新增州县而建造城市之外,总的城市数目并没有显著增减。"[3]陈正祥用中国"等城线"图表现了不同年龄城市分布的地理状况,其中"年龄介于 2000~3000 年的城,分布偏集北方","年龄介乎 1000~2000 年的城,分布比较散漫",[4]虽然其时段的划分与本书所讨论的时段存在差异,但也大致体现了这一时期中国城市地域分布上的变化,基本与顾朝林和李孝聪的观点一致。但遗憾的是这些研究既没有提供统计数据的来源,也没有提供不同区域和不同时期的详细数据。

李济在其所著《中国民族的形成》第 3 章"我群的演进:以城址衡量其规模"[5]主要是以《古今图书集成》所记载的城址资料为基础,用统计计量方法进行的研究,即"通过这些材料,重新构拟出这些城址移动的路线,并在此基础上推断历史上的我群在后来的各个历史时期的动向"。[6] 其将 1644 年之前的发展分为 8 个时段,其中阶段 D(265—617)与本书研究的时段大致重合〔还有阶段 E(618—959)的一小部

---

〔1〕顾朝林:《中国城镇体系——历史·现状·展望》,商务印书馆 1992 年版,第 65 页。

〔2〕顾朝林:《中国城镇体系——历史·现状·展望》,第 71 页。

〔3〕李孝聪:《历史城市地理》,山东教育出版社 2007 年版,第 172 页。

〔4〕陈正祥:《中国文化地理》第 3 篇"中国的城",三联书店 1983 年版,第 82 页。

〔5〕李济:《中国民族的形成》第 3 章"我群的演进:以城址衡量其规模",载《李济文集》第 1 卷,上海人民出版社 2006 年版,第 110 页。

〔6〕李济:《中国民族的形成》第 3 章"我群的演进:以城址衡量其规模",第 111 页。

分〕。根据李济的分析统计,本书所研究的时段(大致相当于阶段 D)与之前的阶段相比,在筑城活动范围扩展上并没有显著的扩大。而且从其论文中的一些数据和表格也能看出这种趋势,如该文表 18 显示了 3 个地带(第 1 个地带是甘肃、河南、陕西、江苏、山东、安徽、直隶、湖北、陕西;第 2 个地带是云南、湖南、江西、四川、浙江;第 3 个地带是广西、广东、福建和贵州)不同时期筑城活动的强度,第 1 和第 3 个地带在这一时期筑城活动的强度都不如之前和之后的阶段,该文表 19 以及地图 8 与图 9 之间的对比也能显示这一结论。并且根据饱和点的计算,李济提出 678 年之后第 2 和第 3 地带的筑城活动才有明显的增加,虽然这一数据并不能直接说明本文所讨论时段的情况,但也说明第 2、第 3 地带在公元 3—7 世纪之间的筑城活动与前代相比并无明显的变化。而且从分省统计来看,陕西、江苏、山东、山西、浙江、广西、福建筑城活动强度在 D 期要明显高于之前的 C 期,而河南、湖南、四川则要明显低于之前的 C 期。而该文表 48"每个时期里显示筑城活动最大绝对指数的 5 个省份"中,D 时期是山西、江苏、陕西、河南、安徽。总体来看,其结论与顾朝林、李孝聪和陈正祥的结论并不一致。结论上的这种差异可能一方面来源于统计数据的差异,另一方面可能李济统计的是筑城活动,而顾朝林等统计的是行政治所城市的兴废,两者虽然有联系,但并不完全一致(具体可以参见本书 2.3 的分析)。

此外,还存在一些单一地域的研究,比如王德权《从"汉县"到"唐县"——三至八世纪河北县治体系变动的考察》[1]一文,对 3—8 世纪河北地区县治废弃、兴建以及地理空间的变动进行了分析。作者撰写这篇论文的主旨是希望在"复原城市变动趋势的基础上,研判变动背后可能存在的国家与地域社会频繁互动的过程"。在研究方法上作者认为由于关于城址变动的直接文献极少,因此只能"凭借相关变动过程的归纳与分析"来进行研究,这一方法也存在于研究这一时期城市

───────────
〔1〕王德权:《从"汉县"到"唐县"——三至八世纪河北县治体系变动的考察》,载《唐研究》第 5 卷,北京大学出版社 1999 年版,第 161 页。

空间分布变化的其他论著中,但如何归纳和分析则依然是一个值得探讨的问题,也是本书相关章节所试图解决的问题之一。王德权文主要讨论了3个主题,即"汉县到唐县之垂直变动率";"汉唐间县治变动的过程与区域差异";"汉唐县治的地理分布及其变动趋势"。其结论是"西汉县结构的破坏或转变,关键是在北齐(尤其是文宣帝天保七年)的调整";"东汉以降各时期增(移)置县数不一,就中以隋治数居首(94),其下依序为北魏(44)、唐(27)、北齐(19)、魏晋(13)";"分析天宝十二载县治来源,其中西汉县39,比例为25%。天宝县治主体为隋治,约三分之一弱,唐治25,合计只有不到30%天宝县治是来源自三国(含)以前的县治,说明天宝县治已与北魏(含)以前有着结构上的差异"。此后作者以唐代天宝十二载(753)的政区为界,将河北地区分为6个次地理单元,详细分析了不同区域不同时期的废置过程、地理分布上的差异以及原因。作者又分析了县治变动的模式、变动的地理特征(包括海拔高度、县治之间的距离等等),并归纳了县治变动的地理趋势,即"增加的部分主要是 50~100 米间的冲积扇底部",县治之间的距离趋于合理化。[1] 此外作者还提出"汉唐间城市体系变动的趋势,一方面是汉文明的南向发展与城市增筑,而华北城市群在同一时期进行内部空间体系的重新整合"。

孙靖国在其博士论文《桑干河流域历史城市地理研究》[2]中对桑干河流域自秦汉直至清代城市分布的演变过程进行了分析,其中也涉及秦汉至隋唐时期城市分布的变化。其中"战国秦汉时期,这一地区的治所城市的位置大部分都位于桑干河、沧头河及其主要支流的河流阶地上,规律相当普遍";[3]"治所城市大部分分布在河流的河谷平原

---

〔1〕并认为"汉唐间县治距离有朝向合理空间结构发展的趋势,且隋唐进行县治距离调整时,也明显存在与汉代相同的空间基准(县方百里),百里也是当时主要交通工具速率下的合理范围。若将建立合理政区空间结构的课题置于汉唐间县治变动脉络中理解,或可增加我们对汉唐间华北国家结构内部整合过程的了解"。见王德权:《从"汉县"到"唐县"——三至八世纪河北县治体系变动的考察》,载《唐研究》第 5 卷,第 195 页。

〔2〕孙靖国:《桑干河流域历史城市地理研究》,北京大学历史系 2009 年博士毕业论文。

〔3〕孙靖国:《桑干河流域历史城市地理研究》,第 43 页。

中,所以在空间分布上,城市呈现沿桑干河、十里河、浑河、壶流河、洋河和妫水河等河流的带状分布……同时,城址的选择,除靠近一条主要河流之外,还往往要靠近河流的一条支流,也就是位于两条河流交汇处的三角地带……在主要河流沿岸的河谷平原之外,也就是高原地带和高阶地、台地地区,鲜少有治所城市分布",[1]这种分布格局的形成与汉代依城邑而居的习惯和农耕经济的需要有关。北魏时期,桑干河流域形成了两个比较明显的城邑分布区,一个是沿桑干河的带状区域,另一个则是平城附近地区;此外,以桑干河为界,桑干河以南地区分布着16座城邑,以北则分布着10座城邑,桑干河以南城邑的数量和分布密度要远远超过以北地区,这种分布状况与这一时期的经济方式有关;隋代和唐前期,由于这一地区的战乱以及此后这一地域在唐初主要用来安置游牧部落,因此城邑数量急剧下降,并且由于这一地区建立的军城仅仅担负单纯的军事职能,因此大都位于平坦谷地之中。

这一时期城市分布研究中所使用的"城市"的定义,基本上就是地方行政治所城市,因此在这里也需要介绍一下这一时期行政区划演变的相关研究。谭其骧主编的《中国历史地图集》、王仲荦的《北周地理志》、[2]施和金《北齐地理志》,[3]都是研究这一时期行政区划演变必不可少的现代研究者对基本史料的整理;复旦大学和哈佛大学联合编制的《中国历史地理信息系统》(CHGIS)第4版的时间序列数据提供了东南地区可以检索到年的数据资料,并且给出了文字考释和说明,由此可以绘制这一时期每一年的历史地图,可以说包含了本书所研究时期的行政区划演变的最新成果。[4]此外,这方面最新的研究成果还有施和金《中国行政区划通史·隋代卷》,[5]该书除了考订州郡县的沿革之外,还论述了隋代政区变革的过程,并附有政区图和沿革表。这套丛书中与本书主题有关的"三国两晋南朝卷"、"十六国北朝卷"以及

〔1〕孙靖国:《桑干河流域历史城市地理研究》,第46页。
〔2〕王仲荦:《北周地理志》,中华书局1980年版。
〔3〕施和金:《北齐地理志》,中华书局2008年版。
〔4〕资料来源 http://yugong.fudan.edu.cn/Chgisii/chgis_Data_Download/index.asp。
〔5〕施和金:《中国行政区划通史·隋代卷》,复旦大学出版社2009年版。

"唐五代卷"尚未出版。此外毋有江的博士论文《北魏政区地理研究》复原了北魏州郡两级政区的设置演变过程。[1]

以往对这一时期城市空间分布演变的研究,基本上按照朝代来划分阶段,虽然李济将研究时段划分为几个阶段,但主要也以朝代为依据,但显然很多城市空间分布变化的关节点并不与朝代的更替同步,尤其是行政建置城市,其重要的空间分布变化往往与某些重要的地方行政建置的举措有关;并且不同地域城市空间分布的变化也可能有着自身的一些特点,这一点李济的论文具有借鉴性。

1.1.2 坊市制及其对城市形态的影响

以往的研究基本上都认为3—7世纪是中国古代坊市制的确立时期,在其影响下形成的这一时期中国古代城市形态的主要特点有:(1)商业活动集中在政府主导的定时启闭的市中;(2)城市中的居民区,即"坊"周围耸立着坊墙,坊门定时启闭,限制了人们在城市中的自由活动;(3)坊市制下的城市形态主要呈现为整齐的棋盘格。[2]

在学术史上,上述观点的雏形最早出现在日本学者加藤繁的著作《宋代都市的发展》[3]中,在论证上,加藤繁的研究带有很大程度的推测成分,不过却被后来的学者视为定论。对于以往坊市制的研究,拙著《"中世纪城市革命"的再思考》[4]和《中国古代地方城市形态研究现状评述》,[5]分别从史实和研究方法的角度进行了评述。在这里进行简要的总结:

实际上并没有任何直接的文献证据说明商业活动必须集中在政府主导的定时启闭的"市"中,以往的研究主要是人为的将不符合这一

---

〔1〕毋有江:《北魏政区地理研究》,复旦大学2005年博士毕业论文。

〔2〕如刘淑芬:《中古都城坊制初探》,载《中研院史语所集刊》第61本第2分册,1982年版,第293页;李孝聪:《历史城市地理》,第152页等。

〔3〕〔日〕加藤繁:《宋代都市的发展》,载《中国经济史考证》,商务印书馆1973年版,第239页。

〔4〕成一农:《"中世纪城市革命"的再思考》,载《古代城市形态研究方法新探》,社会科学文献出版社2009年版,第66页。

〔5〕成一农:《中国古代地方城市形态研究现状评述》,载《中国史研究》2010年第1期,第145页。

观点的现象,归结于是对坊市制的突破。本书作者认为这一时期"市"的特殊性并不在于商业活动都要集中于此,而是在于"市"的功能。对于这一问题的分析需要在研究时段上从秦汉贯穿至宋代,这在时段上远远超出了本书研究的范畴,因此本书不展开叙述。

中国古代,"坊"并不是限制人们活动自由的制度,限制人们活动自由的是夜禁制度,坊或者坊门的启闭只是实现夜禁制度的手段。在所谓的"坊市制崩溃"之后,由于夜禁制度的存在,城市居民的自由似乎没有发生本质的变化。而且坊并不一定要修建坊墙,在很多地方城市中,坊的封闭有着其他的实现形式。

关于"坊"的起源,以往的研究主要有两种观点。第一种观点认为这一制度起源于魏晋南北朝时期,其中尤以起源于曹魏邺城的观点为主导,此外还有些学者认为北魏平城是其肇始;第二种观点,以加藤繁、杨宽为代表,认为来源于先秦、秦汉时期的里制。上述观点的核心差异就是里制与坊制之间是否存在继承关系。对于里制,加藤繁、杨宽都作过详尽的分析,周长山近著《汉代城市研究》[1]也对里制的起源、形态进行了分析。总体来看,以往的观点认为里是坊的前身。但是由于在这一时期,"里"与"坊"并存,因此关于两者的具体关系和转换的原因依然存在争论。虽然近年来一些学者对于里坊提出了一些新的观点,如鲁西奇的《城墙内外:古代汉水流域城市的形态与空间结构》、[2]齐东方的《魏晋隋唐城市里坊制度——考古学的印证》、[3]朴汉济的《北魏洛阳社会与胡汉体制》[4]等等,但都没有解决或者意识到关于坊的一些根本问题:在与里功能相似的情况下,坊为何会产生;坊名是什么时间产生的;坊正是何时设立的;坊是如何以及何时从都城扩展到地方城市的,以及地方城市中坊是如何布局的? 因此,关于3—7世纪的里坊制度依然存在很大的研究空间。

---

〔1〕周长山:《汉代城市研究》,人民出版社2001年版,第134页。

〔2〕鲁西奇:《城墙内外:古代汉水流域城市的形态与空间》,中华书局2011年版。

〔3〕齐东方:《魏晋隋唐城市里坊制度——考古学的印证》,载《唐研究》第9卷,北京大学出版社2003年版,第53页。

〔4〕朴汉济:《北魏洛阳社会与胡汉体制》,载《中原文物》1988年第4期,第94页。

·欧·亚·历·史·文·化·文·库·

1.1.3 子城的产生

　　子城萌芽于汉代,在地方城市中广泛兴筑于魏晋南北朝时期,普及于唐,衰落于宋,最终消失于元,在中国古代有着漫长的发展历史,而且子城是衙署所在,在中国古代城市中曾占有重要的地位。但是至今对子城进行过较为系统研究的只有郭湖生,他在《子城制度——中国城市史专题研究之一》[1]中对子城的产生和演变进行了分析,但这篇论文多是文献的陈述,对子城产生、发展以及消失的原因基本没有涉及。朱大渭在《魏晋南北朝时期的套城》[2]一文中介绍了魏晋南北朝时期地方城市中的"套城",其中也涉及了子城,并认为军事因素是以子城为代表的"套城"在这一时期产生的主要原因。

　　此外,在3—7世纪,中国地方城市中还存在一些与子城相关的"城中之城",比如魏晋南北朝地方城市中的"金城",唐代文献中记载的"衙城"、"牙城"等。有些学者对"金城"的问题进行了研究,如宫川尚志认为金城和小城、子城同是位于外郭城内一角小区划的城,唯一不同的是"金城"特别指在低地上填土而建的小城。[3] 刘淑芬对宫川尚志的观点进行了反驳,她认为"金城"是魏晋北朝城市的特殊产物,是在外郭城内修筑的军事城堡,有别于内城或子城,其目的是为了加强城的防御能力。[4]

　　本书作者在《中国子城考》[5]一文中对中国古代地方城市中子城的发展脉络进行了梳理,提出中国古代地方城市中的子城萌芽于汉,产生于魏晋南北朝,普及于唐,宋代开始衰落,最终在元末消失。子城在地方城市中的兴衰演变,除了军事防御的需要之外,最为重要的是受到中央集权和地方势力之间的消长,以及城市中地方官员组成稳定

〔1〕郭湖生:《子城制度——中国城市史专题研究之一》,京都:《东方学报》57册,1985年,第665页。

〔2〕朱大渭:《魏晋南北朝时期的套城》,载《齐鲁学刊》1987年第4期,第54页。

〔3〕〔日〕宫川尚志:《六朝史研究——政治社会篇》,第480页。转引自刘淑芬:《魏晋北朝的筑城运动》,载《六朝的城市与社会》,台湾学生书局1992年版,第389页。

〔4〕刘淑芬:《魏晋北朝的筑城运动》,载《六朝的城市与社会》,第389页。

〔5〕成一农:《中国子城考》,载《古代城市形态研究方法新探》,第94页。

性的影响。子城的发展历程,反映了魏晋至宋元时期,中国古代政治、社会的变动。但该文在论证上对于子城产生的关键时间,也就是本书所涉及时段(3—7世纪)的一些关键问题论证得尚不够详实,尤其是对这一多民族激荡历史背景下的城市组成人口的分析欠缺。

鲁西奇在《城墙内外:古代汉水流域城市的形态与空间结构》一书中提出汉水流域南北朝后期修筑的城垣,规模较小,"南北朝后期所筑城郭,其性质多属戍城,乃为驻防军兵之用,城内甚少居民,故其规模均较小"。[1]在唐代中后期扩建罗城后,原先的城垣形成了子城,其基本观点大致与本书作者相同,但论证更为具体、实证,更具有说服力。

总体来看,关于这一时期"子城"的研究缺乏深入,而且需要注意的是,这种城市形态(即子城及其周围环绕的居住区),与日本的天守阁和城下町以及欧洲的城堡及其附属的居住区非常相似,对其进行比较研究,在一定程度上也会加深我们对于这一问题的认识。

1.1.4 都城城市形态的演变

都城城市形态的研究是这一时期城市形态研究的重点,绝大部分重要的都城都已经进行了考古发掘工作,出版了考古发掘报告,同时基于考古报告和文献,每座都城都有着大量的研究论著。这些考古报告和研究论著,可以参见本书第6章和所附参考书目。这里只对一些具有代表性的、重要的观点进行评述。

1.1.4.1 曹魏邺城

最初日本学者在复原图中将城市南部绘制为整齐的棋盘格布局,这一复原并没有得到考古资料的支持,因此一般不再被采用。除了街道之外,关于曹魏邺城的内部结构,自清代学者顾炎武以来,很多学者都根据文献资料进行了复原,各种观点之间并不存在太大争议。[2]

1.1.4.2 北魏平城

由于北魏平城大部分位于现在的大同市地下,虽然已经发掘出一

---

〔1〕鲁西奇:《城墙内外:古代汉水流域城市的形态与空间》,第264页。
〔2〕顾炎武:《历代宅京记》卷12"邺下",中华书局1984年版,第174页;郭济桥:《曹魏邺城中央官署布局初释》,载《殷都学刊》2002年第2期,第34页等。

些北魏时期的遗迹和遗物,但是对于平城的整体布局以及一些主要建筑的位置依然存在争论。根据文献并结合考古材料,很多学者对北魏平城的布局进行了推测,其中最为详细的当属要子瑾的《魏都平城遗址试探》[1]一文。其中所附《北魏平城想象地图》,虽然可能在具体位置上尚存在争议,但大体符合文献对北魏平城的描述,其中存在的比较大的问题就是现在并没有文献可以明确证明北魏平城存在整齐的里坊。虽然有学者以"规立外城,方二十里,分置市里,经涂洞达"为据,说明平城中存在整齐的棋盘格式的里坊街道布局,[2]但从前田正名的研究来看,这里所说的外城是灅南宫的外城,而不是平城的外城,[3]而且"经涂洞达"至多是说明街道笔直,但也不完全等同于棋盘格布局。另外,从"坊大者容四五百家,小者六七十家"来看,可能坊的大小也不一致。因此,将平城的街道布局复原为如同隋唐长安、洛阳的棋盘格,依据并不充分,[4]当然并不排除北魏平城存在棋盘格布局的可能。此外,杨宽认为北魏平城的布局是"模仿邺、洛阳、长安的"。[5]

1.1.4.3 北魏洛阳

作为一座在中国古代都城形态史上承前启后的都城,北魏洛阳在以往的都城研究中被给予了大量关注,研究的重点主要是追寻其城市布局的来源,比如以刘淑芬为代表的学者认为其城市形态受到南朝建康的影响,"洛阳的营建几乎全受建康的影响……甚至是建康的翻版";[6]但现在占据主流的观点是由陈寅恪提出的,即"则太和洛阳新都之制度必与江左、河西及平城故都皆有关无疑",[7]但主要是强调受到河西姑臧的影响,并且影响了后世隋唐长安城,即"李冲受命规划洛

---

[1]要子瑾:《魏都平城遗址试探》,载《中国历史地理论丛》1992年第3期,第215页。

[2]要子瑾:《魏都平城遗址试探》,载《中国历史地理论丛》1992年第3期,第234页的复原图。

[3][日]前田正名:《平城历史地理学研究》,书目文献出版社1994年版,第101页。

[4]刘淑芬也持类似的观点。参见刘淑芬:《六朝的城市与社会·中古都城坊制初探》,第419页。

[5]杨宽:《中国古代都城制度史研究》,上海古籍出版社1993年版,第141页。

[6]刘淑芬:《六朝的城市与社会·六朝建康与北魏洛阳之比较》,第186页。

[7]陈寅恪:《隋唐制度渊源略论稿·礼仪·附都城建筑》,三联书店2001年版,第71页。

阳新制,亦不能不就西晋故都遗址加以改善,殆有似张氏之增筑姑臧城者,岂其为河西家世遗传所熏习,无意之中受凉州都会姑臧名城之影响,遂致北魏洛都一反汉制之因袭,而开隋代之规模欤?"[1]在陈寅恪的影响下,持这种观点的学者很多,[2]但都没有注意到陈寅恪该段最后一句话"此前所谓姑作假想,姑备一说,自不得目为定论者也"。[3]这句话的涵义非常明确,要作为定论,还需要进一步的研究。马正林还提出"实际上北魏洛阳城也是创新,并非简单模拟",[4]孟凡人在《试论北魏洛阳城的形制与中亚古城形制的关系——兼谈丝路沿线城市的重要性》[5]一文中,认为这一时期中国都城的布局受到了中亚城市的影响,不过这两种观点不太具有影响力。

从研究方法上来看,除了城市形态的比较之外,陈寅恪提出的从参与修建者的背景入手进行分析的思路,成为了研究这一时期都城规划来源的一个重要方法,虽然这一研究视角有一定的道理,但在逻辑上并不完备。设计者的生活地、学识背景虽然会对其头脑中的都城规划产生一定的影响,但是并不等于就会应用于实际规划。影响修建者采用哪种规划的因素很多,因此对修建者背景的研究,至多只能提供一种影响都城规划的可能,而不是一种确定的结论。[6]而且以往从比较城市形态相似性入手,来分析都城形态之间的相互影响,在研究方法上也存在问题,具体参见本书第6章的分析。

此外,基本上所有学者都认为北魏洛阳在外郭城中存在整齐的棋盘格布局,最有影响力的是宿白提出的"规整的一里见方的里坊,最为

〔1〕陈寅恪:《隋唐制度渊源略论稿·礼仪·附都城建筑》,第78页。
〔2〕如李孝聪:《历史城市地理》,第123页;段鹏琦:《汉魏洛阳故城》,文物出版社2009年版,第194页等。
〔3〕陈寅恪:《隋唐制度渊源略论稿·礼仪·附都城建筑》,第78页。
〔4〕马正林:《中国城市历史地理》,山东教育出版社1998年版,第190页。
〔5〕孟凡人:《试论北魏洛阳城的形制与中亚古城形制的关系》,载《汉唐与边疆考古研究》第1辑,科学出版社1994年版,第97页。
〔6〕此外陈寅恪论述北魏洛阳受到河西姑臧的影响,将市场集中于宫城之南,也就是违背了所谓传统的"面朝后市"的制度,但北魏洛阳之前的都城明确存在"后市"的只有汉长安(可能还有秦都雍城),因此谈不上存在"面朝后市"的传统,而可能是陈寅恪也提到的交通因素,而且东汉洛阳也已经出现了"前市"(曹魏邺城可能也是如此),因此陈寅恪的这一结论并不完备。

·欧·亚·历·史·文·化·文·库·

突出。《洛阳伽蓝记》卷 5 记'方三百步为一里,里开四门,门置里正二人,吏四人,门士八人'。里坊的划分,是中原城乡旧制,但这样大面积整齐统一的部署和对里坊这样严格的管理,则为以前所未见"[1]。但孟凡人已经提出了异议,"里坊除比较规整的一里见方者外,亦有大小不同的里坊并存";"(北魏洛阳城)是在利用、改造魏晋'九六'城基础上兴建起来的,虽然在增筑外郭城时似有整体规划,但它受旧城规范的制约,很难完全按规划进行。比如北魏洛阳城的街道,从钻探实测图来看,远不如隋唐长安城规整。这样从整体上看,里坊的排列就失去了整齐划一的前提……此外,还有很多因素影响里坊的整齐排列……在此情况下,很难想象北魏洛阳外郭城的里坊在整体上能像隋唐长安城那样规整,更不用说排满一里见方的里坊,能如棋盘格一样整齐"[2]。孟凡人的观点有一定的道理,至少从现在的考古资料来看,确实北魏洛阳外郭城中的街道并不非常平直,齐东方也持这一观点[3]。

关于坊的数目,文献记载不同,或 220 坊、或 320 坊、或 323 坊,具体哪一个数字为确,学界并无一致的观点,[4]而齐东方认为这是由于

---

[1]宿白:《北魏洛阳城和北邙陵墓——鲜卑遗迹辑录之三》,载《文物》1978 年第 7 期,第 44 页;此外持这种观点的还有,马正林:《中国城市历史地理》,第 192 页;贺业钜:《中国古代城市规划史论丛》,中国建筑工业出版社 1996 年版,第 472 页;刘淑芬:《中古都城坊制初探》,载《元朝的城市与社会》,第 409 页;李久昌:《北魏洛阳里坊制度及其特点》,载《学术交流》2007 年第 7 期,第 172 页等。

[2]孟凡人:《北魏洛阳外郭城形制初探》,载《中央历史博物馆馆刊》1982 年第 4 期,第 41 页。

[3]齐东方:《魏晋隋唐城市里坊制度——考古学的印证》,载《唐研究》第 9 卷,第 56 页。

[4]劳干认为应当为 220 坊(劳干:《北魏洛阳城图的复原》,载《中央研究院历史语言研究所集刊》第二十本上);范祥雍认为应为 320 坊(范祥雍:《洛阳伽蓝记校注》,上海古籍出版社 1958 年版);何炳棣则认为有 220 坊(何炳棣:《北魏洛阳城郭规划》,载《庆祝李济先生七十岁论文集》上册,台北:清华学报社 1965 年版)。贺业钜和孟凡人认为 320 或者 323 坊,指的是洛阳郭城内依照面积可以划分的坊的数量,而 220 坊则是实际上修筑的坊的数量(贺业钜:《北魏洛郭规划分析——兼论中期封建社会城市规划制度》,载《中国古代城市规划史论丛》,孟凡人:《北魏洛阳外郭形制初探》,载《中国历史博物馆馆刊》1982 年第 4 期,第 44 页)。刘淑芬认为,320 或者 323 坊指的都是洛阳城郭内以及郭外所建的坊数,220 指的是郭内修建的坊数(刘淑芬:《六朝的城市与社会·中古都城坊制初探》,第 418 页)。张金龙:《北魏洛阳里坊制度探微》认为"司州牧广阳王嘉建议所筑里坊数为 323,后按其方案所筑里坊数也是 323,只是它不仅包括洛阳内外城 220 坊,而且还包括洛阳县下辖其他地区",载《历史研究》1996 年第 6 期,第 53 页。

"里"、"坊"之间的差异造成的。

1.1.4.4 东魏、北齐邺南城

邺南城同样进行了大量考古工作，基本格局已经大致清楚。一般认为邺南城存在整齐的棋盘格布局，[1]不过虽然现在发现了可能是垂直相交的通往城门的街道，但即使其余所有通往城门的街道都垂直相交（最理想化的模式，没有考虑宫城），那么最多也就将全城分为20个区块，与文献记载的400余坊还存在很大的差距，那么必定存在下一级的分割方式。因此，现在推断邺南城具有棋盘格街道布局的证据不够充分。此外有学者引用《北史·李崇传》所记："刘家在七帝坊十字街南，东入穷巷是也"，[2]认为该条资料"倒是明确指出了邺南城里坊的结构是内设十字街"，[3]但也仅仅是孤证。因此，总体来看，邺南城只是存在棋盘格街道布局的可能。

有学者认为邺南城与北魏洛阳一样存在外郭，[4]但一无考古证据，二无确凿的文献证据。

1.1.4.5 隋唐长安和洛阳

由于城市的重要性，这两座隋唐的都城进行了大量考古工作，同时对相关的文献也进行了详尽的整理和注释，现在对于这两座都城的城市形态，虽然还存在一些小的争议，如隋唐长安外郭城修建的时间、[5]长安城中坊的数量[6]等等，但在大的方面并无根本性的问题。现在主要的问题存在于对坊市制和与坊市制有关的文献的理解上。

此外，这一时期的都城还有武昌城、伏俟城、统万城等，但相关的研究不多，具体参见正文中的叙述。

〔1〕如马正林：《中国城市历史地理》，第189页；郭济桥：《北朝时期邺南城布局初探》，载《文物春秋》2002年第2期，第16页；牛润珍：《邺与中世纪东亚都城城制系统》，载《河北学刊》2006年第5期，第105页等。

〔2〕《北史》卷43《李崇传》。

〔3〕李孝聪：《历史城市地理》，第133页。

〔4〕郭济桥：《北朝时期邺南城布局初探》，载《文物春秋》2002年第2期，第16页。

〔5〕辛德勇：《隋唐两京丛考》"大兴外郭城筑成时间辨误"，三秦出版社1991年版，第5页。

〔6〕杨鸿年：《隋唐两京考》，武汉大学出版社2005年版，第229页。

最后,以往多将这一时期都城城市形态的演变认为是一种不断的、前后相继的发展过程,或者认为之前的都城规划对后来的都城规划产生了影响,其中最具有影响力的当是前文提及的陈寅恪对北魏洛阳城城市规划来源的分析,但是这种分析忽略了一些重要的逻辑关系:前后相继的事物不一定存在相互影响;相似的事物之间不一定存在联系;同时"相似性"的判断也具有主观性,因此3—7世纪都城的城市形态史是"发展史"还是仅仅就是"历史",是一个值得思考的问题。

1.1.5 与历史城市地理有关的其他研究

根据刘淑芬的分析,魏晋北朝出现了一次大规模的筑城运动,[1]但是根据本书作者《中国古代地方城市筑城简史》[2]研究,魏晋直至隋代存在一些没有城墙的城市,而且从现有文献来看,这一时期的筑城主要集中在北方;唐初的筑城主要集中在以山西为中心的北方地区以及南方的少数民族地区。鲁西奇《城墙内外:古代汉水流域城市的形态与空间结构》[3]基于对汉水流域城市的研究,也提出了大致相似的观点。总体来看,这方面的研究还刚刚开始,史料的发掘和整理还不够充分。

以往认为受到坊市制的影响,这一时期(至少从唐初开始)城市中的街道格局为棋盘格状。[4] 且不论是否存在"坊市制"这种制度,即使存在这种制度,"坊市制"下形成的城市街道格局并不一定呈棋盘格,尤其是那些有着较早起源的城市。对此,本书作者《"中世纪城市"革命的再思考》[5]和鲁西奇《唐代地方城市中的里坊制及其形态》都进

---

〔1〕刘淑芬:《魏晋北朝的筑城运动》,载《元朝的城市与社会》,第353页。

〔2〕成一农:《中国古代地方城市筑城简史》,载《古代城市形态研究方法新探》,第160页。

〔3〕鲁西奇:《城墙内外:古代汉水流域城市的形态与空间》,第128页。

〔4〕如宿白:《隋唐城址类型初探(提纲)》,载《纪念北京大学考古专业三十周年论文集》,文物出版社1990年版,第284页;李孝聪:《唐宋运河城市城址选择与城市形态的研究》,载《环境变迁研究》第4辑,北京古籍出版社1993年版,第172页;丁晓雷:《大同旧城的形制布局及其所反映的时代特征》,载《汉唐与边疆考古研究》第1辑,科学出版社1994年版,第184页;诸祖煜:《唐代扬州坊市制度及其嬗变》,载《东南文化》1999年第4期,第77页等。

〔5〕成一农:《"中世纪城市革命"的再思考》,载《古代城市形态研究方法新探》,第66页。

行了论证。[1] 对于这一问题,还需要从更为广阔的视野进行分析,棋盘格规划的城市在世界城市史上广泛存在,从古代印度的摩亨佐达罗文化、古埃及、古希腊、古罗马到中世纪的欧洲、大航海时代及其之后的西班牙美洲,以及近现代都可以见到大量棋盘格规划的城市,在中国历史上《周礼·考工记》中就已经存在棋盘格规划的思想,明代的卫所城市、清代的满城也都是棋盘格规划,显然棋盘格与坊市制之间并不存在必然的联系,但是以往的某些研究,有意无意地将这两者建立起必然的联系。显然这在逻辑上和史实上都存在问题。

1.2 选题意义

虽然3—7世纪历史城市地理的研究取得了丰富的研究成果,但在整体上存在以下两点问题:

第一,这一时期城市形态研究的重点在于都城,地方城市的研究还非常薄弱,而且也未形成关于这一时期城市形态演变以及发展特点的总体认识。当前有些学者提出的这一时期城市形态的特点和发展过程,基本都是都城的,并不适用于地方城市。

第二,虽然已经对这一时期某些城市形态构成要素变化的原因提出了一些解释,如坊制产生的原因等等,但缺乏与这一时期历史背景的联系以及与同一时期世界城市发展史(主要是欧亚城市史)的呼应。同一时期的欧洲,也遭受了"蛮族"的入侵,其自希腊、罗马以来的城市发展进程被打断。中世纪(下限要晚于本书所讨论的时段)城市在各地再次兴起之后,无论是地理分布还是城市形态都与罗马时期产生了重要的区别。当然,这里还需要注意的是,并不能说来自欧亚内陆的各个民族是这一时期城市形态或者城市地理空间分布新格局的塑造者,也不能非常明确的认为他们从其他地域传入了新的要素和建城方法,但他们无疑打断了以往城市发展的进程,为城市形态和城市地理空间

---

[1]鲁西奇:《唐代地方城市中的里坊制及其形态》,载《厦门大学国学研究院集刊》第2辑,中华书局2010年版,第1页。

分布的变化创造了历史条件,并且是其中一些变化的推动者。

除了上述两点,这一时期历史城市地理的研究中还存在以下具体问题:

第一,就都城的研究而言,以往的研究方法并不合理,相似性的比较并不能成为论证的依据,研究中存在一定程度的过度阐释,同时忽略了这一时期各个民族建立的割据政权修建的大量都城,而只是将当时或者后来完成局部统一的王朝都城串联在一起构成了这一时期都城城市形态发展的过程。

第二,在研究中将坊市制与棋盘格联系在一起,这种观点不仅在研究方法上存在问题,而且没有将中国城市放置在世界城市史的背景下进行分析。

第三,虽然学界都认识到这一时期是中国古代城市空间分布的大变革时期(李济的观点与此不同),但都缺乏细致深入的分析,对于发展过程也基本忽略,而且在研究视角、研究方法上依然有拓展的空间。以往那种认为经济开发或者大量移民导致城市的建立,虽然具有一定道理,但是在3—7世纪这种各民族涤荡的时期,上述研究视角是否全然成立,也是值得考虑的问题。

第四,对于这一时期城市形态变化的重要问题——子城的产生重视不够,缺乏对其产生原因的深入分析,也缺乏与欧洲几乎是在相同背景下产生的城堡以及此后欧洲城市形态发展的对比。

1.3　研究方法

3—7世纪地方城市研究的一个难题就是,这一时期保存下来的与地方城市形态有关的文本资料极少,而城市考古的重点又集中在这一时期的都城,地方城址虽然也发现了一些,但大都只是测量了城墙的数据,推测了城址大致的使用时间,很难作为城市形态,尤其是城市内部功能结构研究的基础。因此,关于这一时期地方城市形态复原以及内部功能结构的研究极少。一些学者试图以个案为基础,对某一时段或者某一地域城市形态的发展进行归纳,如日本学者爱宕元曾经试图通过复原太原、扬州、蒲州河中府、河阳三城,关内道各城(特别是京兆府所属各县城)乃至南方地区部分州县城的城郭构造,探究唐代地方城市构造的一般性特征。他"对州县城的规模与建筑结构,充分注意到内外城、城高、城阔、城濠、城门等问题,认真考订了州县城的筑城、改造、扩张的年代……"。[1] 但也基本局限于唐代,没有涉及难度更大的魏晋南北朝时期,而且研究内容基本上局限于城墙。

鲁西奇在《城墙内外:古代汉水流域城市的形态与空间结构》中复原了大量唐宋时期汉水流域州县城的形态与空间结构,其中某些城市上溯到了魏晋南北朝时期,仅就这些个案研究来说,是对以往研究的极大突破,并且构成了今后这一时期城市形态研究的基础。在书中,鲁西奇还进一步总结了这一时期城市形态复原的步骤,现摘录如下:

> 首先依靠《元和郡县图志》、《太平寰宇记》、《舆地纪胜》等地理总志、正史《地理志》及诸如王仲荦先生所撰《北周地理志》等前人研究成果,梳理所考察州、县的建置沿革,特别注意南北朝后期至唐初的变革,并结合有关史事,力图弄清其可能建筑城垣的时段及城垣的早期功能、性质。依据这些地志,对相关州县的建置沿革大致可以梳理清楚,然对其城垣之有无、城郭形态及其内部格局,几乎没有太多反映。因此,除了依靠个别较为抽象、简略的直接记载外,只能据其所记载的某些地理事物,进行仔细比对、分析,方能发现某些踪迹。

> 其次,是搜检唐宋时期曾在所考察的州县仕宦、寓居、旅行的士子、官宦或当地文士的诗文,从中提取有关州县城郭的信息……文人雅士游历所经,往往会吟唱山水,或借景咏怀,这些诗赋虽多夸饰虚设,然亦有相当内容属于写实。唯此类诗文既零散难觅,又多为孤立材料,其意难明。所以,往往需要先排比作者履历,

---

[1]冻国栋:《二十世纪唐代商业史研究述评》,载胡戟、张弓、李斌城、葛承雍主编:《二十世纪唐研究》,中国社会科学出版社 2002 年版,第 4718 页。

明其写作年代;然后联系有关史事,弄清诗文所叙之真实含义与前因后果。

第三,是结合有关史事,特别是发生变乱、战事时,守城、攻城过程中,必然涉及城内外有关情形,对我们研究城郭、城门乃至城内格局,或者会有所帮助。

第四,利用碑石与考古资料,深入考察有关州县城内外的空间格局。

最后,尽可能开展实地考察,将实地考察所得之感性认识与文献研究所得之初步结论相互印证,从而力图将唐宋州县城的轮廓与其重要地理事项落实到今天具体的地理空间上。[1]

鲁西奇提出的这种研究方法,就其对汉水流域的研究而言确实极大地推进了以往的认识。但是这种以个案研究为基础,分析某一时段、某一区域城市形态的研究方法存在一定的局限:这种方法主要复原的是城市城墙的有无和城市的大体范围,对于内部格局的复原完全依赖于资料的保存情况,因此有些城市复原的较为具体,大部分则是空白。对于资料丰简程度的依赖是个案研究的最大问题。其次,个案的典型性问题,基本上现在留存资料较多、可以进行深入复原研究的都是那些当时重要的或者具有特殊地位的城市,例如扬州等,都城也可以认为是一种特殊的城市,但这些特殊的城市很可能并不能代表当时大量普通城市的普遍特点。

为了克服以往城市形态研究中存在的问题,本书使用要素研究法。这种研究方法简而言之,就是首先将构成城市形态的各要素分解出来;然后,分析每一要素的产生、发展、地域分布及其原因;再次,将各个要素按不同时段、不同地域结合起来,并研究要素之间的关系,构成不同时间、不同地域中国地方城市形态的抽象模型;最后,对不同时段、不同地域城市形态的抽象模型所反映的社会、政治、经济、文化等的变

---

[1]鲁西奇:《城墙内外:古代汉水流域城市的形态与空间》,第254页。

化进行分析。[1]

与传统的综合研究的例证法以及区域和个案研究方法相比,要素研究法有以下两点优势:

第一,这种研究方法避免了例证法中选取"典型"城市的局限;

第二,虽然3—7世纪保存有较多资料、可以进行全面研究的城市数量有限,但是城市形态各个构成要素的资料相对较多,对每一要素都可以进行较为深入的分析。如除了极少数城市之外,很难依据文献和考古材料复原唐代某一城市的城市形态,但关于唐代城市形态构成要素的资料相对较多,比如城墙修筑、子城、里坊都存在较为丰富的资料,这使得研究唐代前中期地方城市形态的总体情况成为可能。

当然,个案研究与城市形态构成要素的研究是研究城市形态的两种不同方法,各有优劣。本书采用要素研究法是希望从另一个侧面来揭示3—7世纪城市形态的总体特点和演变过程。

关于这一时期城市地理空间分布的研究方法,参见本书2.1和2.2中对史料和分析方法的介绍。

1.4 篇目结构

就篇目结构来说,与以往城市史或者历史城市地理的著作存在一些差异,本书将地方城市放在了前面,即第2章"3—7世纪地方城市空间分布格局的演变";第3章"3—7世纪地方城市形态的演变",其中包括城墙的修筑、子城以及其他城中之城产生的原因、对街道布局的讨论;第4章"里坊制的产生及其演变",里坊制实际上也是城市形态的重要构成因素,但考虑到这一内容是以往这一时期城市形态研究的重点,而本书对此又提出了很多新的观点和问题,篇幅也较长,因此单独作为一章;第5章介绍了3—7世纪不同地区和类型城市的一些个案。关于都城的讨论则放在了第6章"3—7世纪都城城市形态的演变"中。

----

[1]关于城市形态的要素研究法,具体可以参见成一农:《古代城市形态研究方法新探》。

欧·亚·历·史·文·化·文·库·

第 7 章则是全书的结论,归纳了 3—7 世纪城市形态演变的特点。本书之所以采用这种排列组织方式,是因为本人认为,都城只是中国古代城市的极少部分,或者说是非常特殊的一种城市,并不是主流,真正能代表中国古代城市的是地方城市而不是都城。

还要解释本文截取的时段即"3—7 世纪"的原因。这一时段,对应的是汉末至唐初,就本书的结论来看,这一时段恰好完成了中国城市在地理空间分布和城市形态上的转型。对于当前流行的"中世纪城市革命",尤其是其中涉及历史城市地理的内容,本人持反对意见。[1] 如果将 3—7 世纪与唐宋时期进行对比的话,前者变化的程度明显要超过后者,而且对后世城市的影响也要更为深远。当然是否能称之为"革命",依然需要对中国历史城市地理进行全面研究之后才能得出,而这方面的研究现在只是处于起步阶段,大量的问题很少有人涉及,[2] 本书也是希望能在某种程度上填补这方面的一些空白。

最后,还要解释本书中使用的"城市"的概念。当前很多学者或借鉴西方学者的观点,或根据研究提出了自己界定城市的方法,对此李孝聪教授在《历史城市地理》一书中进行了简单的概述。本人认为中国古代"城市"的概念,肯定不是简单的"城"+"市",一方面,在很长时间内中国大量地方城市不重视城墙修筑;另一方面,"城市"一词也是近代的术语,是对西方词汇的翻译,其涵义远远不是"城"+"市"所能涵盖的。不仅如此,中国古代的"城市"也不是能依据计量方法来定性的,一是缺少数据,二是计量本身也远远不足涵盖"城市"的内涵。因此,本人认为对于中国古代"城市"概念的讨论只存在理论分析价值,在具体研究中并没有太大的意义,当前很多城市研究论著在前言中详细地分析了城市的概念,但在具体研究中基本上分析的是治所城市就是很好的证明。因此,本书中的"城市"指的基本上是治所城市。

---

〔1〕参见成一农:《"中世纪城市革命"的再思考》,载《古代城市研究方法新探》。第 66 页。

〔2〕参见成一农:《中国古代地方城市形态研究现状评述》,载《中国史研究》2010 年第 1 期,第 145 页。

2 3—7世纪地方城市空间分布格局的演变[1]

2.1 史料的局限

中国古代文献中极少有与城市选址直接相关的史料,与城市分布有关的直接史料更是少之又少,以往城市空间分布研究主要依据不同时代正史中的《地理志》和全国总志。但无论正史中的《地理志》,还是全国总志,重点叙述的是政区的沿革,而且倾向于制度层面上行政单位的归属、名称的变化以及行政层级的升降,治所城市地理位置的空间变化并不是记载的重点。因此,在治所城市地理位置的记载上经常会出现以一些有意无意的错误,使用这些材料来研究城市空间分布的变化,实际上并不完全合适。

研究本文所涉及时段的城市分布可以使用的材料主要是《元和郡县图志》和《通典·州郡典》。《元和郡县图志》成书于元和八年(813),比本文所研究的时段晚了大约100年,记录了之前行政区划的沿革变化,资料较为详实,但其中缺失了卷19、20、23、24、35、36和卷18"景州"之后的部分以及其他卷中少量的内容,因此并不全面。《通典·州郡典》成书于贞元十七年(801),虽然资料较为完整,但与《元和郡县图志》相比,其内容相对简略。虽然其中明确记载了一些县设立的时间,但从地域上来看,详于北略于南,南方很多县仅仅只罗列了名称,或者仅仅标明了汉代所属,而没有记载设立的时间。因此本书对于这

---

〔1〕 本章是2009年度国家社会科学基金项目"中国古代城市地理信息系统"(09CZS034)成果之一。

·欧·亚·历·史·文·化·文·库·

一问题的研究,主要以《元和郡县图志》为主,以《通典·州郡典》的资料为辅。正如上文所述,使用这两种沿革地理著作来研究城市分布并不完全合适,现以《元和郡县图志》为例进行说明。其中存在的问题大致可以分为以下3类:

2.1.1 记载错误

《元和郡县图志》卷4载:"[夏州]朔方县,上。郭下。本汉旧县,今县理北什贲故城是也。汉末荒废,后魏更置岩绿县,隋因之,贞观二年(628)改为朔方县"[1]其中唐朔方县即今靖边县白城子(参见《中国历史地图集》),"汉旧县"不知所指,查汉朔方县在今内蒙古自治区河套西部乌拉特前旗附近,两者并无关系[2]汉代在这一地区只设置有奢延县,但在位置上差异很大,因此可以认为这段文字中的"更置",应当是"新设"。类似于此的记载错误还有卷12"[河中府临晋县]故解城,本春秋时解梁城,又为汉解县城也,在县东南十八里。晋惠公许赂秦伯以河外列城五,东尽虢略,内及解梁城是也",[3]又"解县,次畿。西北至府四十五里。本汉旧县也,属河东郡。隋大业二年(606)省解县,九年自绥化故城移虞乡县于废解县理,即今县理是也。武德元年(618)改虞乡县为解县,属虞州,因汉旧名也,仍于蒲州界别置虞乡县。贞观十四年(640),废虞州,解县属河中府"[4]这两条记载存在矛盾,由第一条来看今解县与汉解县位置不同,按第二条两者则应当位于同一位置,但从《中国历史地图集》来看东汉和唐代的解县确实不在同一位置,口华书局版《元和郡县图志》卷12的校勘记"二三"中也提出了相同的观点。又如"[沁州]沁源县,中。郭下……本汉谷远县地,旧在今县南百五十里孤远故城是也,语音讹转,故以'谷'为'孤'耳。后魏庄帝于今理置沁源县,因沁水为名也,属义宁郡。隋开皇三年(583)罢

---

〔1〕《元和郡县图志》卷4,中华书局1984年版。
〔2〕《元和郡县图志》卷4校勘记"五九"中也持同样的观点。
〔3〕《元和郡县图志》卷12。
〔4〕《元和郡县图志》卷12。

郡,县属晋州。十六年置沁州,县属焉",[1]由这条史料来看,沁源县无论是新设还是经历了城址转移,都应当与汉谷远县不在同一位置,但从《中国历史地图集》来看,唐沁源县与东汉谷远县的位置相同,又中华书局版《元和郡县图志》卷13的校勘记"八九"中引乐史的《太平寰宇记》"百五十里"当为"百五十步",由此判断或《元和郡县图志》记载错误,或在后来的传抄中出现了错误。再如卷26"[温州]永嘉县,上。郭下。即汉回浦县之东瓯乡,晋立为县。上元二年于此置温州,县移在州东一百八十步",[2]但查《中国历史地图集》东汉时此处已设永宁县,对此李晓杰在《东汉政区地理》中有所考证,时间当在永和三年(138)。[3]

2.1.2　记载缺失

《元和郡县图志》卷5载:"[河南府河阳县]本周司冠苏忿生之邑,后为晋邑,在汉为河阳县,属河内。高齐省入温、轵二县。隋开皇十六年,分温、轵二县重置,属怀州。武德四年平王世充后,割属河南府",[4]查《中国历史地图集》东汉时河阳县属河内郡,位于今天孟县以西,唐时河南府河阳县位于今天孟县稍南,因此虽然是隋开皇十六年的重置,但位置已经发生了很大变化,应当可以认为是"迁移",不过这一变化在《元和郡县图志》中却没有表现出来。这也是一个普遍存在的现象,也是使用沿革地理著作研究城市分布变化的局限的典型代表,因为这种县治的迁移并不涉及制度层面的变化,所以在地理志书中并不是记载的重点。类似的如卷5"[陕州]芮城县,望。东至州一百里。本汉河北县地,属河东郡,自汉至后魏因之。周明帝二年(558),改名芮城,属河北郡。其年,又于此置虞州。武帝建德二年(573),于县置芮州。贞观元年废芮州,以县属陕州",[5] 查《中国历史地图集》

---

[1]《元和郡县图志》卷13。
[2]《元和郡县图志》卷26。
[3]李晓杰:《东汉政区地理》,人民出版社1987年版,第231页。
[4]《元和郡县图志》卷5。
[5]《元和郡县图志》卷5。

23

东汉的河北县与唐代的芮城县并不在一地,但从《元和郡县图志》中并不能看到城址是否发生了迁移以及迁移的时间。再如卷7"[汴州]封丘县,繁。南至州五十里。古之封国,《左传》'鲁封父之繁弱',是也。后属卫,亦属魏。汉高祖与项羽战,败于延乡,有翟母者免其难,故以延乡为圭丘县,以封翟母,属陈留郡。后魏并入酸枣。宣武帝又置封丘县,属陈留郡。隋开皇三年罢郡,以县属汴州",[1]由此来看,封丘县曾在北魏时经历了废置,不过并没有说明重置时是否是在原址,查《中国历史地图集》东汉和唐代位置并不相同,因此应当被认为是发生了"迁移"。

此外,有时从史料中可以分析出城址发生了迁移,但却缺乏对迁移时间的记载。如"[绛州]太平县,紧。南至州五十里。本汉临汾县地,属河东郡。后魏太武于今县东北二十七里太平故关城置泰平县,属平阳郡。周改泰平为太平县,因关名。隋开皇三年罢郡,改属晋州,十年改属绛州",[2]其中提到"于今县东北二十七里太平故关城置泰平县",但没有记载此后什么时间迁移到今址。又"[绛州]曲沃县,紧。西至州五十里。本晋旧都绛县地也,汉以为绛县,属河东郡。后汉加'邑'字,属郡不改。晋改属平阳郡。后魏孝文帝于今县东南十里置曲沃县,属正平郡,因晋曲沃为名。隋开皇三年罢正平郡,改属绛州",[3]也是如此;类似的还有"[绛州]稷山县,紧。东至州四十九里。本汉闻喜县地,属河东郡。后魏孝文帝于今县东南三十里置高凉县,属龙门郡。隋开皇三年罢郡,县属绛州。十八年改为稷山县,因县南稷山以为名也"。[4]

此外还存在记载错误和记载缺失皆有可能的情况,如《元和郡县图志》卷7载:"下蔡县,上。西至州二百二十里。本汉旧县,古蔡国,又吴州来之邑也。按:蔡国本都上蔡,又徙新蔡,后又迁此,故谓之下

---

〔1〕《元和郡县图志》卷7。
〔2〕《元和郡县图志》卷12。
〔3〕《元和郡县图志》卷12。
〔4〕《元和郡县图志》卷12。

蔡。汉以为县,属沛郡,后汉属汝南郡。隋大业二年属颍州,十二年移于今理。武德四年,于此置涡州,下蔡属焉。八年州废,县属颍州"[1]《元和郡县图志》记载隋大业十二年"移于今理",但从《中国历史地图集》来看东汉和唐代的城址并无变化,因此有可能是《元和郡县图志》的记载错误,也有可能是在东汉至隋大业十二年之间城址还曾发生过一次变化,大业十二年的"移于今理"其实是迁回原址。

2.1.3 记载模糊

还有因为记载模糊难以判断城址的继承、迁移关系的。如《元和郡县图志》卷 14 载:"〔忻州〕秀容县,上。郭下。……本汉阳曲县地,属太原郡。后汉末于此置九原县,属新兴郡。后魏庄帝于今县东十里置平寇县。隋开皇十八年,于此置忻州,又于今县西北五十里秀容故城移后魏明元所置秀容县于今理,属忻州。国朝因之"[2]从这条记载来看,这一区域自东汉末年以来新设、迁移频繁,先后有九原县、平寇县和秀容县,但又没有明确记载这些县之间的沿革、废置与继承关系,在此将其认定为是"北魏明元"所置,后来城址发生了迁移。又如《元和郡县图志》卷 31 载:"阳安县,上。郭下。本汉牛鞞县也,后魏恭帝二年(556),于此置阳安县,属武康郡,隋开皇三年罢郡,县属益州。武德三年置简州,县又来属"[3] 从这条记载来看,阳安县应为北魏恭帝二年设置的,但查《中国历史地图集》其与汉牛鞞县基本位于同地,因此难以判断是先废后设,还仅仅是县名的更改。

除了上述问题之外,由于魏晋南北朝时期,政区分合不定,再加上还存在有大量侨置州郡县的情况,因此在唐代文献中对于同一行政单元(本章主要涉及县)的沿革往往记载不一:如云岩县,《元和郡县图志》卷 3 曰:"云岩县,中。东南至州七十三里。武德元年分义川县置,在库利川南,有云岩山,因以为名",[4]《通典》卷 173 则记载为"云岩,

---

[1]《元和郡县图志》卷 17。
[2]《元和郡县图志》卷 14。
[3]《元和郡县图志》卷 31。
[4]《元和郡县图志》卷 3。

·欧·亚·历·史·文·化·文·库·

后魏置",[1]《太平寰宇记》卷 34 载:"云岩县,后魏大统二年(536)于今县西薛河川置永平县,属义川郡;三年改永平为云岩县,盖因邑界云岩山以为名;大统九年,大水漂荡,移于桑枢原。隋开皇三年,移就废乐川县;大业二年隶入义川县。唐武德元年复置于回城堡,每逢阴雨,汲水不通;咸亨四年(673)移居库利川,复为河水冲注……"[2]从《太平寰宇记》的记载来看,云岩县最初设置于北魏大统二年,后来屡有废置,唐代的县城则是在武德元年复置的,在某种意义上《通典》和《元和郡县图志》的记载都是正确的,但显然都不算完备。类似的还有辽山县,《元和郡县图志》卷 13 载:"辽山县……本汉涅氏县地,后汉于此置阳阿县,属上党郡。晋改为轑阳县,属乐平郡。后魏明帝改为辽阳。隋开皇十六年改置辽山县,因县西北辽山为名。皇朝因之。"[3]其中"改置"一词词义模糊,因此难以断定辽山县是置于东汉,然后改名为辽阳、辽山,还是在隋开皇十六年新设的,结合《通典》卷 179 的记载"辽山,汉垣县地,晋为辽阳县,隋置今县",[4]可以认为辽山县应当是隋开皇十六年设置的。

2.2　本研究的数据来源及所使用的方法

由于史料的限制,要考订 3—7 世纪城市分布、迁移的变化具有非常大的难度,可能不仅仅需要从唐代的史料入手,而且还要结合魏晋南北朝时期的史料进行考订,当然这是本书的篇幅所不允许的。在这里主要从《元和郡县图》、《通典·州郡典》入手,对这一问题进行初步分析,大致勾勒出这一时期城市空间分布的变化以及地区间的差异,并且利用前人的研究成果对某些特定地区城市空间分布变化的特点进行介绍。此外,通过上文中的一些分析可以看出,经过现代学者考订

---

〔1〕《通典》卷 173,中华书局 1988 年版。

〔2〕《太平寰宇记》卷 35,中华书局 2007 年版。

〔3〕《元和郡县图志》卷 13。

〔4〕《通典》卷 179。

后绘制的,明确标绘有城市位置的《中国历史地图集》也是分析这一时期城市分布的重要参考资料。还需要说明的是,这里所说的城市,指的都是"县城"而不涉及"郡城"或者"州城",因为"郡城"或者"州城"大都有附郭县,并不是单独的城市,对于"州城"或者"郡城"增设的分析,实际上是对行政建置增设的分析,也不符合本章分析的主旨。

在这里还需要对本章中根据《元和郡县图志》、《通典·州郡典》、《中国历史地图集》整理的数据以及所绘地图的情况进行一些介绍。《元和郡县图志》中的数据虽然比《通典州郡典》更为详备,但已经遗失了部分卷帙,而《通典·州郡典》的内容较为简略,因此根据这两者整理出来的数据肯定并不完整。虽然这两份文献的时间都是公元9世纪初的,但都记载了之前的变化,因此本章选取了两份资料中3—7世纪的数据。

作为统计分析基础的唐代城市的总数,存在得到一致公认的统计数字,本文使用的是周振鹤以及《中国历史地图集》所提供的开元末1573个县的数据,虽然开元末接近于8世纪中期,但与7世纪末相比这一数字应当相差不大。关于东汉时期县城的统计数字,《后汉书·郡国志》记载顺帝永和五年(140)县、邑、道、侯的总数为1180个,这一时间比本书所研究的时段早了大约60年,不过差异应当不大。

还需要说明的是,本研究利用了一些GIS(地理信息系统)的方法来进行数据统计和分析,但现在缺乏一套完整的汉代和唐代的基础数据作为分析统计的基础。目前在国内具有影响力的CHGIS只有1820年的数据,T–S时间序列数据现在只公布了东南部分地区的数据,无法应用于本研究。因此,为了进行这方面的研究,在复原时只能使用《中国历史地图集》先制作一套唐代城市的GIS数据作为研究的基础。不过因为《元和郡县图志》、《通典·州郡典》都无法用来确定县治的具体位置,同时《中国历史地图集》中并没有全部定位当时的县治(《中国历史地图集》这一时期的分幅图中有些附有"无考州县表")。本章制作唐代GIS数据时以《中国历史地图集》为基础复原了1493座县城的位置,与1573座相比少了80座。相差的这些县城主要集中在岭南道

（尤其是岭南道西部）、剑南道南部等边缘地带，因此对于其他地区的分析影响并不大。同时值得注意的是岭南道，尤其是今天广西壮族自治区境内县城数量达到了 95 座，平均每平方公里县城数量高达 4.54 座（参见表 2-5），这一密度在全国都是居于中游的。岭南道在唐代政区中的特殊性，刘统曾提出了一些具有见地的意见，他认为这一地区的某些州虽然属于正州，但从性质上看实际上属于羁縻州。[1] 实际上不仅州如此，某些县也具有这种性质，如真州所辖的昭德、昭远、鸡川三县，《元和郡县图志》记"右昭德等三县，并在州侧近，以熟羌首领为其令长，居无常所"。[2] 类似的情况在其他地区也存在，如江南道珍州所辖夜郎县、丽皋县、乐源县，《元和郡县图志》记"右并贞观十六年，开山洞与州同置，三县并在州侧近或十里，或二十里，随所畲种田处移转，不常厥所"；[3] 陇右道芳州的丹岭县"……所管百姓，皆是党项诸羌，界内虽立县名，无城郭居处"，[4] 这些县也多带有羁縻的性质，很可能空有县名而无城址，因此这些县数据的缺乏并不会对本章的结论造成太大的影响。

在制作东汉时期城市 GIS 数据时这方面的问题较少，按照《中国历史地图集》东汉永和中（大约公元 136—141 年）县、邑、道、侯国、公国的数量为 1180 座，本章依据《中国历史地图集》复原了 1100 座城址的位置。在相差的 80 座县级城市中，大约有 40 多座位于今天中国境外，因此东汉的数据与唐代相比要更为准确。

在分别制作了唐代和东汉城市 GIS 数据之后，利用 GIS 提供的地理编码功能，将通过文献整理的 3—7 世纪城市位置变化的各类数据转换成地理信息数据，由此作为进一步分析的基础。

最后还需要指出的是，由于资料的复杂性，本研究所提供的大多数统计数字并不能认定为是准确的数字，而应当被看成是一个大致的

〔1〕刘统：《唐代羁縻府州研究》，西北大学出版社 1998 年版，第 70 页。

〔2〕《元和郡县图志》卷 32。

〔3〕《元和郡县图志》卷 30。

〔4〕《元和郡县图志》卷 39。

约数,或者是一种趋势。

2.3　城市空间分布演变的时空特点

许倬云根据《左传》中的材料认为春秋时城邑有 466 座,比西周城邑多出 395 座,又据杨守敬《嬴秦郡县图序》估计"秦县当八九百矣"。[1]周振鹤推算西汉初年的城市数量当在 1000 座左右,据《汉书·地理志》记载有郡国 103,县级城市 1587。东汉初期,县城数量大为减少,约还剩 1100 座,《后汉书·郡国志》记顺帝永和五年(140)有县、邑、道、侯 1180 座。

从本章所整理的资料来看,3—7 世纪新设的城址数量高达 818 座,远远超过顾朝林和李孝聪所说的"220 座",这种差异的原因,可能是顾朝林和李孝聪分析的是两个时间点之间城市数量的差异,而本文提供的数字则是"新设"城市。此外,城址发生迁移的达 191 座,两者相加总数在 1000 座左右,按照周振鹤统计的东汉永和五年(140)县城数量为 1180 座,唐代开元二十八年(740)的县城数量为 1573 座,[2]与这些数字进行对比,经历了公元 3—7 世纪的发展、变化,唐代中期大部分城市已经不再使用东汉时期的城址。用唐代的数据与这一数据比较的话,那么应当仅有大约 500 多座城市延续使用了东汉的城址,[3]不过由于本章开始部分分析的史料中所存在的问题,因此实际上唐代延续使用东汉城市的数量可能比这一数字还要少一些。还需要说明的是,这里的新设和迁建城市指的都是在唐代中期依然使用的,并没有包括曾经新设或者迁建但后来废弃的情况。因此,实际上 3—7 世纪新建和迁建的城市数量应该更多。另外,不同时段的变化参见表 2-1:

---

〔1〕许倬云:《周代都市的发展与商业的发达》,载梁庚尧、刘淑芬主编《城市与乡村》,中国大百科全书出版社 2005 年版,第 1 页。

〔2〕周振鹤:《历史上行政区划幅员的伸缩变化(上)》,载《中国方域》1997 年第 6 期,第 24 页。

〔3〕在这里不能将东汉的数据与 3—7 世纪新设和迁建城市的数据比较,从而得出大约只有 200 座左右的东汉城址保留下来。因为期间增设的很多城址与东汉的城址无关,所以只能用唐代的县城数量减去这一时期新建和迁移的城市数量,从而得出唐代沿用了东汉城址的县城数量。

表 2－1　3 至 7 世纪不同时期新设、迁建城市统计表

时间	新设城址数量	占唐代县城总数的百分比	城址迁移的数量	占唐代县城总数的百分比	新设与迁建城址数量	新设与迁建城址所占唐代县城总数的百分比
东汉末	7	0.45%	2	0.13%	9	0.57%
魏晋南北朝	414	26.3%	26	1.7%	440	28%
隋	159	10.1%	26	1.7%	185	11.8%
唐	210	13.4%	5	0.32%	215	13.7%
时代不详	28	1.8%	132	8.4%	160	10.2%
总数	818	52%	191	12.1%	1009	64.1%

通过表 2－1，可以大致认为，在唐代中期也就是 7 世纪末，大约只有 36% 的城市来自于公元 3 世纪之前，来自东汉末年的占 0.57%，魏晋南北朝时期的 28%，隋代的 11.8%，唐代的 10.2%，这一比例与王德权在《从"汉县"到"唐县"——三至八世纪河北县治体系变动的考察》[1]中通过对河北地区的考察所得出的比例存在一些差异。他的结论是："分析天宝十二载（河北地区的）县治来源，其中西汉县 39，比例为 25%。天宝县治主体为隋治，约三分之一弱，唐治 25，合计只有不到 30% 天宝县治是来源自三国（含）以前的县治。"不过，按照本章得出的统计数字，公元 7 世纪末的城市中大约有 2/3 来自 3—7 世纪，与王德权最终的结论"天宝县治已与北魏（含）以前有着结构上的差异"[2]是

—————————

〔1〕王德权：《从"汉县"到"唐县"——三至八世纪河北县治体系变动的考察》，载《唐研究》第 5 卷，第 161 页。

〔2〕王德权：《从"汉县"到"唐县"——三至八世纪河北县治体系变动的考察》，载《唐研究》第 5 卷，第 168 页。

一致的。

从绝对数量来看,迁建和新建城市的分布存在着明显的地域差异。参看表2-2和图2-1至2-3:

表2-2 3—7世纪新设、迁建城市分省统计表

省份	新建	迁移	总数
宁夏	7	0	7
内蒙古	7	0	7
云南	9	0	9
新疆	10	0	10
海南	12	0	12
福建	15	0	15
贵州	17	0	17
青海	5	1	6
重庆	25	1	26
广西	81	1	82
安徽	16	3	19
浙江	33	3	36
广东	37	3	40
江苏	15	5	20
江西	18	5	23
湖南	33	7	40
湖北	38	9	47
四川	172	9	181
甘肃	38	12	50
陕西	76	13	89
河北	36	19	55
山西	51	29	80
山东	27	35	62
河南	40	36	76
总计	818	191	1009

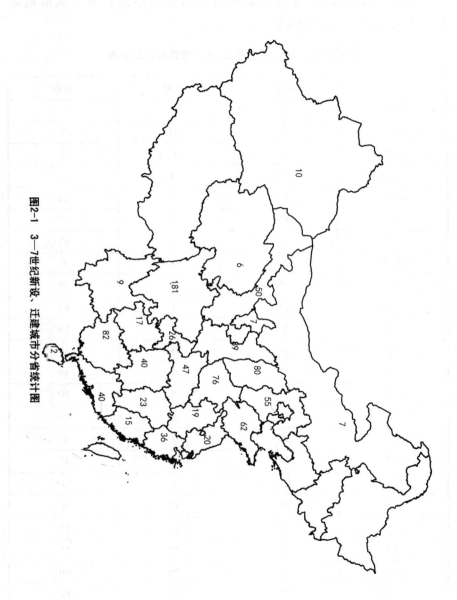

图2-1 3—7世纪新设、迁建城市分省统计图

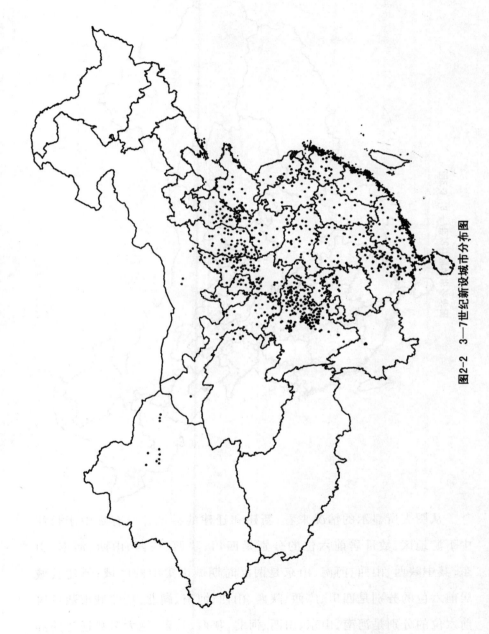

图2-2　3—7世纪新设城市分布图

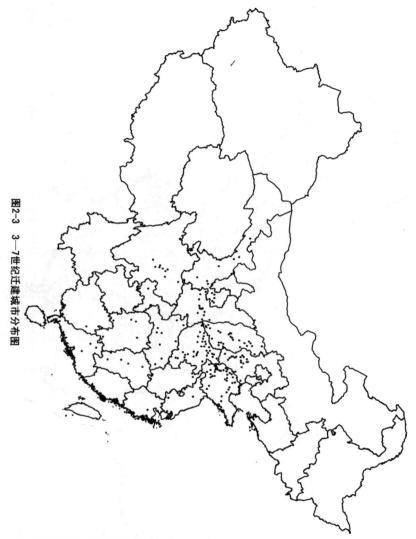

图2-3 3—7世纪迁建城市分布图

　　从图表所显示的情况来看,新建和迁建的县城并没有集中于长江中下游地区,数量居前六位的分别是四川、陕西、广西、山西、河南、山东,其中陕西、山西、河南、山东是两汉时期城市集中的区域;新建县城居前六位的分别是四川、广西、陕西、山西、河南、湖北;迁建城市数量居前六位的分别是河南、山东、山西、河北、陕西、甘肃,绝大多数迁建的县城都集中在北方地区。以往认为这一时期北方地区废弃了大量城市，不过从这些统计数字来看，与废弃的同时，这一时期在北方传统的核心地带依然新建和迁建了大量城市。当然。这一分析没有考虑城市废弃的情况，也就是没有考虑不同地区城市绝对数量的变化，因此这一统计数字并不能说明3—7世纪各个地区城市数量的变化，这一点将在后文进行分析。

此外，不同省份新建、迁建城址也存在时间上的差异。从表2-3来看，魏晋南北朝时期新建、迁建城市数量最多的省份依次排列为：四川、陕西、山西、湖北、河南、甘肃、广东；隋代新建、迁建城市数量最多的省份有河南、河北、广西、山东、四川、山西；唐代新建、迁建城市数量最多的省份有：四川、广西、陕西、湖南、浙江、重庆、贵州。

表2-3 3—7世纪不同时期各省新设、迁建城市统计表

省份	唐代	隋代	魏晋南北朝	东汉末	时间不详	总计
内蒙古自治区	2	3	2	0	0	7
新疆维吾尔自治区	10	0	0	0	0	10
甘肃省	7	9	26	0	8	50
河北省	0	21	18	1	15	55
山西省	5	17	34	1	23	80
陕西省	16	9	57	1	6	89
宁夏省	0	2	5	0	0	7
青海省	2	0	3	0	1	6
山东省	2	19	11	0	30	62
河南省	2	23	27	0	24	76
江苏省	3	3	11	0	3	20
安徽省	0	2	11	2	4	19
四川省	55	18	97	1	10	181
湖北省	3	4	29	0	11	47
重庆市	12	5	7	0	2	26
浙江省	12	2	18	1	3	36
湖南省	13	4	16	1	6	40
江西省	4	2	11	1	5	23
云南省	5	4	0	0	0	9
贵州省	11	6	0	0	0	17

续表 2-3

省份	唐代	隋代	魏晋南北朝	东汉末	时间不详	总计
福建省	5	0	8	0	2	15
广西壮族自治区	36	19	23	0	4	82
海南省	5	7	0	0	0	12
广东省	5	6	26	0	3	40
总计	215	185	440	9	160	1009

图2-4 东汉末新设、迁建城市分布图（▲迁建●新设）

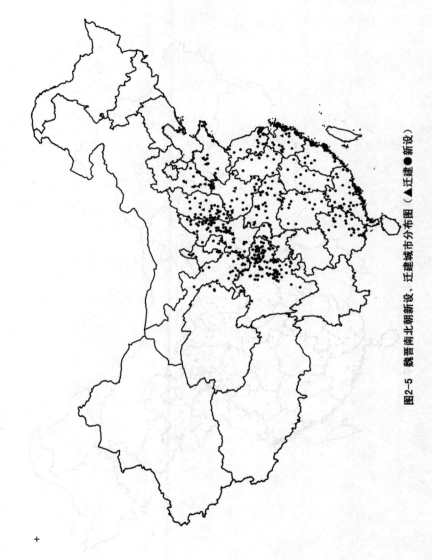

图2-5　魏晋南北朝新设、迁建城市分布图（▲迁建●新设）

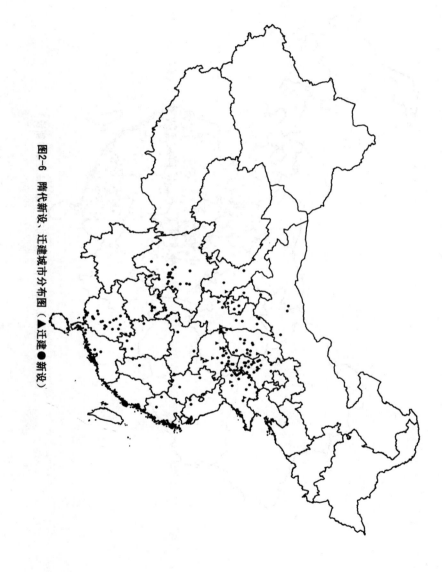

图2-6 隋代新设、迁建城市分布图（▲迁建●新设）

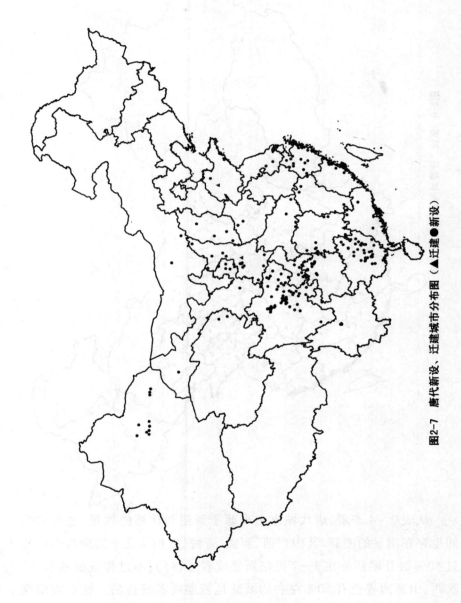

图2-7 唐代新设、迁建城市分布图（▲迁建●新设）

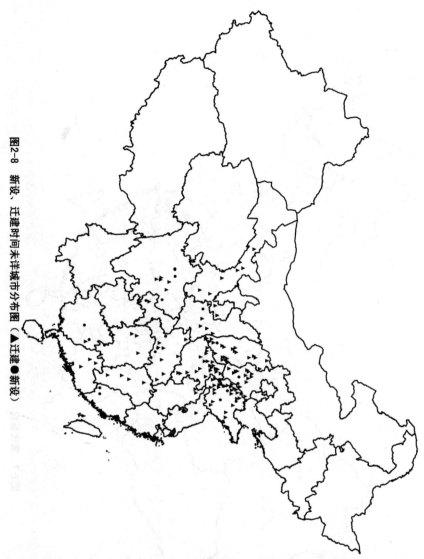

图2-8 新设、迁建时间未详城市分布图（▲迁建●新设）

　　从表2-4来看，唐代城市中来源于新建和迁移的数量，在各省之间也存在明显的差异，其中广西、新疆、青海、四川这几个边缘省份中超过80%的县城都是在3—7世纪新建或者迁移的；不过传统的核心区，陕西、山西两省也有80%左右的城址是新建或者迁建的。这也表明在这些地区，绝大多数汉代的城址被废弃了。此外，表2-4格中绝大多数省份中新设、迁建县城高达50%以上，已经可以说明公元3—7世纪地方行政治所城市的地理空间分布已经发生了根本性的变化。

表 2-4　来源于 3-7 世纪中新设、迁建的唐代城市分省统计表

省份（市）	县城数量	其中新设、迁建县城的数量	百分比
北京市〔1〕	10	0	0
天津市	2	0	0
上海市	1	0	0
安徽省	56	19	33.9%
河北省	121	55	45.5%
河南省	138	76	55.1%
江苏省	36	20	55.6%
贵州省	30	17	56.7%
重庆市	45	26	57.8%
江西省	39	23	59%
福建省	25	15	60%
浙江省	58	36	62.1%
广东省	62	40	64.5%
甘肃省	73	50	68.5%
山东省	90	62	68.9%
云南省	13	9	69.2%
海南省	17	12	70.6%
湖南省	53	40	75.5%
湖北省	62	47	75.8%
内蒙古自治区	9	7	77.8%
宁夏回族自治区	9	7	77.8%
陕西省	114	89	78.1%
山西省	99	80	80.8%
四川省	218	181	83%
广西壮族自治区	95	82	86.3%
新疆维吾尔自治区	11	10	90.9%
青海省	6	6	100%
辽宁省	1	0	0
总数	1493	1009	67.6%

---

〔1〕需要说明的是，《元和郡县图志》中河北北部的资料缺失，《通典·州郡典》的记载又较为简略，因此北京、天津迁建、新设城市数据为 0 可能是不准确的。

·欧·亚·历·史·文·化·文·库·

最后还要比较一下东汉与唐代前中期各个省份城址数量的变化，以及在全国城市中比重的变化(见表2-5)。其中就数量而言，减少最多的为山东省，减少了70座，比例超过40%；其次是河南省，减少了30座，比例接近20%；云南、内蒙古地区减少的数量也很多。数量增加最多的是两个边缘省份，即四川省、广西壮族自治区，分别增加了166座和76座，此外陕西、广东两省增加的数量也很多。就占全国城市中百分比的变化而言，所占比例减少最多的依然是山东、河南，而增加最多的也依然是四川和广西。

表2-5 3—7世纪城市增减分省统计表

省份(市)	唐代县城数量	唐代占全国城市数量的百分比	唐代城市数/万平方公里	汉代县城数量	汉代占全国城市数量的百分比	汉代城市数/万平方公里	唐县/汉县的增减数量
新疆维吾尔自治区	11	0.7%	0.06	0	0	0	11
青海省	6	0.41%	0.08	5	0.45%	0.07	1
内蒙古自治区	9	0.6%	0.07	33	3%	0.26	-24
云南省	13	0.87%	0.38	39	3.55%	1.14	-26
天津市	2	0.13%	1.65	3	0.27%	2.47	-1
宁夏回族自治区	9	0.6%	1.71	5	0.45%	0.95	4
甘肃省	73	4.9%	1.76	77	7%	1.86	-4
贵州省	30	2%	1.88	8	0.73%	0.5	22
上海市	1	0.07%	1.69	0	0	0	1
福建省	25	1.67%	2.28	1	0.09%	0.09	24
江西省	39	2.6%	2.55	21	1.9%	1.37	28

省份(市)	唐代县城数量	唐代占全国城市数量的百分比	唐代城市数/万平方公里	汉代县城数量	汉代占全国城市数量的百分比	汉代城市数/万平方公里	唐县/汉县的增减数量
湖南省	53	3.55%	2.73	41	3.72%	2.11	12
湖北省	62	4.15%	3.53	42	3.82%	2.39	20
江苏省	36	2.41%	3.7	45	4.09%	4.62	−9
广东省	62	4.15%	3.97	16	1.45%	1.02	46
安徽省	56	3.75%	4.2	66	6%	4.94	−10
广西壮族自治区	95	6.36%	4.54	19	1.73%	0.91	76
四川省	218	14.6%	4.79	52	4.72%	1.14	166
北京市	10	0.67%	5.77	12	1.09%	6.92	−2
重庆市	45	3.01%	5.83	8	0.73%	1.03	37
山东省	90	6.03%	5.84	160	14.55%	10.39	−70
海南省	17	1.14%	5.85	0	0	0	17
河北省	121	8.1%	5.86	110	10%	5.6	11
山西省	99	6.63%	6.2	75	6.82%	4.7	24
浙江省	58	3.88%	6.13	20	1.82%	2.11	38
陕西省	114	7.64%	5.59	54	4.91%	2.65	60
河南省	138	9.24%	8.55	168	15.27%	10.41	−30
辽宁省	1	0.07%	0.062	20	1.82%	1.24	−19
总数	1493	100%		1100			

然后,将上述这些结论与之前学者的研究结论进行一些简单的比较。除了前文提到的李孝聪和顾朝林的观点之外,李济《中国民族的形成》第 3 章"我群的演进:以城址衡量其规模"[1]一文中认为本研究所涉及的时段(大致相当于阶段 D)与之前的阶段相比,筑城活动范围并没有显著的扩大,而且从其论文中的一些数据和表格也能看出这种趋势:如其论文中的表 18 显示了三个地带(第一个地带是甘肃、河南、陕西、江苏、山东、安徽、直隶、湖北、山西;第二个地带是云南、湖南、江西、四川、浙江;第三个地带是广西、广东、福建和贵州)不同时期筑城活动的强度,第二和第三个地带在这一时期筑城活动的强度都弱于之前和之后的阶段;其表 19 以及地图 8 与 9 之间的对比也能显示这一结论。并且根据饱和点的计算,李济提出公元 678 年之后第二和第三地带的筑城活动才有明显的增加。而且从分省统计来看,陕西、江苏、山东、山西、浙江、广西、福建筑城活动强度在 D 期要明显高于之前的 C 期,而河南、湖南、四川则要明显低于之前的 C 期。而该文表 48"每个时期里显示筑城活动最大绝对指数的 5 个省份"中,D 时期是山西、江苏、陕西、河南、安徽。其结论不仅与顾朝林、李孝聪等学析者的结论不同,而且也与本章分析的结果存在较大的差异。究其原因,可能主要与李济所选择进行分析的内容和史料有关:首先,李济分析的是城墙修筑的情况,在内容上并不完全等同于城市的兴建,中国古代地方治所的设置与城墙的修筑有时并不是同时的,筑城往往滞后,[2]而且筑城并不等同于新设治所城市,因此其论述的重点与本书以及顾朝林和李孝聪的研究存在差异。第二,李济主要使用《古今图书集成》中有关城墙修筑的材料。《古今图书集成》中的材料主要来源于地方志,地方志对于城墙修筑在记载上不仅通常详今略古,而且在详略上也存在明显的地域差异。比如四川地区城墙的年龄平均偏低,李济认为原因是:"在平原地带,修建城垣的必要性会大大增加。我认为这就是为什么

---

〔1〕李济:《中国民族的形成》第 3 章"我群的演进:以城址衡量其规模",载《李济文集》第 1 卷,第 110 页。

〔2〕成一农:《中国古代地方城市筑城简史》,载《古代城市形态研究方法新探》,第 160 页。

像四川这样一个多山省份虽然至少与少山的福建同样古老,却在城垣的拥有量上居于如此劣势的主要原因。"且不说福建省山地数量的多少,除了城墙之外,在四川省的方志中对于其他建筑的记载在年代上大都集中于明代之后,明代之前的很多记载都只是只言片语,但四川地区的开发是较早的,这种现象只能用史料的缺失来解释。此外,总体上北方方志大都比南方要简略。由于史料的问题,因此李济的某些结论就有可能存在一些问题。

需要强调的是,本研究不对造成公元 3—7 世纪城市新建、迁移时空差异、各个地区城市空间分布的变化以及最终形成的城市空间分布的直接原因进行讨论。以往的研究通常认为这一时期随着南方经济的发展,南方城市数量逐渐增多。当然就总体而言,这两种现象在时间上确实存在关联,而且确实也存在很多这样的例子,这一点在唐代的南方地区较为明显。如江南西道地区,自唐代前期,经济就开始逐渐发展,人口大量增加,同时也新设置了大量的县,据黄玫茵统计,贞观十三年(639)江西全区共有县 25,到元和七年(812)时增加到 38,增加了近 1/2。[1] 新增设的县就分布而言,有一个明显的特点就是大都分布在赣江的支流,如修水流域的武宁县、分宁县,盱水流域的南丰县,禾水流域的永新县等,这反映了唐代随着江西经济的发展,对赣江支流开发的深入。现有史料也证明了这一点,如分宁县,据《太平寰宇记》"江南西道·洪州·分宁县"条记载:"分宁县,武宁县地,按邑图云:'本当州之亥市也,其地凡十二支,周千里之内,聚江、鄂、洪、潭四州之人,去武宁二百余里,豪富物产充之",[2] 由此推测分宁县的设置是经济的开发结果。此外还有永新县,据《太平寰宇记》记载"显庆四年(659),永新之民以太和道路阻远,请别置县于禾山东南六十七里,即今理也",[3] 永新县的开发当也比较深入。另外,信州及其所辖贵溪、上饶、玉山三县的设立,当与交通的开发有关,唐后期由此进入江南东道的道路开

---

[1] 黄玫茵:《唐代江西地区开发研究》,台湾大学文史丛刊,台湾大学文学院 1996 年版。
[2]《太平寰宇记》卷 106 "分宁县"条。
[3]《太平寰宇记》卷 109 "永新县"条。

始被人使用。[1] 与此类似的例子还有,福建的尤溪县、古田县"开元二十九年开山洞置";[2]柘城县"至秦为柘城县,《续汉志》属陈郡,至晋太康中废。隋开皇十六年复置。贞观初废入谷熟、宁陵二县,后县人徭赋路远,陈诉积年,至高宗朝复置,属宋州";[3]唐城县"开元二十五年六月十五日,以客户编成十二乡,置唐城县属焉"。[4]

但从3—7世纪城市分布的总体变化来看,这种解释显然很不全面,一方面如上文所分析的,这一时期南方城市数量增加最多的是两广、四川,而不是这一时期经济开发力度最大的江南地区,两广直至唐代中期开发程度依然不算很高,因此经济开发与城市数量的增加并不存在必然的因果联系;另一方面,虽然本书作者不同意中国古代城市是以行政职能为主导的观点,但显然经济功能也不完全占据主导。城市新建或者迁移的原因应当是多种多样的,不仅不同地域不同,而且不同历史时期也存在差异。但是,无论是后文所介绍的这一时期存在大量因军事因素而选址、设置的治所城市、鲁西奇在他著作《城墙内外:古代汉水流域城市的形态与空间结构》中提到汉水流域这一时期出现的众多戍城、前人研究中提出的为了安置移民或者经济开发在某些区域建立的很多新城市,还是后文所介绍的桑干河流域在这一时期不同阶段随着北方民族的侵入带来的居住方式的变化而发生的城市兴废,都是这一时期历史背景的反映。如同当时的欧洲,来自内陆亚洲的各个民族是这一时期城市新建或迁移背后的推动力。

2.4 新设、迁建城市的选址特点

中国古代文献中很少记载与城市选址或者位置有关的资料,难能可贵的是在《元和郡县图志》和《通典》中保留了一些这方面的材料,使

---

[1]壹玫茵:《唐代江西地区开发研究》,第60页。
[2]《元和郡县图志》卷29"尤溪县"、"古田县"条。
[3]《元和郡县图志》卷7。
[4]《唐会要》卷71"州县改置下"条,中华书局1955年版。

得我们可以对 3—7 世纪新建或者迁建城市的选址进行一些简要的分析。这一时期的城市选址主要有以下几个特色：

第一，3—7 世纪是中国历史上的动荡时期，战乱不断，因此一些城市的选址与地势险要、利于防守有关（见表 2－6）。

表 2－6　3—7 世纪选址于险要之处的城市列表

治所名称	史料	资料出处
绥州	"[绥州]州城，贞观元年筑。实中，四面石崖，东面高八十尺，西面高一百四十尺，南面高四十尺，北面高一百二十尺，周回四里二百步。"	《元和郡县图志》卷 4
滑州	"[滑州]州城，即古滑台城，城有三重，又有都城，周二十里。相传云卫灵公所筑小城，昔滑氏为垒，后人增以为城，甚高峻坚险。"	《元和郡县图志》卷 8
莒县	"[莒县]县理在莒国故城中，城三里，并皆崇峻，唯南开一门。"	《元和郡县图志》卷 11
绛州	"柏壁，在县西南二十里……周武帝于此改置绛州……按柏壁高二丈五尺，周回八里。"	《元和郡县图志》卷 12
繁畤县	"繁畤县……本汉旧县，属雁门郡。汉末匈奴侵寇，旧县荒废，晋又繁畤县，周省。隋开皇十八年重置于今县东六十里大堡戍，大业十二年移于武州城。圣历二年，以县在平川，难于固守，遂东移于今理。其城三面枕涧，东接峻坂，极为险固。"	《元和郡县图志》卷 14
房山县	"房山县，……隋开皇十六年置房山县……其城内实外险，一名嘉阳城。"	《元和郡县图志》卷 17
兴道县	"兴道县……后魏宣武帝分置兴势县，理在兴势山上，故以为名"。"[洋州]兴道，……因自然陇势，形似盆，缘外险，内有大谷，为盘道，上数里及门。"	《元和郡县图志》卷 22，《通典》卷 175
胤山县	"胤山县，……县城置玄白崖山上，武德四年筑，义清县理焉。唯三面有城，皆临绝险，南面因险，不更筑城。"	《元和郡县图志》卷 22

·欧·亚·历·史·文·化·文·库·

续表 2-6

治所名称	史料	资料出处
通七县	"县城,累石为城,内实外险,东北二面并累石,南面、西面临岸,去地百余丈。"	《元和郡县图志》卷32,813页
临溪县	"临溪县……县城三面据险,北面平坦。"	《元和郡县图志》卷31
维州	"武德七年,白狗羌首领内附,于姜维城置维州以统之。其城甚险固。"	《元和郡县图志》卷32
静州	"本汉蚕陵县地,天授元年(690)于此置静州。其城据山,甚险固。"	《元和郡县图志》卷32
柘州	"柘州……仪凤二年(677)置,以山多柘木,因以为名。其城四面险阻,易于固守。"	《元和郡县图志》卷32
真州	"真州,……其地本名真符,天宝三年(744),节度使章仇兼琼以其地险阻,又当西山要路,奏置真符营,控押一州,仍置兵于其处。"	《元和郡县图志》卷32
黎州	"其州城,东西南三面并临绝涧,唯北面稍平,贞元二年(786)节度使韦皋凿北面,隍堑深阔……"	《元和郡县图志》卷32
綦州	"按州理城,汉涪县也,去成都三百五十里。依山作固,东据天池,西临涪水,形如北斗,卧龙伏马,为蜀东北之要冲。"	《元和郡县图志》卷33
陵州	"今按州城南北二面悬岸斗绝,西面显敞,南临井。"	《元和郡县图志》卷33
昌州	"其城南凭赤水,北倚长嵩,极为险固。"	《元和郡县图志》卷33
叠州	"今州城在独山上,西临绝涧,南枕羌水。"	《元和郡县图志》卷39
秭归县	"其城东北二面并临绝涧,西天溪,南大江,实为天险,相传谓之刘备城云。"	《元和郡县图志》佚文卷1
恩阳县	"县城置在义阳山上,四面悬绝。"	《元和郡县图志》佚文卷1

续表 2 - 6

治所名称	史料	资料出处
邻山县	"县城南北三面有池围绕,东阻湟水,甚险,俗号为金城。"	《元和郡县图志》佚文卷 1
延福县	"[绥州]延福,隋置,县城三面因崖,甚险"。	《通典》卷 173
仪陇县	"[蓬州]仪陇,汉阆中县地,梁置。今县城在崇城山上,凭险为理,即梁崇城郡城也。"	《通典》卷 175
福昌县	"[河南府]福昌,……县城即魏之一金坞城,东南北三面峭绝天险,后周重兵于此以备高齐。"	《通典》卷 177
巩县	"巩县,……至汉以为县,属河南郡。隋大业十三年,李密自颍川率群盗十余万袭破洛口仓,因据巩县,仍筑城,断洛川,包南北山,周回三十余里,屯营其中。后为王世充所破。县本与成皋中分洛水,西则巩,东则成皋,后魏并焉。按《尔雅》'巩,固也'。四面有山河之固,因以为名。"	《元和郡县图志》卷 5

　　此外,还有一些城址虽然没有记载其所在地势的情况,但从上下文所记其最初修筑时的功能来看,当也修筑于便于防守或者形势重要之处,如:"[新安县]县城本名通洛城,周武帝将东(封)[讨],令陕州总管尉迟纲筑此城,以临齐境"[1] "[河阳县]南城,在县西,四面临河,即孟津之地,亦谓之富平津。后魏使高永乐守河南以备西魏,即此也";[2] "[颍州]下蔡,……梁大同中,于硖石山筑城拒东魏,即今县城也";[3] "[绛州]垣,……有古皋落城,西魏于此置邵郡,以备东魏"[4]

　　第二,利用这一时期在战乱中修建的城堡作为县治或者州郡治

---

〔1〕《元和郡县图志》卷 5。
〔2〕《元和郡县图志》卷 5。
〔3〕《通典》卷 177。
〔4〕《通典》卷 179。

49

所。如"寿州故城,在县东南十五里。隋末百姓筑以为堡,武德四年,于此置寿州";[1]"[章丘县]县理城,即黄巾城也,在济水之南岸。汉献帝建安中,黄巾贼张角之所守也";[2]"万泉县……又薛通城者,后魏道武帝天赐元年(404),赫连勃勃僭号夏,侵河外,于时有县人薛通,率宗族二余家,西去汉汾阴县城八十里筑城自固,因名之。武德三年,于薛通故城置万泉县";[3]"全节县……本是隋末土人李满率乡人据堡,赡以家财,武德二年归国,于堡置谭州及平陵县,以满为谭州总管。贞观元年废谭州,县属齐州。十七年,燕亮构逆,满及男君球固守。贼平县废,有诏重置县,改名全节,以旌其功焉";[4]"盘隄县……县城,魏邓艾与蜀将姜维相持,于此筑城,置茄芦戍,后于此置县"。[5]

第三,还有一些县(州)城选址于交通要道或者驿路之上。隋炀帝大业九年(613)曾经规定"诏郡县城去道过五里已上者,徙就之"。[6]位于交通要道上的县城有不少例子,如"定平县……后魏至周并为定安县地。隋大业十年,于此筑城,置棘社驿。武德二年,于驿分定安县置定平县,其驿移出城北";[7]又如"浈昌县……光宅元年(684),析始兴北界置浈昌县。北当驿路,南临浈水";[8]如"新津县……又东有新津渡,胃之新津市,周闵帝元年(557)于此立新津县,垂拱二年(686)割入蜀州";[9]严州"乾封二年(667),于废昆州乐沙县置严州,仍改乐沙县为怀义县。州城南枕大江,当桂州往邕州之路。在严冈之上,因为名"。[10] 此外,昆明县,"周武帝立定笮镇。凡言笮者,夷人于大江水上置藤桥谓之'笮',其定笮、大笮皆是近水置笮桥处。武德二年,于镇置

〔1〕《元和郡县图志》卷10。
〔2〕《元和郡县图志》卷10。
〔3〕《元和郡县图志》卷12。
〔4〕《元和郡县图志》卷10。
〔5〕《元和郡县图志》卷39。
〔6〕《隋书》卷4《炀帝纪》。
〔7〕《元和郡县图志》卷3。
〔8〕《元和郡县图志》卷34。
〔9〕《元和郡县图志》卷31。
〔10〕《元和郡县图志》卷37。

昆明县,盖南接昆明之地,因以为名",[1]由"筰"意思为藤桥,"定筰"为近水登筰桥处来看,昆明县也当位于交通线上。而且一些州县由于远离交通线,或者只是因为不在主要交通线上,就被废弃或者改置。如岐阳县,贞观二十一年(647)七月十四日敕:"岐阳既非要路,好畤又近醴泉,二县并废,依旧置上宜县",[2]可见,岐阳只是因为不在主要交通线上就被废弃。有些远离交通线的州县,即使没有被废弃,也被移置到交通线上,如湘潭县,"天宝八载(749)八月三十日,移于路口置"。[3]最为典型的例子当属河阴县,《元和郡县图志》记载了设置河阴县的过程和原因,即"河阴县……开元二十二年(734)以地当汴河口,分氾水、荥泽、武陟三县地于输场东置,以便运漕,即侍中裴耀卿所立。初,耀卿为宣州刺史,开元十八年,因朝集上便宜曰:'窃见江、淮诸州所送租庸等,本州正月、二月上道,至扬州入斗门,即逢水浅,停留一月已上,四月已后始渡淮入汴,多属干浅,又搬运停留,至六月、七月方至河口。即遇黄河涨溢,不得入河,又须停一两月,待河水较小,始得上河入洛。即又漕洛干浅,船艘不通。计从江南至东都,停滞日多,得行日少,艰辛欠折,因此而生。伏见国家旧法,河口元置武牢仓,江南船不入黄河,即于仓内便贮也。巩县置洛口仓,从黄河不入漕洛,即于仓内安置。爰及河阳仓、柏崖仓、太原仓、永丰仓、渭南仓,节级取便,例皆如此。水通利则随近运转,不通利则且纳在仓,不滞远船,不生隐盗,每年剩得一二百万石,即数年之外,仓廪转加。'至二十二年,以耀卿为相,兼转运都使,于是遂分置河阴县及河阴仓,又河清县置柏崖仓,三门东置集津仓,三门西置盐仓。三门北凿山十八里,陆行以避湍险,自江、淮来者悉纳河阴仓,自河阴候水调浮漕送含嘉仓,又取晓习河水者递送太原仓,所谓北运也。自太原仓浮渭以实关中。凡三年,运七百万石,省脚三十万贯。及耀卿罢相后,缘北路险涩,颇为隐欺,议者言其不便,事又停"。[4] 很

〔1〕《元和郡县图志》卷32。

〔2〕《唐会要》卷70《州县改置上》。

〔3〕《唐会要》卷71《州县改置下》。

〔4〕《元和郡县图志》卷5。

·欧·亚·历·史·文·化·文·库·

明显 当时河阴县的设置与漕运有着明确的联系。

2.5　区域城市空间分布变化的个案介绍

对于 3—7 世纪某一区域城市空间分布的变化,学界已经有了一些研究成果。现以桑干河流域和河北地区为例进行简要介绍。

2.5.　桑干河流域

孙靖国在《桑干河流域历史城市地理研究》[1]一文中分析了东汉末年之后桑干河流域城镇体系的瓦解过程,认为魏晋时期桑干河以南地区依然保持着农耕经济和城市生活,而以北地区原有的治所城市基本放弃。代国时期虽然在桑干河地区修建或者修复了之前的一些城市,但生活方式并不一定从游牧方式转向了农业文明,很可能只是屯驻军队,或游击出动的辅助据点。

北魏时期,从太武帝到文成帝,主要是沿用汉晋旧城;从文成帝到孝文帝时期,桑干河流域的城邑建设得到进一步发展,设立了一批新的郡县治所。从地理分布来看,北魏时期的桑干河流域,形成了两个比较明显的城邑分布区:一个是沿桑干河的带状区域,另一个则是平城附近地区;从分布密度来看,桑干河以南地区的城邑数量和密度都远远超过桑干河以北地区。

自北魏末年、南北朝后期直至唐初,这里经历了多次战争的破坏,而北方逐渐强大起来的突厥也多次进入这一流域,频繁的战乱导致行政机构迁移、废置频繁,同时造成区域城镇的废弃。因此,到了唐初,桑干河流域仅设 3 县,而且分布稀疏,这是自汉末以来城邑数量最少的时期。

而在唐代初年贞观时期,在击败了突厥之后,太宗将突厥余部安置到了边境地区的半农半牧地区,不仅保持了突厥人的部落组织和传统的畜牧业生产方式,同时也成为唐朝边境防御的一支重要力量,并

---

〔1〕孙靖国:《桑干河流域历史城市地理》,北京大学历史系博士研究生毕业论文 2009 年。

设置羁縻府州进行管辖。由于这一历史条件,使得唐初在桑干河流域并没有大规模修筑城邑,由此这一时期城邑的分布依然稀疏。直至7世纪末,随着突厥的再次崛起,这一情况才发生了变化。

总体而言,自汉末直至公元7世纪末,桑干河流域地区随着北方游牧民族势力的渗入,城邑的数量呈不断减少的趋势;至唐代初期,汉代建立的城市大都被放弃。

2.5.2　河北地区

王德权《从"汉县"到"唐县"——三至八世纪河北县治体系变动的考察》[1]一文得出的结论是"西汉县结构的破坏或转变,关键是在北齐(尤其是文宣帝天保七年,556)的调整";"东汉以降各时期增(移)置县数不一,其中以隋治数居首(94),其下依序为北魏(44)、唐(27)、北齐(19)、魏晋(13)";"分析天宝十二载(753)县治来源,其中西汉县39,比例为25%。天宝县治主体为隋治,约三分之一弱,唐治25,合计只有不到30% 天宝县治是来源自三国(含)以前的县治,说明天宝县治已与北魏(含)以前有着结构上的差异"。

此外,王德权文还分阶段分析了不同时期县治分布的空间变化:"整体而论,东汉河北县治趋于减少,尤其是冲积平原地带尤甚,显示东汉国家权力较西汉内缩的现象。"

魏晋时期,"废县以西部北段为多,增(移)置县则西部南段与中部北段较多,大致属于局部调整的格局,应与曹操建构河北中部水运网以及营建邺都有关"。"值得注意的是魏晋废县的地理趋势,尤其是太行山东麓南半部县治呈现内缩的现象……笔者认为此一现象是魏晋国家权力下降的表征,当时国家只能比较有效控制太行山东麓走廊两侧,走廊东部及其以东的隙地,国家已无法充分掌握"。

北魏时期"持续罢废旧县,西汉治逐渐减少,但增(移)置县数却倍多于废县……废县分布以西部南段、中部南段与北部较多,增置县以

---

〔1〕王德权:《从"汉县"到"唐县"——三至八世纪河北县治体系变动的考察》,载《唐研究》第5卷,第161页。

中部南段、西部北段、北部等地居多",其中增加数量最多的是西部北段,王德权文认为"这是北魏前期以定州为中心的河北经营之结果"。就分布空间而言,北魏时期县的地理分布呈扩张的趋势,作者认为这"显示北魏朝向农业官僚帝国转型后国家统治在空间上的进展"。

北齐时期,以大规模减少县治为主,尤其是以"开发较早的西部南段、中部南段居多,……具有重新安排县治布局的积极意义……也致力建立比较合理的政区空间架构"。就空间而言"各地理区边缘县治大多获得保留,县治内缩现象并不明显。在交通控制方面,由太行山东麓县治东西并列格局观之,显然也与交通线的控制有关"。

隋开皇时期的县治调整以增(移)置县为主,"增置县的地理分布偏重在西部南段、西部北段、中部南段,这三个地区也是河北开发最早、人口最稠密的先进地带",作者将其归结于这些地区社会经济的持续繁荣和国家掌握户口能力的增强。大业时期的调整则以罢废为主,其集中地区与开皇增置县集中地区完全一致,但这些地区的县治数量依然超过汉代,作者认为"大业是对开皇的反省与修正,但并未在结构上推翻开皇建立的架构"。

唐贞观前期政区的调整"基本上是以大业县为框架而有所损益",此后至天宝十二载,河北县治并未出现结构的变化,但"就各地区而言,北部、中部北段出现较明显的增置倾向……经过百年地域发展与北边国防结构的变化,天宝河北县治较显著的变化是中部南段县数减少与中部北段、北部县数的增加"。唐代前期县治移动主要是针对"县治结构中数量居多的隋县与西汉县的整理"。"综观唐前期县治变动,呈现出以县治移动为主轴的局部调整,增置县远不及县治移动产生的县治数,且增置县多半居于边陲,说明唐前期县治变动特质是隋县架构下所做的局部修补以及边陲地带的开发进程"。

王德权文还按照唐代天宝十二载的政区为界,将河北地区分为六个次级地理单元,详细分析了不同区域不同时期的废置过程、地理分布上的差异以及原因。王德权文又分析了县治变动的模式、变动的地理特征(包括海拔高度、县治之间的距离等等),并归纳了县治变动的地理趋势,即"增加的部分主要是 50~100 米间的冲积扇底部",县治之间的距离趋于合理化。此外王德权文还提出"汉唐间城市体系变动的趋势,一方面是汉文明的南向发展与城市增筑,而华北城市群在同一时期进行内部空间体系的重新整合"。

2.6 总结

总体而言,经过 5 个世纪的发展,公元 7 世纪末的县治,无论是数量、具体位置,还是空间分布都已经与东汉末年截然不同。至少按照当前的研究,自唐代之后中国县治(城市)的分布格局再无较大的变动,因此大致可以认为正是这一时期奠定了此后中国城市分布的地理格局。虽然造成这一巨大变动的原因并不能简单地归结于政治或者经济原因,其背后有着非常复杂的过程和多因素的混杂。但不可否认的是,如果没有自东汉末年以来来自亚洲内陆的各个民族的渗入、扰动,那么中国古代城市分布的地理格局很有可能会按照东汉的模式发展下去。果真如此的话,今天我们看到的中国城市的地理分布格局将会完全不同。

作为对比,同时期(下限要比中国晚很多)的欧洲也发生了类似的变化过程。公元 5 世纪,罗马帝国崩溃后,欧洲的城市生活也随之衰落(在英国甚至完全消失)。直到 10 世纪和 11 世纪,政治局面的稳定和贸易的复苏,使原来许多罗马城市所在地赢得了复兴的机会,同时军事要塞也转化为起源于商业的城镇,少量村庄小镇开始了向城市发展的缓慢过程。整个中世纪,新建城市一直在不断出现,但在这个时期的初期和末期,城市新建的速度都十分缓慢;13 世纪显然才是建城的高峰期。[1] 在城市复兴过程中,当然也有着在罗马时期城市或者城堡基础上的重建,毕竟这些城市中的很多都位于交通要道之上,不过新建

---

[1]A. E. J. Morris, *History of Urban Form:Before the Industrial Revolution*, PrenticeHall,1996, p. 92. 本书作者进行了翻译。

城市的数量也非常可观,大致可以分为以下两种类型:[1]

第一,有机生长的城市。从 9 世纪到 10 世纪初,各地的封建君主一方面为了抵御挪威人、马札尔人(Magyars)、斯拉夫人(Slavs)和撒拉逊人的侵略,另一方面为了作为彼此之间防御的据点,修建了大量的防御城镇(寨堡)。这些防御城镇中的一部分后来逐渐获得了商业功能,在城外出现了郊区,由此逐渐发展成为城市。此外,还有一些原来的农村聚落,在政治稳定和贸易复苏之后,逐渐发展凌驾于附近其他农村聚落之上,形成了城市。

第二,进行过规划的城市。这类城市中比较典型的有"防御城镇",即 13 世纪在法国(特别是法国西南部)通常由法国人或爱德华一世兴建的新的规划城镇,以及由爱德华一世在英格兰和威尔士建造的城镇。所有这些城市共同的特点就是兴建中有着完全意义的"规划",在一定时间有着城市地位并且有预先城镇规划的聚落。此外还有"种植城镇",即指其他中世纪的新城镇,有的经过了预先规划,有的没有,比较典型的有 12 世纪策林格公爵在莱茵河两岸修建的种植城市以及德国东部、佛罗伦萨、尼德兰等地的种植城市。

总体而言,经过蛮族入侵之后,欧洲中世纪后期的城市空间分布格局已经完全不同于罗马时期。虽然这一过程持续的时间要比中国更为漫长,但两者之间存在很大的共性。而且除了地理分布之外,城市形态上也具有相似的变化过程,这点参见后文分析。

---

〔1〕参见 A. E. J. Morris,*History of Urban Form:Before the Industrial Revolution*,PrenticeHall,1996。

3 3—7世纪地方城市
形态的演变

3.1 地方城市的城墙

按照现有研究,秦汉时期的中国是所谓的"都市国家",很多县、乡、亭都修筑有城墙,大多数人口都生活在有墙的城市中。但是到了宋代,这种情况发生了翻天覆地的变化,不仅乡村很少修筑城墙,甚至很多州县也没有城墙,大量人口生活在无墙的城市中。[1] 城墙的有无不仅影响了人们的生活方式,而且也牵涉到城市景观、管理制度、城乡的划分等更深层面的内容,而这一中国古代城市形态史上的重要转变就发生在公元3—7世纪。

在叙述这一时期地方城市城墙的演变过程之前,有必要交待一下之前秦汉时期的情况。

根据《史记·秦始皇本纪》的记载,秦始皇统一全国后曾"堕坏城郭",但杜正胜根据汉吾丘寿王所说的"堕名城"认为"秦始皇堕毁的大概只限于列国的大城,以崇高咸阳,并防止东方残余势力依据战国都城叛变"。[2] 从现有考古资料来看,杜正胜的这一推测是有根据的,战国时期各诸侯的都城在秦汉时期不是被弃用就是缩筑,并没有将地方城市的城墙彻底拆除。

汉初高帝六年(前201)冬十月曾"令天下县邑城",[3]但由于战

---

〔1〕成一农:《中国古代地方城市筑城简史》,载《古代城市形态研究方法新探》第160页。

〔2〕杜正胜:《城垣发展与国家性质的转变——中国第二次"城市革命"》,载《古代社会与国家》,台湾允晨文化1992年版,第564页。

〔3〕《汉书》卷1《高帝纪第一下》。

·欧·亚·历·史·文·化·文·库·

国、秦代很多城市的城墙依然存在,因此这次筑城可能只是对以往城墙的修补,新筑城墙的城市数量应该有限。根据考古资料,汉代很多地方城市确实利用了战国时期的城址,以安徽省为例,安徽省共调查与试掘了 50 余座城址。[1] 其中在面积超过 1 平方公里的 11 座城址中,只有 3 座为汉代新建,其余均沿袭了先秦城址及其规模,如面积达1.96 平方公里的相县城即沿用了春秋时期宋国的都城,汉代设沛郡治于此;寿春城的面积超过 1 平方公里,沿用了先秦楚国后期的都城,汉设九江郡治于此。这种情况不仅出现在安徽省,全国也是如此。如曾为先秦重镇的成都,汉代城址周长达 22 公里,[2] 宛城则利用了古申城并加以拓展。还有一些地方城址利用了列国的都城,但大都进行了缩筑,这可能就是秦始皇"堕名城"的直接后果,如汉代的曲阜、河东郡,分别在战国的鲁都曲阜和魏国旧都安邑的基础上改建而成,可是均缩小了堙垣,比战国城址的规模要小。[3] 总体来看,至少在汉初,地方城市大部分应当是有城墙的。但由于没有直接的文献资料,因此很难对这一时期地方城市城墙修筑的情况进行总体评价。

日本学者宫崎市定在《关于中国聚落形体的变迁》一文中认为,在汉代,中国仍是"都市国家",很多县、乡、亭都利用了前代城址,是有城墙的,或者说城墙是汉代"都市国家"的必要组成部分。[4] 如果宫崎市定的推论不误,那么汉代地方城市的城墙应该是长期修筑的。此外,王莽天凤年间社会动荡,地方基层组织严重破坏,出现了官方组织坞堡壁垒以求自保的情况,"于是三辅、河南、荆州、东郡、魏郡、清河、赵郡、中山国、南阳、陈留、渔阳、安定、北地都有坞壁的分布,区域甚广"。[5] 东汉政权建立后,光武帝下令摧毁坞壁,使得坞壁仅残存于边境。到了

〔1〕长南:《安徽汉代城市的分布与建设》,载《学术界》1991 年第 6 期,第 31 页。

〔2〕陈昌文:《汉代城市的布局及其发展趋势》,载《江西师范大学学报》1998 年第 1 期,第 57页。

〔3〕陶正刚,叶学明:《古魏城和禹王古城调查简报》,载《文物》1962 年第 4、5 期,第 59 页。

〔4〕[日]宫崎市定:《关于中国聚落形体的变迁》,载《日本学者研究中国史论著选译(上古秦汉卷)》,中华书局 1993 年版,第 1 页。

〔5〕金发根:《永嘉乱后北方的豪族》,台北"中国学术著作奖助会"(1964),第 11 页,转引自[韩]具圣姬:《两汉魏晋南北朝的坞壁》,民族出版社 2004 年版,第 11 页。

东汉中期,为防边患,从和帝开始,政府主动在西北边郡大量构筑坞壁,而地方百姓也组织自卫武装防御羌人,内郡豪杰大姓也大多据坞为守。东汉末年的黄巾起义中,也兴建了数量极其众多的坞壁。[1]

但侯旭东指出,已有学者对此提出不同意见,他们依据文献认为汉代存在一些无城的聚落,而且两汉时期南方某些郡县并无城郭。[2]鲁西奇在《城墙内外:古代汉水流域城市的形态与空间结构》一书中认为:"虽然东汉以迄三国,长江中游地区的户口总数不断增加,襄阳、南阳、长沙等地区的户口已较为密集,但其乡村聚落则仍以小规模的散村占据主导地位,只不过这种散村的数量增加了而已。这些散村,户口规模既如此之小,又以'散就田业'为选择居住方式的基本原则,即便建有某些土垣、篱栅之类的防御设施,也很难称得上是'城郭'。因此,认为汉代农民主要居于'农业都市'之中的观点,至少不符合汉水流域、长江中游地区的历史事实。"[3]这是对以往传统观点的极大突破。

总体来看,根据当前的研究,在汉末大致北方地区的地方城市基本都修筑有城墙,而南方地区则不如北方那么普遍。

3.1.1 魏晋南北朝至隋代

自汉末以来,地方行政区划不断增置,直至北齐天保年间开始逐渐省并,此后经历了北周大象二年(580)、隋开皇三年(583)、开皇六年(586)、开皇九年(589)、开皇十六年(596)、大业二年(606)、大业三年(607)的多次整理,地方行政体系逐渐稳定。但到了隋末唐初,在战乱中再次大量增设。[4]地方行政区划的不断调整,相应地带来了地方城市的设置和废弃,因此隋末唐初的地方城市很多已不再使用汉代的城址,多重新选址和新建。如本书第 2 章所述,唐代中期大约有 2/3 的城址是自东汉末年以来新建或者迁建。现在的问题的是,这些新建和

〔1〕〔韩〕具圣姬:《两汉魏晋南北朝的坞壁》,第 11 页。

〔2〕侯旭东:《北朝村民的生活世界——朝廷、州县与村里》,商务印书馆 2005 年,第 45 页。

〔3〕鲁西奇:《城墙内外:古代汉水流域城市的形态与空间》,第 140 页。

〔4〕成一农:《唐代的地缘政治结构》,载《盛唐的地域结构》,上海辞书出版社 2003 年版,第 1 页。

城址转移的以及少量长期沿用的地方城市,在这一时期是否修筑了城墙。与宋元明时期不同,由于考古资料和文献资料的缺乏,对这一时期地方城市城墙的情况只能依据少量资料进行推测。

以往的研究,基本上都认为魏晋南北朝或者魏晋北朝是大规模修筑城墙的时期。如根据刘淑芬的分析,魏晋北朝出现了一次大规模的筑城运动;[1]鲁西奇则将这一时期的南方称之为"城居时代",[2]即"自汉末三国以迄南北朝时期,汉水流域乃至长江中游地区的普通著籍民户,大抵皆集中居住于大大小小的城堡坞壁或其附近,形成城居(包括附城居)状态;而未著籍之蛮、流则散布山野间,以散居为主"。[3] 这些研究的结论虽不全面,但大致体现了这一时期城墙修筑的特点,下面进行具体分析。

对于这一时期占据北方地区的来自亚洲内陆的各个民族而言,城居虽然并不是他们此前生活的常态,但在与草原周边国家、民族交往过程中,他们当对筑城和邑居生活并不陌生,如曾经统治西域绿洲中大量"城国"的匈奴以及那些在东汉时期迁入内地的羌族,而且他们自己也曾经修筑过城市,著名的姑臧最初就是由匈奴修建的,此外西匈奴致支单于西迁后在今哈萨克斯坦南部修建了致支城。[4] 现在考古工作者也发现了一些这些民族修建的城垣,如下伊沃尔加古城,年代约为公元前1世纪至公元1世纪,位于俄罗斯乌兰乌德市西南16公里,色楞格河支流伊沃尔加河下游右岸。城址大致呈长方形,南北长348米,东西宽约200米。东、南、西三面围以4道土墙,每道土墙内侧都有壕沟,墙与壕总宽35～38米。在城内发现80余座住所遗迹,一般为圆角长方形半地穴居址,面积约6×4平方米。该城的文化与汉文化有密切联系。城内居民一说属匈奴族,一说系迁来的汉民。至今当地布里亚特人仍称该城址为

---

〔1〕刘淑芬:《魏晋北朝的筑城运动》,载《元朝的城市互社会》,第353页。

〔2〕鲁西奇:《城墙内外:古代汉水流域城市的形态与空间》,第140页。

〔3〕鲁西奇:《城墙内外:古代汉水流域城市的形态与空间》,147页。

〔4〕此外,一些投降匈奴的汉朝人也曾修筑了城垣,如赵信城,《史记》卷110《匈奴列传》:"[汉兵]行斩捕匈奴首房万九千级,北至阗颜山赵信城而还";裴骃《集解》引如淳曰:"信前降匈奴,匈奴筑城居之。"

"中国地"。此城毁于大火，推测为丁零人所破。

　　当来自亚洲内陆的各个民族在中原崛起之后，尤其是在北方，当面对着这一地区大大小小的环筑有城墙的城邑，以及当时遍及各地的坞壁时，这些以劫掠、游牧为生的民族，对于筑城和城居的态度必然有着发展和变化。如赫连勃勃在其兴起、草创之时的义熙三年（407），其部下曾建议建都高平，凭城据守，他的回答是："卿徒知其一，未知其二。吾大业草创，众旅未多，姚兴亦一时之雄，关中未可图也。且其诸镇用命，我若专固一城，彼必并力于我，众非其敌，亡可立待。吾以云骑风驰，出其不意，救前则击其后，救后则击其前，使彼疲于奔命，我则游食自若，不及十年，岭北、河东尽我有也。待姚兴死后，徐取长安。姚泓凡弱小儿，擒之方略，已在吾计中矣。昔轩辕氏亦迁居无常二十余年，岂独我乎！"[1]但仅仅在6年之后的义熙九年（413），其势力强盛，于是修建了规模宏大、异常坚固的统万城。赫连勃勃对于筑城和城居态度的变化，其实代表了大多数从亚洲内陆涌入中原地区的各个民族的态度，在最初为了谋取生存或者扩张势力时，采取以劫掠为目的的游动作战，筑城显然是没有必要的，城居也是偶尔为之，甚至对于城墙有着一定的敌视；但是随着势力的壮大，甚至建立了政权之后，利于防守的城墙以及稳定的城居生活也就变成了"必需品"。尤其是在那些战略要地，筑城然后驻扎一支用于控御的本族军队几乎成为了必然的选择。[2]

　　这一时期，内陆亚洲民族在北方地区修筑的著名城市除了统万城等一些都城之外，最为著名的还有北魏时期为了防御来自北方柔然入侵而修筑的北魏六镇，这也证明了上文提及的内陆民族进入内地之后筑城和城居态度的变化。经过考古工作，已经大致确定了北魏六镇的位置，其中沃野镇城为今乌拉特前旗根子场古城，怀朔镇城为今固阳县城库伦古城，武川镇城为今武川县二份子古城，抚冥镇城为今四子王旗境内古城，柔玄镇城为今察右后期白音查干镇东北古城，怀荒镇

---

〔1〕《晋书》卷130《赫连勃勃载记》。
〔2〕关于这一点参见本书3.2"子城与各种城中之城"中的相关内容。

·欧·亚·历·史·文·化·文·库·

城位三今天张北县以北。此外,发现的镇城还有,御夷镇位于今赤城县独石乡猫峪村西南,云中镇城为今托克托县古城村古城,白道城为今呼和浩特坝口子古城(关于北魏军镇的考古资料,参见本书第5章)。

这一时期还延续了汉末的传统,修建了大量的坞壁,这点前人已经做了大量研究,具体可以参见赵克尧《论魏晋南北朝的坞壁》、[1]刘华祝《试论两汉豪强地主坞壁》、[2]具圣姬《两汉魏晋南北朝的坞壁》[3]等,这里只罗列几条史料说明当时有墙坞壁的普遍性。如《晋书·石勒载记》载,石勒攻陷冀州时,曾攻破郡县堡壁百余;《晋书·苻坚载记》载,当时关中堡壁约三千余座。其中某些坞壁、堡寨不仅成为州郡县的治所,而且其中一些城市的行政地位也延续了下来,如"万泉县……又薛通城者,后魏道武帝天赐元年(404),赫连勃勃僭号夏,侵河外,于时有县人薛通,率宗族千余家,西去汉汾阴县城八十里筑城自固,因名之。武德三年,于薛通故城置万泉县"。[4]

而南方地区在这一内陆亚洲各族带来极大冲击的时代,也发生了彻底的变化。鲁西奇在《汉宋间长江中游地区的乡村聚落形态及其演变》一文中根据马王堆地图帛书和文献考证,认为"这种'散居田业'的小规模聚落,直到三国时期,仍然是长江中游地区占据主导地位的乡村聚落形态",[5]自汉末,尤其是西晋末年之后,在北方游牧民族的冲击下,大量北方人口涌入南方。由于社会的动荡,受到动乱威胁地区的地方长吏纷纷"敛民保城郭",最终"自汉末以迄南北朝时期,长江中游地区的普通著籍民户,大抵皆集中居住于大大小小的城堡坞壁或其附近,形成城居状态"。[6]此外,鲁西奇还在《城墙内外:古代汉水流域城市的形态与空间结构》一书中具体描述了这一时期汉水流域城市聚落

---

[1]赵克尧:《论魏晋南北朝的坞壁》,载《历史研究》1980年第6期,第77页。

[2]刘华祝:《试论两汉豪强地主坞壁》,载《历史研究》1985年第5期,第35页。

[3][韩]具圣姬:《两汉魏晋南北朝的坞壁》。

[4]《元和郡县图志》卷12。

[5]鲁西奇:《汉宋间长江中游地区的乡村聚落形态及其演变》,载《历史地理》第23辑,上海人民出版社2008年版,第133页。

[6]鲁西奇:《汉宋间长江中游地区的乡村聚落形态及其演变》,载《历史地理》第23辑,第138页。

的形态,其中很多聚落在魏晋南北朝都曾经做过地方治所,而且鲁西奇也明确指出所谓的城居,指的是一种总体趋势,而不是一种绝对的状态,当时也存在一定的散居。鲁西奇在书中对3—6世纪汉水中下游的这种环境进行了精辟的描述:"要之,根据本节所考述,我们可以遥想3—6世纪汉水中下游地区之人文地理面貌:在汉水中下游河谷地带,分布着大大小小的城邑戍垒坞堡,每一个城邑戍垒坞壁都有自己的大小不等的生存空间:城邑堡壁—农耕区域—樵采区域以及掳掠区域,依次向外推演;较大的城邑设有州郡县等官府,一些戍垒驻有官军,城垒内外也有居民集聚,坞堡则为南来北人及当地土著之所居。而在远离城邑的丘陵乡野间,则散布着未著籍的蛮、流,他们不立城邑、分散居住,亦不纳'皇粮'。'城居'(包括附城居)与散居,乃成为两种迥异有别的人群的不同居住方式"。[1] 南阳地区也是如此,"汉代南阳地区虽密布城邑及较大聚落,但乡村民众之基本居住形态仍以'散就田业'为主。自汉末以迄于南北朝后期,无论势家大族,抑普通著籍民户,大抵皆集中居住于大大小小的城堡坞壁或其附近,形成城居(包括附城居)状态;而未著籍之蛮、流则散布山野间,以散居为主。聚落形态的这种演变,既是此数世纪间政治与社会大动乱的反映或缩影,也是社会大动乱背景下民众基于生存需要而作出的'适应性改变',而这种'改变',直接影响到经济生活与社会组织的基本方式,也影响到王朝国家对地方社会的控制方式"。[2] 当然,这些城邑坞壁多为郡县治所,或者曾经成为过郡县治所,但也有一些则是一般的村落或者军事要地。

隋末动乱时期,如同魏晋南北朝,一些地方豪强也修筑堡寨以自卫,其中一些堡寨后来在唐代发展为州县治所。如"[寿张县]寿州故城,在县东南十五里。隋末百姓筑以为堡,武德四年,于此置寿州";[3] "全节县……本是隋末土人李满率乡人据堡,赡以家财,武德二年归国,于堡置谭州及平陵县,以满为谭州总管。贞观元年废谭州,县属齐

〔1〕鲁西奇:《城墙内外:古代汉水流域城市的形态与空间》,第81页。
〔2〕鲁西奇:《城墙内外:古代汉水流域城市的形态与空间》,第128页。
〔3〕《元和郡县图志》卷10。

·欧·亚·历·史·文·化·文·库·

州。十七年,燕亮构逆,满及男君球固守。贼平县废,有诏重置县,改名全节,以旌其功焉"。[1]

不过,在整个魏晋至隋代依然存在一定数量没有修筑城墙的地方行政治所城市。根据《四库全书》收录的各省通志的记载,那些沿用到清代的地方城市中,有87座城市的城墙在魏晋至隋之间有所修筑,参见图3－1"魏晋至隋筑城分布图"。虽然从图3－1来看总体数量并不是很多,但考虑到这一时期政区的动荡,可能很多修筑了城墙的城市并没有沿用下来,由此在后代的文献中缺少对它们的记载;而且在刘淑芬所列的《魏晋北朝筑城表》中,这一时期修筑了城墙的地方城市有些在后代被废弃了,如统万城、玉壁城等,再结合上文的分析,这一时期有一个大规模的筑城运动当属不误。但是,这一筑城运动的范围,由图3－1来看,似乎并不像过去研究的那样普遍,仔细爬梳文献的话,也可以看出这一时期在大范围筑城的同时,也存在不少没有修筑城墙的城市。

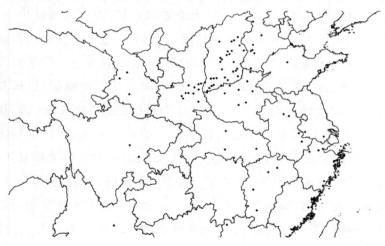

图3－1　魏晋至隋筑城分布图

根据文献资料来看,设立于魏晋南北朝时期的地方城市中有一部分直至隋唐时期才修筑城墙,如邺县,"炀帝初,于邺故都大慈寺置邺

---

〔1〕《元和郡县图志》卷10。

县。贞观八年（634），始筑今治所小城"；[1] 又如咸阳县，"后魏又移咸阳县于泾水北，今咸阳县理是也。隋开皇九年，改泾阳为咸阳。大业三年（607）废入泾阳县。城本杜邮也，武德元年（618）置白起堡，二年置县，又加营筑焉"。[2] 可见北魏移县后并没有筑城，武德元年置堡以及二年置县后才加以修筑；又如胊山县，"后魏于今县西南十五里置义城县，隋义宁二年改名义清县，天宝元年（742）改为胊山……县城置玄白崖山上，武德四年（621）筑，义清县理焉"；[3] 又如武昌县，建于汉，三国时曾筑城，但"后废。隋大业中，始筑土城"[4] 等。不仅如此，有些城市直至元末和明代才修筑城墙，如"崇仁县：自隋设县，溪流界于中，难施版筑，历代未有城"，直至明代才筑城；[5] 又如增城县，设于汉建安六年（201），但"古无城，元季，左丞何真遣弟何迪保障兹邑，始筑土城"；[6] 又如昆山县，设置于南朝梁，但"向未有城，惟树竹木为栅，至宋犹然。元至正十七年（1357），方国珍犯境，始筑土城御之"；[7] 又如南陵县，设立于南朝梁，但"旧无城，明正德间，知县胡文靖置四门。嘉靖癸亥（1563），知府罗汝芳、知县郜永春始建"[8] 等。

不仅如此，北周末年和隋初在统一过程中，由于惧怕敌对势力再起，曾平毁过一些城市的城墙，出现了一次小规模的毁城运动。如后周大象二年（580）杨坚辅政，令韦孝宽讨相州刺史尉迟迥，"乃焚烧邺城，徙其居人，南迁四十五里。以安阳城为相州理所，仍为邺县"。[9] 隋文帝攻占建康后，亦因惧南人再起，悉夷为平地。虽然史书中只记载了平毁这两座城池的情况，但隋由北而南统一中国，其初年对于南方的控制不是十分稳定，可能还毁弃过其他一些城市的城墙。

〔1〕《旧唐书》卷39《地理志》。

〔2〕《元和郡县图志》卷1。

〔3〕《元和郡县图志》卷22。

〔4〕《湖广通志》卷15《城池》，四库全书本。

〔5〕《江西通志》卷5《城池》，四库全书本。

〔6〕《广东通志》卷14《城池》，四库全书本。

〔7〕《江南通志》卷20《城池》，四库全书本。

〔8〕《江南通志》卷21《城池》，四库全书本。

〔9〕《旧唐书》卷39《地理志》。

整个隋代对于城池的修建可能也不是很在意，大业十一年（615），隋炀帝曾下诏曰："设险守国，著自前经，重门御暴，事彰往策，所以宅土宁邦，禁邪固本。而近代战争，居人散逸，田畴无伍，邪郭不修，遂使游惰实繁，寇襄未息。今天下平一，海内晏如，宜令人悉城居，田随近给，使强弱相容，力役兼济，穿窬无所厝其奸宄，萑蒲不得聚其遁逃。有司具为事条，务令得所。"[1]这条诏令体现出两个问题：一是当时一些地方城市的城郭可能已经长期废坏；二是经过魏晋南北朝的长期动乱，"居人散逸"，大量人口居住在没有城墙的城市或者聚落中。因此，这条资料很好地佐证了当时虽然存在大规模的筑城运动，但没有城墙或城墙长期得不到修筑的城市和聚落应当也不在少数。另外，诏令中虽下令"天下州县皆筑城"和"宜令人悉城居"，但从实际情况来看，大业十一年之后并没有出现大规模的筑城活动，这可能是因为天下动乱，诏令已无力彻底执行。

魏晋至隋，存在没有修筑城墙的城市的原因可能与当时的地方行政机构滥置有关。晋末永嘉之乱，各族在北中国先后建立十六国，各国"务广虚名"，往往在各自很小的区域内随意分置州郡。直至南北朝末年，南北合计有州约300余，郡约600余，而县在1400左右。州郡泛滥之原因，是因为战争繁多，有功之臣别无可赏，唯以刺史、郡太守为赏；此外地方豪强势力强大，中央为了安抚这些势力，也不得不委任以州郡之职。正如北齐天保七年（556）诏书所说："泊两汉承基，曹、马属统，其闰损益，难以胜言。魏自孝昌之季，数钟浇否，禄去公室，政出多门，衣冠道尽，黔首涂炭。铜马、铁胫之徒；黑山、青犊之侣，枭张晋、赵，豕突燕、秦，纲纪从兹而颓，彝章因此而紊。是使豪家大族，鸠率乡部，托迹勤王，规自署置。或外家公主，女谒内成，昧利纳财，启立州郡。离大合小，本逐时宜，剖竹分符，盖不获已，牧守令长，虚增其数，求功录实，谅足为烦，损害公私，为弊殊久，既乖为政之礼，徒有驱羊之费。"[2]

---

〔1〕《隋书》卷4《炀帝本纪》。
〔2〕《北齐书》卷4《文宣帝纪》。

南北朝末期平均一州仅辖二郡,一郡仅辖两三个县,甚至还出现了"双头州郡"的极端现象。隋文帝开皇三年(583)初,河南道行台、兵部尚书杨尚希上奏:"当今郡县,倍多于古,或地无百里,数县并置;或户不满千,二郡分领……所谓民少官多,十羊九牧"[1] 这些地方行政治所城市很多并不是战略要地,甚至也无多少人口,因此可以认为只是安置某些官员的权宜之计,并不是实实在在的行政治所城市,因此完全没有必要修筑城墙。

由此可以推断,这一时期与之前秦汉时期的"都市国家"不同,城墙并不是城邑的必需,而只是一种"选择",主要修筑于那些具有军事价值,或者动荡不定的地区(如北方);而那些没有军事价值、长期稳定的地区则不一定会修筑城墙,这种筑城态度的转变影响了后世地方城市城墙的修筑。

此外,从图3-1来看,魏晋南北朝至隋代地方城市的修筑主要集中在北方,尤其是今天陕西中部和山西中南部地区,江南地区筑城数量并不多。虽然图3-1所表示的资料并不完备,但也从总体上反映了这一时期筑城的地区差异。也即说,就治所城市而言,与北方地区相比,当时江南地区筑城数量相对较少。

3.1.2　唐代前中期

与魏晋至隋代相比,有关唐代地方城市的资料稍多,日本学者爱宕元《唐代州县城郭の规模と构造》[2]一文搜集了大量有关唐代地方城市的资料,涉及207座城市。但其中有关城墙修筑并有年代记载的则仅有106条,而且与宋、元不同,唐代前中期的文献中很少有对当时地方城市城墙保存情况、修城态度以及修城原因的记载,这使得对这一问题的讨论变得十分困难。图3-2、3-3是在爱宕元资料的基础上增补后绘制的唐代武德年间、唐代中期修筑城墙的地方城市分布图,其中涉及的城市仅有几十座,与唐代1000多座地方城市相比数量很

---

〔1〕《隋书》卷36《杨尚希列传》。
〔2〕〔日〕爱宕元:《唐代州县城郭の规模と构造》,载《第一届国际唐代学术会议论文集》,台湾学生书局1989年版,第647页。

少,不适宜做统计分析,只能通过分析唐代不同时期的筑城重点区域来推测唐代地方城墙的修筑情况。

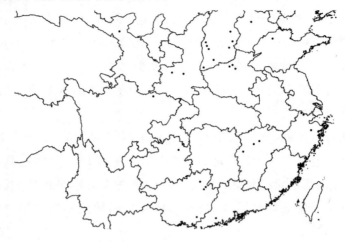

图3-2 唐代武德年间筑城分布图

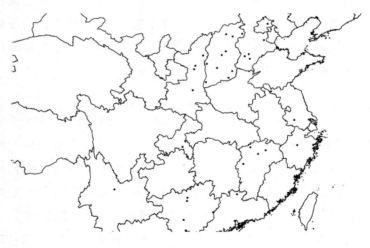

图3-3 唐代中期筑城分布图

3.1.2.1 武德年间

这一时期是唐代筑城的高峰期,共修城29次,占唐代全部修城次数的1/5,平均每年3次。在地域分布上也有着明显的特征,主要集中在两个地区：

一个就是以今天山西为中心的北方地区，其中今天山西境内 8 次、河南境内 3 次、陕西境内 2 次、甘肃境内 1 次、河北境内 1 次、山东境内 1 次。这些都是唐初最不稳定的地区，先有与王世充在河南地区的争夺，后有与窦建德残余势力在河北等地的战乱，此外山西北部有刘武周、关中北部有梁师都，北方还有虎视眈眈、不断入侵的突厥。特别是突厥，在唐初多次入侵，甚至深入到长安附近，严重威胁到唐朝的安全，因此高祖曾在武德九年（626）春正月下诏"命州县修城隍，备突厥"。[1] 虽然从资料来看，武德九年后并没有出现太多的筑城活动，但也说明唐初北方各地筑城是当时防御突厥的策略之一。

第二个较为集中的地域就是岭南地区，共筑城 5 次。这一地区虽然名义上归唐朝管辖，很多州属于正州，但性质实际属于羁縻州。[2] "虽然唐代南方边患比不上西北方大，但南方小规模边患时有发生，且多与地方豪酋有关"，[3] 为了加强统治和防御，修筑地方城市的城墙是较为有效的手段。除了这两个地区之外，山南道还有两次筑城，与岭南道类似，也是修建于少数民族地区，而且以军事控御为主，如城乐县"武德四年（621），山南道大使赵郡王孝恭招慰生獠，始筑城，人歌舞之，故曰城乐"；[4] 而胤山县的地势非常险要，"唯三面有城，皆临绝险，南面因险，不更筑城"。[5] 少数民族地区的筑城除了有中央政府加强控制的原因之外，有些也是汉化政策的结果，如程存洁引用《新唐书·韦仁寿传》的记载："仁寿将兵五百人循西洱河，开地数千里，称诏置七州十五县，酋豪皆来宾见……将还，酋长泣曰：'天子籍公镇抚，奈何欲去我？'仁寿以池壁未立为解，诸酋即相率筑城起廨，甫旬略具。"[6] 不过这只是个别现象，而且主要是在羁縻地区。除了这几个集中区域外，

---

〔1〕《旧唐书》卷 1《高祖本纪》。

〔2〕刘统：《唐代羁縻府州研究》，西北大学出版社 1998 年版，第 70 页。

〔3〕程存洁：《唐代城市史研究初篇》，中华书局 2002 年版，第 228 页。

〔4〕《旧唐书》卷 40《地理志》。

〔5〕《元和郡县图志》卷 22《利州》。

〔6〕《新唐书》卷 197《韦仁寿传》。

69

其他地区也有修筑,但次数较少,总共才 6 次,这说明武德年间其他地区并不是筑城的重点。这一阶段还有一个现象需要注意,即在有资料可查的州级城市中,武德年间修筑的多是子城,如桂州、袁州、洪州,只有湖州在唐初修建了罗城。

3.1.2.2 唐代中期(即贞观至安史之乱以前)

这一时期共筑城 37 次,平均每年仅筑城 1/3 次,与武德年间相比,次数明显减少。但是集中区域与武德年间基本相同,北方地区今天陕西境内 4 次、山西境内 11 次、河南境内 1 次、河北境内 5 次、山东境内 1 次,这些地区的筑城当与此时唐朝与北方突厥、契丹,西部吐蕃等族的长期纷争有关。如唐太宗的《修缘边障塞诏》中记:"其北道诸州,所置城寨,粗已周遍,未能悉备。今约以和通,虽云疲寇,然蕃情难测,更事修葺,金曰宜之……其城塞镇戍,须有修补,审量远近,详计功力,所在军民,且共营办……"[1] 按照程存洁的分析,此后在贞观至天宝年间还有两次较大的修筑北方边城的活动,一次是景龙二年(708)张仁愿修筑三受降城,一次是天宝四年(745)王忠嗣兼任河东节度采访使时在北边进行的一次规模较大的筑城活动。[2] 虽然这几次修筑的重点是北方沿边的军城,但在这种局面下,沿边的州县城可能也会修筑城墙加强防御。此外,广东境内 1 次、广西境内 4 次、贵州境内 1 次、云南境内 1 次,这些少数民族聚居地区同样仍是筑城的重点,如《旧唐书·徐坚传》记:"时监察御史李知古请兵以击姚州西貳河蛮……[睿宗]令知古发剑南兵往筑城,将以列置州县"。[3] 与第一阶段类似,这一时期内地筑城次数依然较少,江西境内 4 次、江苏境内两次、浙江境内两次。

总体来看,经过了内陆亚洲各族在中原地区的长时期激荡、交融,带有浓厚"胡族"血统的唐王朝在兴起后,依然面对着来自边境地区各个民族(其中最为主要的就是来自内陆亚洲的各个民族)的压力。为此,唐代前中期的筑城几乎都集中于边境地区,内地的筑城则几乎属

---

〔1〕(宋)宋敏求:《唐大诏令集》卷 107,中华书局 2008 年版。
〔2〕程存洁:《唐代城市史研究初篇》,第 183 页。
〔3〕《旧唐书》卷 102《徐坚传》。

于空白。鲁西奇对汉水流域的研究也佐证了这一观点,他提出:"在唐前中期汉水流域的 58 座州县治所城市中,只有 2 座城郭(梁、沔二州城)为隋及唐初新筑或重修,占全部治所城市的 3.4%;40 座(包括西县城)沿用魏晋南北朝时期的旧城垣,占全部治所城市的 69%;其余 16 座州县治所(唐州及 15 个县的治所,包括竟陵县治)在唐前期很可能并无城垣,占全部治所城市的 27.6%。显然,沿用旧城与基本可断定没有城郭的州县城,占据了全部治所城市的绝大多数。"[1]

在这里还需要介绍一个有趣的现象:唐代在安置一些内迁的内陆亚洲各族时,也采取了筑城的方式,比如著名的用于安置来自中亚粟特人的六胡州。现在虽然对六胡州的位置依然存在争论,[2] 不过考古发现的与六胡州有关的遗址都修筑有城墙,然而当时生活在六胡州中的粟特人依然在很大程度上保持着游牧生活方式也是确凿无疑的。因此,这些城市中城墙的功能是一个值得讨论的问题。

此外,在这一时期的筑城活动中还有一个不可忽视的力量——高句丽。高句丽兴起于西汉末年,原居住于今天辽宁浑江流域,后发展至鸭绿江流域,唐初国灭。在魏晋南北朝至隋唐时期,为了抵御中原地区各个政权的入侵,在其疆域内依照地势修建了大大小小、规模形态各异的山城。[3] 高句丽山城的分布范围大致为北起吉林省的南部和东南部,南至朝鲜半岛的东北部,按照城垣周长可分为三类:大型山城,周

〔1〕鲁西奇:《唐代地方城市中的里坊制及其形态》,载《厦门大学国学研究集刊》第 2 辑,第 6 页。

〔2〕参见王乃昂等:《六胡州古城址的发现及其环境意义》,载《中国历史地理论丛》2006 年第 3 辑,第 36 页;艾冲:《唐代河曲粟特人"六胡州"治城的探索》,载《民族研究》2005 年第 6 期,第 73 页;艾冲:《论毛乌素沙漠形成与唐代六胡州土地利用的关系》,载《陕西师范大学学报(哲学社会科学版)》2004 年第 3 期,第 99 页;王义康:《六胡州的变迁与六州胡的种族》,载《中国历史地理论丛》1998 年第 4 辑,149 页;陈海涛:《唐代粟特人聚落六胡州的性质及始末》,载《内蒙古社会科学(汉文版)》2002 年第 5 期,第 40 页;李丹婕:《唐代六胡州研究评述》,载《新疆师范大学学报(哲学社会科学版)》2004 年第 4 期,第 102 页;穆渭生:《唐代设置六胡州的历史地理考察》,载《唐都学刊》2007 年第 3 期,第 23 页;艾冲:《唐前期"六胡州"古城位置有待继续探索》,载《中国历史地理论丛》2009 年第 1 辑,第 139 页。

〔3〕关于高句丽山城的研究,可以参见王禹浪、王宏北编著:《高句丽渤海古城址研究汇编》,哈尔滨出版社 1994 年版;魏存成:《高句丽考古》,吉林大学出版社 1994 年版;王绵厚:《高句丽古城研究》,文物出版社 2002 年版。

长 2 公里左右;中型,周长 1～2 公里;小型,周长 100～200 米。辽宁、吉林地区经过调查和发掘的各类高句丽山城遗址已达 150 多座。这些山城在防御战争中发挥了巨大的作用(关于高句丽山城的典型代表参见本书第 5 章的介绍)。

3.1.3　小结

如同城市分布的变化,3—7 世纪来自内陆亚洲的各个民族对中国古代城市城墙修筑的影响非常巨大。如果说汉代,至少在北方地区广泛筑城的话,那么魏晋南北朝虽然也修筑了大量有墙的城市,但也出现了一些没有城墙的城市。到了唐代,和平时期内地已经不再大规模修筑地方城市的城墙。这种城墙修筑的态度一直延续到了明代中期才完全改观。[1] 同时,如果说汉代的中国是"都市国家",到处遍布着有墙聚落的话,那么到了唐代,这种景观已经不复存在。这种地理景观的变化,必然也会影响到中国人的生活方式、城市的管理制度,当然这已经超出了本书讨论的范围,不过这种变化背后的推动力正是来自内陆亚洲的各个民族。

3.2　子城与各种"城中之城"

3—7 世纪中国城市形态演变的一个突出特点,就是在城市中出现了很多"城中之城"。根据朱大渭统计,魏晋南北朝时期有城中之城的城市约有 33 座,他将这种城市形态称为"套城"。这些套城"分布区域很广,包括今江苏、山东、安徽、湖北、河南、河北、内蒙古、山西、陕西、甘肃、青海等省和自治区在内","这 33 座套城建筑时间,有 3 座建于魏晋以前,有 3 座推论建于魏晋以后。确实建于魏晋南北朝的有 17 座(包括重建),加建内城或外城的 10 座……可见套城建筑形制在当时有较大的发展"[2] 刘淑芬对朱大渭的研究做了进一步的总结,认为"从其分布而言,除了江夏郡城一城之外,其余都在长江以北地区,特

---

[1] 成一农:《中国古代地方城市筑城简史》,载《古代城市形态研究方法新探》,第 160 页。
[2] 朱大渭:《魏晋南北朝时期的套城》,载《齐鲁学刊》1987 年第 4 期,第 54 页。

别集中在淮水南北和黄河中下游战争频繁的地带,就其修筑的时间来说,则大都建于西晋末年以后"[1] 这些分布广泛的"城中之城",在文献中有着多种名称,如小城、内城,或者宫川尚志进行过专门分析的"金城",此外还有对后世城市产生了重要影响的子城。关于子城,郭湖生在《子城制度——中国城市史专题研究之一》一文中认为"子城罗城之设,昉于南北朝,已确凿无疑,或可追溯于两晋"[2]

当然,需要说明的是"城中之城"并不是这一时期独有的特点,在之后和之前的城市中都曾经存在,只是在这一时期比较突出。这一时期的各种"城中之城"中有一类是值得关注的,即围绕衙署修建的子城。按照前人以及后文分析,子城产生于魏晋时期,此后一直延续至宋代才逐渐衰落,唐宋及其之后很多城市的城市形态都是在子城基础上发展形成的,可以认为子城在中国城市形态发展史中具有重要的地位。不仅如此,子城及其影响下的这一时期地方城市形态的演变过程与同一时期的欧洲相似,因此本节将对子城进行重点分析。

3.2.1　各种"城中之城"与子城的异同

这一时期各种"城中之城"之间也存在差异,其中一些如内城、小城在之前以及此后的历史中也大量存在,而3—7世纪最为重要的以及最具有时代特色的"城中之城"则是"子城"。子城的重要性,一方面其是衙署所在,因此在一定程度上是城市中最为重要的建筑,另一方面唐代及其之后的很多地方城市都是在这一时期子城的基础上发展起来。说其具有时代特色,是因为3—7世纪是子城产生和逐渐普及的过程。此后,尤其是在宋代之后,子城的功能逐渐衰弱,至元明时期基本从地方城市中消失。因此,后文对于这一时期"城中之城"的分析,即以子城为核心。[3] 在分析这一问题之前,需要先对"子城"进行一番

---

〔1〕刘淑芬:《魏晋北朝的筑城运动》,载《元朝的城市与社会》,第386页。

〔2〕郭湖生:《子城制度——中国城市史专题研究之一》,京都:《东方学报》57册,1985年,第665页。

〔3〕关于子城的发展过程,可以参见成一农:《中国子城考》,载《古代城市形态研究方法新探》,第94页。

·欧·亚·历·史·文·化·文·库·

定义。

首先,"子城"一词在中国历史上不同时期有着不同的涵义。明清时期曾将建于城门之外的小城称为子城,如《畿辅通志》卷25"城池"记"晋县城……嘉靖二年(1523),知县阿其麟增筑三子城,以卫三门";[1]《江南通志》卷20"城池"记"丰县……崇祯九年(1636),知县方遴皆于四门各建子城";[2]《广东通志》卷14"城池"记"新安县……万历间,知县曾孔志增建东、西、南门子城"等。[3] 其中新安县城,在绘制于康熙二十四年(1685)之后的《广东总图》中,其东、西、南门外都绘有瓮城,因此推测明清时期的子城主要指的就是城门之外修筑的瓮城。这种用法似乎只见于明清时期,而且使用的并不广泛。

唐代也将皇城称为子城,如《唐六典》中记"皇城在京城之中,东西五里一百一十五步,南北三里一百四十步,今谓之子城"。[4] 其他文献有时也将唐代长安的皇城称为子城,如《旧唐书·职官志》记"司天台","旧置于子城内秘书省西,今在永宁坊东南角也",[5] 唐代秘书省在皇城内,因此此处子城指的当是皇城。又如《旧唐书·肃宗本纪》记:"达奚珣等一十八人,并宜处斩。陈希烈等七人,并赐自尽,前大理卿张均特宜免死,配流合浦郡。是日,斩达奚珣等于子城西南隅独柳树,仍集百寮往观之"。[6] 虽然现在对独柳树的位置是在皇城内还是皇城外尚存在争论,[7] 但"子城"指的是皇城则无疑义。宋代程大昌在《雍录》卷3中称"《六典》,唐都城三重,外一重名京城,内一重名皇城,又内一重名宫城,亦名子城,子城之内入殿者为殿门也",[8] 将宫城称

---

〔1〕《畿辅通志》卷25,四库全书本。
〔2〕《江南通志》卷20,四库全书本。
〔3〕《广东通志》卷14,四库全书本。
〔4〕《大唐六典》卷7,三秦出版社1991年版,第157页。
〔5〕《旧唐书》卷43《职官志》。
〔6〕《旧唐书》卷10《肃宗本纪》。
〔7〕 如赵望秦认为独柳树在皇城内,辛德勇认为在皇城外。参见赵望秦:《"独柳树"地点考实》,载《中国历史地理论丛》1999年第1期,第173页;辛德勇:《两市刑人之所及资圣寺、狗脊岭所在》,载《隋唐两京丛考》,三秦出版社1991年版,第47页。
〔8〕 (宋)程大昌:《雍录》卷3,《宋元方志丛刊》第1册,中华书局1990年版。

为子城,当误。将皇城称为子城虽然后来一直使用,但并不多见,如清代将紫禁城称为子城,《日下旧闻考》卷35载:"万岁山在子城东北元武门外,为大内之镇山,高百余丈,周回二里许"。[1] 其实,在某种意义上,皇城与地方城市中的子城十分类似,如唐长安皇城中有各种衙署,地方城市的子城中也是如此;皇城中的宫城为皇帝所居,有些子城中筑有节度使所居的衙城。而且某些朝代在地方城市中建都,往往将子城改建为皇城或者宫城,如五代时期,吴越建都杭州,将原来的子城改建为大内;北宋建都汴梁,将原唐代宣武军节度使所在的子城改为宫城(亦称皇城);金末建都蔡州,也将原来的子城改建为大内。由此来看,子城确实与皇城有着一定的类似性,因此唐代将皇城称为子城可能是受到地方城市中子城的影响。

3—7世纪,子城的定义比较明确,是地方城市中的各种"城中之城"之一,指的是环绕衙署修筑的小城。这一定义基本正确,但不能否认子城之内除了衙署之外还存在其他一些功能建筑,如郭湖生在《子城制度》一文中认为:"子城为一州政治核心,政府、廨舍、监狱皆设其间……"但作者认为郭湖生总结的并不全面。子城内有时也驻扎军队,如罗隐在《杭州罗城记》中谈到子城时说"余始以郡之子城岁月滋久,基址老烂,狭而且卑,每至点阅士马,不足回转",因此要予以修筑,其目的是"矗然而峙,帑藏得以牢固,军士得以帐幕,是所谓固吾圉";[2]又如扬州"渥父行密之世,有亲军数千营于牙城之内,渥迁出于外,以其地为射场,颢、温由是无所惮"等;[3]此外,有时还有少量居民,如姜伯勤认为"子城除是衙门集中地外,也有某些富户居住"并引用S.3929《节度押衙董保德建造兰若功德颂》甲本:"先于当府子城内北街西横巷东口",乙本:"保德自己先住当府子城内北街西横巷东口",来

---

〔1〕《日下旧闻考》卷35,北京古籍出版社1981年版。此外辽代上京,《续资治通鉴长编》卷88"大中祥符九年"条记:"又四十里至上京临潢府……入西门,门曰金德,内有临潢馆。子城东门曰顺阳,入门北行至景福门,又至承天门。"中华书局1985年版。可见辽上京之内也有子城,但是由于文献的缺失,很难断定其具体所指。

〔2〕(唐)罗隐:《罗昭谏集》卷5"杭州罗城记",四库全书本。

〔3〕《资治通鉴》卷266"开平元年"条,中华书局1956年版。

证明"保德"当是居住在子城内的富户。[1] 不过子城内有居民居住的情况可能并不多见,如《资治通鉴》记行军司马刘鄩取兖州时,"时泰宁节度使葛从周悉将其兵屯邢州,鄩先遣人为贩油者入城,诇其虚实及兵所从入。丙午,鄩将精兵五百夜自水窦入。比明,军城悉定,市人皆不知"。胡三省在注文中说:"军城,泰宁军牙城也,以此观之,军人与市人异处,营屋之立,自唐然矣。"[2] 牙城,很多情况下指的即是子城,因此自唐代以来"市人"也就是普通居民是不能住在子城中的。虽然上述材料中有些记载的是唐代中后期的情况,但基本上也可以适用于3—7世纪。总体看来,子城的定义应该是:中国古代地方城市中围绕以衙署为主体,包括仓库、军营等在内的官方建筑修筑的城墙。

此外,由于魏晋南北朝时期地方行政制度混乱,一座城市中有可能存在多座子城,如寿春就有"相国城"和"金城",其中相国城相传为刘裕所筑,而史书记载元熙元年(419)刘裕曾镇此,因此相国城可能是围绕刘裕衙署修筑的子城;寿春的金城出现的较早,《晋书·孝武帝本纪》记在淝水之战胜利后,曾"诏卫将军谢安劳旋师于金城",[3] 因此寿春的金城可能是当时淮南郡治所在的子城。

明确了"子城"的定义之后,就可以分析其与这一时期各种"城中之城"之间的异同了。

3.2.1.1 "金城"

宫川尚志认为:"金城和小城、子城同是位于外郭城内一角小区划的城,唯一不同的是金城特别指在低地上填土而建的小城。"[4] 刘淑芬反驳了宫川尚志的观点,她认为"金城"是魏晋北朝城市的一个特殊产物,它是在外郭城内修筑的军事城堡,有别于内城或子城,其目的是为了加强城的防御能力。[5] 但根据史料来看,刘淑芬的观点也存在问

---

〔1〕姜伯勤:《敦煌社会文书导论》第六章"城乡"第171页。

〔2〕《资治通鉴》卷263"天复三年"条。

〔3〕《晋书》卷9《孝武帝本纪》。

〔4〕〔日〕宫川尚志:《六朝史研究——政治社会篇》,第480页。转引自刘淑芬:《魏晋北朝的筑城运动》,载《元朝的城市与社会》,第389页。

〔5〕刘淑芬:《魏晋北朝的筑城运动》。

题,胡三省曾在《资治通鉴》的注中对金城做过两种解释,《资治通鉴》"义熙八年(412)"条中解释为"凡城内牙城,晋、宋时谓之金城",[1]在《资治通鉴》"大建五年(573)"条中解释寿阳的金城时认为"金城,寿阳中城也。自晋以来,率谓中城为金城"[2]。其中,"寿阳中城",其实指的是城中之城,而不是"外城、中城、内城"意义上的第二重城,这一点刘淑芬已经做了明确的解释[3] 牙城(衙城)主要出现在唐代中后期,而且胡三省所谓的牙城在大多数情况下就是子城,[4]那么可以认为金城就是子城,这一推断也有文献的佐证:

如江陵,《资治通鉴》卷165"承圣三年(554)"条记:"魏悉众攻栅,反者开西门纳魏师。帝与太子、王褒、谢答仁、朱买臣退保金城……乙卯,于谨令开府仪同三司长孙俭入据金城。"[5]《周书》在记载此事时则称为子城,"梁人竖木栅于外城,广轮六十里。寻而谨至,悉众围之。梁王屡遣兵于城南出战,辄为谨所破。旬有六日,外城遂陷。梁主退保子城。翌日,率其太子以下,面缚出降,寻杀之。"[6]因此,江陵的金城就是子城。

如郢州,《梁书》记:"即入罗城。宋子仙蚁聚金城拒守,攻之未克。子仙使其党时灵护率众三千,开门出战,僧辩又大破之,生擒灵护,斩首千级。子仙众退据仓门,带江阻险。"[7]可见郢州的金城地势非常险要,且《梁书》记载时以罗城相对,因此郢州的金城指得也应是子城。

如吴州,《资治通鉴》卷165"承圣二年(553)"条记"上以佛受为建安太守,以侍中王质为吴州刺史。质至鄱阳,佛受置之金城,自据罗城,掌门管,缮治舟舰甲兵,质不敢与争",[8]此处金城与罗城相对,而且是刺史所居,因此指得当是子城。

---

〔1〕《资治通鉴》卷116"义熙八年"。

〔2〕《资治通鉴》卷171"大建五年"。

〔3〕刘淑芬:《魏晋北朝的筑城运动》,载《元朝的城市与社会》,第388页。

〔4〕成一农:《中国子城考》,载《古代城市形态研究方法新探》,第94页。

〔5〕《资治通鉴》卷165"承圣三年"条。

〔6〕《周书》卷15《于谨传》。

〔7〕《梁书》卷45《王僧辩传》。

〔8〕《资治通鉴》卷165"承圣二年"条。

通过以上分析可以看出,魏晋南北朝时期,文献中的"金城"一般是指子城。《汉书·蒯通传》曰:"必将婴城固守,皆为金城汤池,不可攻也。"颜师古注:"金以喻坚,汤喻沸熟不可近。"[1]可见汉代就以"金城"形容城墙的坚固。由此来看,魏晋南北朝时期,将子城称为金城,可能是因为子城修筑的非常坚固,是城市防御的核心,也有可能是当时的人们希望子城坚固,因此以"金城"喻之。

3.2.1.2 小城、内城

小城与内城,是一种比较宽泛的概念,在中国历史上往往用来指城市中规模较小的城。这些小城、内城有时又按照在城市中的位置,被称为西城、东城、南城等。在本书所研究的时段中,由于资料的缺失,其中的大部分很难断定它们的性质,有些可能是在原有城市内部修建的新城墙;有些是在原有城墙外围修筑大城之后,原有的城墙成为内城,如南郑,《水经注·沔水上》载:"大城周四十二里,城内有小城。南凭[津流],北结环雉。金墉漆井,皆汉所修筑……晋咸康中,梁州刺史司马勋断小城东面三分之一,以为梁州汉中郡南郑县治也,自宋齐魏咸相仍也。"根据鲁西奇分析,其中的大城在永嘉时期即被废弃,司马勋在原有小城之内又截筑了南郑县治所在的小城,当然截筑的小城应当即是子城。[2]

如襄阳,据鲁西奇考证,"郦道元时代的襄阳城远较汉襄阳县故城为大,故城仅是'大城'的一部分";《水经注》中记为"今大城西垒是也",当时也被称为"西城"。由此可见,南北朝时期的襄阳县是在汉襄阳县基础上扩建的。《元和郡县图志》卷21"襄州"条载"襄阳县"襄阳城中还有"中城",为汉魏荆州刺史、东晋南朝雍州刺史(及宁蛮校尉府)衙署之所在,中城应当即是子城。[3]

如宛城,在东汉后期,南阳已经形成大小两重城垣的格局,其中小

〔1〕《汉书》卷45《蒯通传》。

〔2〕鲁西奇:《城墙内外:古代汉水流域城市的形态与空间》,第17页。

〔3〕鲁西奇:《城墙内外:古代汉水流域城市的形态与空间》,第53页、178页。

城在大城西南隅，西、南两面城垣与大城城垣有部分重合。[1] 此外，《魏书·高祖纪下》记太和二十一年（497）孝文帝南征，"至宛，夜袭其郛，克之。房伯玉婴内城据守"。

又如长安，《周书》卷 2《文帝本纪》："于是沙苑所俘军人赵青雀、雍州民于伏德等，遂反。青雀据长安子城，伏德保咸阳，与太守慕容思庆各收降卒以拒。还师长安，大城民皆相率拒青雀，每日接战……"这段文献所载的子城，史念海先生认为是因袭了延和年间乐安王范所筑的长安小城，[2] 即《魏书》卷 4《世祖记》所载："延和二年（423），正月，以乐安王范为假节，加侍中、都督秦雍泾梁益五州诸军事、卫大将军、仪同三司，镇长安。六月，诏乐安王范发秦雍兵一万人，筑小城于长安城内。"

其中一些文献中提到的"小城"即是子城。除了上文提及的南郑、襄阳中城之外，又如定州，《魏书》卷 58《杨津传》："津受命出据灵丘，而贼帅鲜于修礼起于博陵，定州危急，遂回师南赴。始至城下，营垒未立，而州军新败，津以贼既乘胜，士众劳疲，栅垒未安，不可拟敌。贼必夜至，则万无一全，欲移军入城，更图后举。刺史元固称，贼既逼城，不可示弱，闭门不内。津挥刀欲斩门者，军乃得入城。贼果夜至，见栅空而去。其后贼攻州城东面，已入罗城，刺史闭小城东门，城中骚扰不敢出战……洪业等感悟，复书云，今与诸人密议，欲杀普贤，愿公听之。又贼欲围城，正为取北人耳，城中所有北人，必须尽杀。公若置之，恐纵敌为患矣，愿公察之。津以城内北人，虽是恶党，然掌握中物，未忍便杀，但收内子城防禁而已。将吏无不感其仁恕。"从文中"已入罗城，刺史闭小城东门"来看，小城很可能为刺史所居，因此可以推测为是子城；同时后文明确提到了定州城中存在子城，也进一步加强了这一推测。

总体来看，子城属于小城和内城，但文献中记载的内城和小城并不全都是子城。

---

〔1〕鲁西奇：《城墙内外：古代汉水流域城市的形态与空间》，第 87 页。
〔2〕史念海、史先智：《论十六国和南北朝时期长安城中的小城、子城和皇城》，载《中国历史地理论丛》1997 年第 1 期，第 1 页。

3.2.2 子城产生的原因

除了子城之外,3—7 世纪形成大量"城中之城"的原因主要有两点:一是在原有城址基础上改建,或在其内部修建小城;或在其外部扩建大城,而将原来的城址作为小城或者内城,这些可以参见上文的叙述。这种缩小或者扩建都与人口的增减有关,这也是中国城市史上常见的现象。下面就对这一时期各种"城中之城"中最重要的子城产生的原因进行分析。

按照现有的研究,一般都认为子城产生于汉代。如徐苹芳先生在分析了从西汉初年到南北朝初年的 7 幅城市图之后认为"汉代地方城市中的官吏府舍为城市的最重要部分,外围多用垣墙包绕,形成了城内的另一个小城,即所谓'子城'"。[1] 周长山在分析汉代城市时认为"但在汉代北部和西北边地,呈'回'字形的大小两重城相套的城郭模式较为常见",原因是"在军事上具有重大的意义",而汉代一般的城市"只有一层城垣雉堞,没有子城"。[2] 由于徐苹芳分析的 7 幅城市图所绘都是边境地区的城市,因此他的观点有一定道理。不过需要指出的是,徐苹芳引用的 7 幅城市图,除了马王堆"城邑图"是西汉初年的之外,内蒙古和林格尔汉代壁画墓中的 5 幅城市图其时代约为东汉末年,朝鲜平安南道顺川郡龙凤里辽东城塚壁画墓中所绘的辽东城图,其时代约为南北朝初期,因此并不能完全代表汉代的情况。在一些进行过较为详细发掘的具有内外城墙的汉代边境城址的内城中,发现了规模较大的房基,如美岱古城(定襄郡安陶县)、塔布秃罗村古城(定襄郡或其属县)等,学界一般都将这些房基断定为汉代的衙署。[3] 此外,《汉繁阳县城图》中城内西南角就有用墙垣围筑的小城,小城内建筑物绘制的十分清晰,应是繁阳县衙所在地。按照前文对子城的定义,这种修

---

〔1〕徐苹芳:《马王堆三号汉墓出土的帛画"城邑图"及其有关问题》,载《简帛研究》第 1 辑,法律出版社 1993 年版,第 111 页。

〔2〕周长山:《汉代城市研究》,第 42 页。

〔3〕马先醒:《阴山南北麓汉代边城研究》,载《中国古代城市论集》,台北:简牍学会 1980 年版,第 177 页。

建在边境城市中的内城其性质与子城相当。但问题在于,汉代文献中没有"子城"一词,因此可能汉代并无"子城"的概念;而且这些边境城市本身面积很小,其中子城的面积更小,似乎并没有很强的军事防御能力,这些城内的墙体是"子城",还是单纯的"墙"仍存在疑问,至多可以认为汉代在边地城市中出现了类似于子城的建筑,而内地则没有普及。

此外,还需要对一条以往认为与子城有关的史料进行分析。周长山在对"子城"的论述中引用晁错《言守边备塞疏》中"复为一城,其内城间百五十步"一句,来证明汉代在边境城市中修筑子城。这句话出自《汉书·晁错传》,原文是"陛下幸忧边境,遣将吏发卒以治塞,甚大惠也。然今远方之卒守塞,一岁而更,不知胡人之能,不如选常居者,家室田作,且以备之。以便为之高城深堑,具蔺石,布渠苔,复为一城其内,城间百五十步,要害之处,通川之道,调立城邑,毋下千家,为中周虎落"。[1] 其中周长山所引用的"复为一城,其内城间百五十步",也可以断句为"以便为之高城深堑,具蔺石,布渠苔,复为一城其内,城间百五十步"。《前汉纪·孝文本纪》中也收录了这段文字,但与上述引文不同,"错复上言云:远方之士守塞,一岁而更,不知胡人之能,不如选常居之者,令室家田作,具以备之。以便为之高城深堑,其外复为一城,其内城间百五十步,要害之处,通山川之道,调立城邑,毋下千家,为中周造篱落"。[2] 与《汉书》类似,这段文字也可以断句为"以便为之高城,深堑其外,复为一城其内,城间百五十步"。但这两段文字,无论如何句读,从文理上都难以理解,其中最关键的问题在于"复为一城其内城间百五十步",应该断为"复为一城其内,城间百五十步",还是"复为一城,其内城间百五十步",古汉语中"间"字没有大小的意思,指的应该是两城之间的距离。但如果这段话表示的是在壕堑以内修筑城池的话,则又与"复为一城其内"相矛盾,而且两者之间仅"百五十步"也

〔1〕《汉书》卷49《晁错传》。
〔2〕《前汉纪》卷8《孝文本纪》,《两汉纪》,中华书局2002年版。

过于密集,这段话无论如何断句都不容易理解,因此不能不怀疑这段文字是否在流传中出现了错乱。此外,宋代吕祖谦在《大事记·大事记解题》卷10中对这段话作了解释,即"前所谓为之高城深堑者,护家室田作也;此所谓复为一城者,据势也",[1]按照吕祖谦的提法,"高城深堑"应该指的是边塞,而后面"复为一城"应该是占据地理要害的城堡,类似于障塞的性质。而且值得注意的是,后代某些史书中引用这段文字的时候往往将"复为一城其内,城间百五十步"省略,如《资治通鉴》记为"以便为之高城深堑,要害之处,通川之道,调立城邑,毋下千家",[2]如此一来则文意非常通顺,意思也同于吕祖谦的解释。因此,总体来看,这段文字的意思应该是在边塞之内险要之地修筑城堡,退一步而言至少不能用这段资料来证明汉代曾规定在边地城市设立子城。

总体来看,在汉代,子城只存在于边境城市中,数量不多,而且当时似乎也没有产生"子城"这一概念,因此汉代应是子城的萌芽时期。

子城在魏晋南北朝时期大量出现于地方城市中已经得到学界的共识,对于其产生的原因,刘淑芬和朱大渭都认为这种城内之城的出现是基于军事防御的需要。

毋庸置疑,魏晋南北朝时期确实是子城在地方城市中大量增置的时期,但如果仅仅以军事防御的需要来解释则并不全面。因为自古至今,王朝在交替时期总是战乱不断,但无论是在汉代以前,还是元代之后,在战乱中都没有修筑子城,子城的产生其背后当有更为复杂、深刻的原因。

子城的产生与3—7世纪城市发展的特点密切相关。如本书第2章所述,这一时期存在大量新建的城市。同时,很多城市最初兴建时并不作为行政据点,有时更偏重于军事色彩,如表2-6所列很多据险修建的治所城市,此外还有鲁西奇所说的戍城。这些具有浓厚军事色彩

---

[1](宋)吕祖谦:《大事记·大事记解题》卷10,四库全书本。
[2]《资治通鉴》卷15"孝文帝前十一年"条。

的城市中最初可能只有官署和军队,并无太多的居民,在这种情况下,为了加强防御,城墙主要围绕官署和军营修筑,此时的城墙就带有子城的性质。其中某些城市后来不仅作为行政城市保存了下来,而且隋唐时期随着经济的发展,城外逐渐形成居民区,有些在到唐代后期围绕居民区修筑了罗城。鲁西奇在《城墙内外——古代汉水流域城市的形态与空间结构》一书的表11"唐宋时期汉水流域州(府)县城郭概况"中记录了一些后来发展为地方行政城市的戍城以及其中子城和罗城的形成过程,现转录如表3-1:

表3-1 唐宋时期汉水流域州(府)县城郭概况[1]

州县城	修筑历史	结构与规模	备考
洋州 (西乡县)	西魏废帝二年(553)筑城;唐前期未见筑城记载。	戍城,规模不会太大;后为县治,城郭可能渐废。	天宝十五载(756)移治兴道
洋州 (兴道县)	沿用南北朝时所筑之傥城;唐北宋时未见筑城记载。	一重城垣,依山势而建;北宋时,闾巷民居在城外、汉水之滨。	
金州 (西城县)	西魏废帝元年筑城;唐德宗时增修罗城;北宋时城垣已废隳。	唐后期形成子城、罗城,罗城可能在唐末焚毁。	南宋时城外汉水滨形成商业区。
商州 (上洛县)	北魏太和中筑城;唐后期可能增修城垣,形成子城与罗城;北宋时罗城已荒废。	北宋时子城外居民稀少,颇荒凉。	
均州 (武当县)	北周武成元年(559)在故延岑城故址重建,故城为子城,在城下另筑罗城。	子城当在城内北部,临汉水;罗城城垣至迟到北宋时已倾圮。	有北门、南门,各有楼。

---

〔1〕引自鲁西奇:《城墙内外:古代汉水流域城市的形态与空间》,第259页。

续表 3－1

州县城	修筑历史	结构与规模	备考
房州（房陵县）	北周武帝三年（563）因汉晋房陵县故城重筑；后唐、北宋中、南宋初曾重修。	当只有一重城垣；北宋时州学在城外；北宋时重修，一如"边垒"之制。	
邓州（穰县）	沿用南北朝后期之穰城；宋初增筑罗城；北宋中期重修。	唐五代仅一重城壁；宋代有子、罗城；罗城内有市西里。	在今河南邓州市东南。
郢州（长寿县）	北周时筑城；唐中后期形成子、罗城；南宋乾道中复筑。	子城凭山临汉，在城内西北隅；南宋中期罗城内有军营、军仓；四门（南门二，北、东门）；城外有堡寨、河街、南门铺。	南宋中期城下有阳春、兼济、富水、状元、桃园、太平、孝义、莫愁等坊。
复州（沔阳县）	沿袭西魏、北周所置复州沔阳郡，可能筑有城垣。	当属戍城性质，规模不大。	在今仙桃市西南沔城镇。
随州（随县）	西魏大统末筑城；唐末五代兴筑罗城；南宋嘉定初重修。	子城在西隅，称为"西城"，凭山临㳠水。罗城规模较大。	南宋时城内常住及避乱涌入的官民约有二十万。
安州（德安府，安陆县）	西魏末筑城；可能于唐中后期增筑，形成三重城垣；南宋绍熙三年（1192），修外城。	唐中后期形成子城、罗城、外城三重城垣格局；宋时城下临河处形成商业街区。	宋代有城门六，城内有中城厢、锦标坊。
沔州（汉阳县）	唐武德四年（621）筑城，在鲁山西南麓；南宋嘉定中曾筹划修复，未果。	规模较小，单层城垣；郡治依山；有北、东、南三门；城外沿江地带形成街区。	南宋中期，城内居民仅千家，郭外沿江之民二千家。

州县城	修筑历史	结构与规模	备考
西县	沿用白马戍城;唐末天复二年复筑城。	规模甚小	在今陕西勉县。
石泉县	西魏时筑城;唐大历六年(771)以户口散落废县,城郭或隳弃。	本属戍城性质,规模不大。	在今陕西石泉县城关镇。
平利县	初因上廉城立;唐初沿用古声口戍立县;大历六年以户口散乱废县。		在今平利县西北境之老县街。
黄土县(淯阳县)	沿用淯口戍城;大历六年以户口散乱废县。		在今旬阳县东北境蜀河镇
洵阳县	北周时砌石为城;宋初城郭仍存。	本属戍城。	在今旬阳县城关镇东北。
安康县(汉阴县)	北周时筑城;北宋中废隳;南宋初移治新店,未筑城。		在今石泉县东境池河镇附近。
上津县	西魏、北周筑城;唐中后期城或已废隳。	本为戍城。	在今郧西县西境上津镇。
竹山县	沿用南北朝后期地方豪酋所筑城堡;唐宋时未见筑城记载。	三面据水,得山川形势之便。	南宋时城下为商贾所凑。
乐乡县	沿用六朝乐乡城;北宋初废县;唐宋时未见筑城记载。	本属堡壁性质。	在今钟祥西北境乐乡关。
南漳县	唐前期沿用唐初重州城;开元十八年(740)移治南漳故城;未见筑城记载。	重州城当属土豪堡壁;南漳故城是否仍保有城垣不详。	重州城在今南漳西境长坪附近;移治后在今南漳县城关镇。
谷城县	沿用宋齐筑口城;唐中后期可能有扩建。	本属坞堡,扩建后可能规模较大。	在今谷城县东北,南河入汉处。

续表 3 - 1

州县城	修筑历史	结构与规模	备考
唐城县	沿用萧梁时下溠戍城；唐中期可能重修。南宋初省废。		在今随州市西境唐县镇。
云梦县	西魏大统末筑城；唐宋时未见筑城记载。	本属戍城。	
应城县	南北朝后期尝置城戍；唐宋时未见筑城记载。	本为戍城。	南宋初移治县东作落市
汊川县（唐）	沿用南北朝后期所筑甑山戍城；唐代未见筑城记载。	本属戍城，在低丘上。	在今汉川县东南境甑山附近。

　　除了汉水流域之外，在其他地域也存在类似的情况，如北朝时期，设立在今天山西一带的州郡城池多选址在黄土高原陡峭的崖壁之上，其中最为典型的就是绛州。绛州原先设在柏壁，建德六年（577）又迁往稷山县西南的玉壁，《元和郡县图志》中对这两处城址的形势做了简要的描述，"按柏壁高二丈五尺"，[1]玉壁"四面并临深谷"。[2] 虽然，开皇三年（583）将绛州迁往今处，但仍位于一个相对高平的黄土台地上。可以想见，绛州这几次的选址明显带有军事防御色彩，而且确实在当时围绕这几个地点展开过一系列的战争，如北魏大统四年（538）筑玉壁之后，高欢就于东魏兴和四年（542）、武定四年（546）两次发动玉壁之战，战争都十分惨烈；又如《元和郡县图志》记唐初"义师将西入关，大将军进次古堆，去绛郡十余里。通守陈叔达坚守不下，高祖命厨人曰'明日早下绛城，然后食'。乃引兵攻城，自旦及辰，破之。仍置绛郡"。[3] 这种险要的选址形势和强烈的军事色彩，注定该城在设置之初不可能有太多的居民，只能有衙署和军队，城墙也只能围绕这二者

---

〔1〕《元和郡县图志》卷12"绛州"条。
〔2〕《元和郡县图志》卷12"绛州"条。
〔3〕《元和郡县图志》卷12"绛州"条。

修筑,带有子城的性质。绛州于开皇三年迁到今址之后,由于濒临汾水,不仅便于防守,而且交通便利,因此稳定了下来,这样城市才围绕高筑于黄土台地上的子城逐渐发展。虽然文献中没有记载绛州的罗城修筑于何时,但可以推测其应该修筑于唐代后期的战乱年代。

又如睦州,置于隋,在万岁通天"议移睦州治所疏略"中是这样描述当时的睦州城的,"州城俯临江水。先是江皋硗确,崎岖不平,展拓无地,置州筑城,东西南北,纵横才百余步。城内惟有仓库、刺史宅、曹司官宇,自司马以下及百姓,并沿江居住,城内更无营立之所",[1]由此推测,隋代设置睦州时可能也仅仅围绕衙署和仓库修筑城墙,城外并无太多居民,带有子城的性质,唐代安定之后,城外才聚集了大量人口;又如桂州,《元和郡县志》记"梁大同六年(540)移于今理",[2]《广西通志》卷34"城池"条记:"桂林府:府城在漓江西浒。唐武德中,岭南抚慰大使李靖筑子城。"[3]那么也就是说桂州在迁治之后长期没有筑城,至唐初才围绕衙署修筑子城,考虑到当时岭南地区在南朝和唐代仍是蛮夷地区,设立治所以控制为目的,子城之外当也没有太多的居民;再如扬州,其城始于春秋时代吴王开邗沟通江淮时所筑之邗城。由于扬州、镇江间在上古时代曾经是很宽的江面,蜀岗下面是随潮汐涨落的泥泽滩地,所以隋唐以前的古城址只能选建在蜀冈之上。以后长江口不断向东延伸,蜀岗以南逐渐受长江冲洪积而淤积成黄沙土平原,隋唐以后的城址才有可能修建于此。从目前考古发掘的城墙遗迹和地层叠压关系都是唐代中晚期来看,尚不能确认隋朝已在蜀岗下围墙造城,可能要到唐代才筑城墙。[4]由此来看,扬州在隋代和唐初也只是围绕蜀岗上的衙署修筑了子城,子城之外的居民可能是在隋唐时期逐渐聚集的。

以上只解释了那些3—7世纪间新建城市中子城产生的问题,但这

---

〔1〕《全唐文》卷200《议移睦州治所疏略》,中华书局1983年版。

〔2〕《元和郡县图志》卷37"桂林"条。

〔3〕《广西通志》卷34"城池"载,四库全书本。

〔4〕蒋忠义:《隋唐宋明扬州城的复原与研究》,载《中国考古学论丛——中国社会科学院考古研究所建所40年纪念》,科学出版社1993年版,第445页。

一时期在一些继承于汉代，或者魏晋时期兴建但原来并无子城的城市中也修筑了子城，如前文提及的寿春。这些城市中子城的修建，当另有其他原因。马先醒对城郭间居民差异的分析是解决这一问题的入手点，他认为："城与郭之主要目的，既均在保障居者之安全，则城居者优惠于郭居者，即郭居者仅单层保障，城居者则享有双重或更多重保障，即除城之保障外，尚有郭之保障。基于此，则知城居者之身份，一般言之，当高于郭居者；又城之巩固程度，一般言之，亦当高于其郭。"[1]这种从居民身份来分析城郭差异的方法值得借鉴。其实，分隔不同身份的居民也是城墙产生的原因之一。现在发现的龙山时期的考古城址中，有很多城址仅是整个遗址的一个组成部分，如辉县孟庄、襄汾陶寺、天门石家河、寿光边线王、余杭莫角山、凉成老虎山等。这些城址中的城墙可能就具有划分城市不同身份居民的功能，美国学者安德黑尔引用维塞尔（Wieshell）的观点说："规模较小的城如王城岗等是用于保护统治阶层府第等主体建筑的，而聚落的其他部分一定已延伸到城墙之外。这一重要假设在城址发掘中得到了应验⋯⋯王城岗和其他城址的主要功能是为了将统治阶层与一般民众隔离开来，并保护统治者的财富。"[2]此外，黄陂盘龙城商代城址，也有着类似的布局，"在城南的王家嘴、城北的杨家湾、城西的楼子湾和城东的李家嘴等地，都发现有商代的文化堆积，但不见大型建筑基址，当为一般居民区和手工业区"。[3] 早期商代都城遗址郑州商城，城内是大量宫殿基址，一般居民居址则主要分布在城外，特别是城南商代遗存主要分布范围基本限于外夯土墙之内，虽然对郑州商城两重城墙是否是"城郭"关系还有争论，但这种以城墙划分居民身份的功能则非常明显。此外，春秋、战国时期的各种文献中都记载当时"筑城以卫君，造郭以守民"，这种描述虽然强调了城墙的军事防御功能，但也说明城墙划分君民的功能。而

---

〔1〕马先醒：《汉代城郭之广袤》，载《中国古代城市论集》，第204页。

〔2〕〔美〕安·P.安德黑尔：《中国北方地区龙山时代聚落的变迁》，载《华夏考古》2000年第1期，第89页。

〔3〕许宏：《先秦城市考古学研究》，北京燕山出版社2000年版，第67页。

在 3—7 世纪,尤其是在魏晋南北朝时期,由于特殊的历史背景,这一时期的城市中存在着各种不同身份的人群。

首先,子城是衙署所在,亦当是城市中官员的住地,其中居住者的身份当高于一般居民无疑,这也形成了城市内居民身份的差异。不过官员不完全等同于城市居民,因为在中国历史上很多时期,官员的流动性很强,来源庞杂,那么不同背景、利益以及流动性会使得他们难以凝聚在一起形成长期稳定的群体,这种条件下子城的兴筑或长期维护也难以进行。因此只有当地方官员的构成相对稳定,成员单一,可以形成长期稳定的位于一般百姓之上的群体时,才有可能在地方城市中兴建用于保护这种特殊城市居民,弃一般城市居民于不顾的子城。但是,这仍不足以解释子城出现的原因。因为,就中央政府而言,地方官员负有保民的责任,中央政府断无允许地方官员在城市中修筑子城,在战争中可以临阵后退,弃百姓于不顾的道理。而且,就中央政府而言,出于中央集权的考虑,应难以容忍地方城市中出现这种稳定的握有地方权力的特殊群体,更何况子城在某些情况下可以成为这些地方群体对抗中央的防守屏障,因此中央集权之下一般不会容许子城的存在。那么,只有在中央权力衰落,地方势力崛起的时期,地方城市中才可能大规模修筑子城。因此,从这一角度来说,地方城市中新建子城必须具备三个条件,即军事防御的需要、中央集权衰落和地方权力的扩张、城市中地方官员组成的相对稳定。

而魏晋南北朝时期恰恰处于这种状态。军事防御的需要自不待言,关于中央集权的衰落和地方权力的扩张以及地方官员组成的相对稳定,可以参考严耕望在《中国地方行政制度史·魏晋南北朝地方行政制度》一书中对两汉至魏晋南北朝时期地方官员、属吏的籍贯限制、属吏选任标准的分析,现总结如下:

南朝,首先是籍贯限制的变化。"综上所论,汉世地方官吏籍贯限制之制度,至此时或保存或废弃。而皆与地方豪族势力有关。废弃者,长官不能用本籍人。此时中央政权诡弱,地方豪族势力庞大。有时地方不安,更藉豪族为之震慑,故常用当地豪族为地方长官,是以汉制此

·欧·亚·历·史·文·化·文·库·

条势不能保存。而汉制属吏必用本籍人,此乃地方豪族之特权,故不致放弃,是以此制亦终南朝不改"[1]。 其次是选任条件的变化。"其实西汉极少世族,郡县掾史与朝廷宿卫尤未尝尽用世族,而魏晋南朝地方政府之掾史乃转多世族为之"[2],"至晋,郡县纲纪大吏为世族所把持"[3]。 由此来看,魏晋南朝地方官员的一大变化就是地方政权由世家大族长期把握,成员长期稳定,可以说在地方城市中形成了高于一般民众,独立于中央的群体。

北朝,与南朝类似。地方长官,北魏初年以久任为原则,太和十八年(494)之后才逐渐转变,但边疆地区"世袭地方官盖亦不少",至北周武帝时为"加强中央对蛮夷地区之控制",才下令革除世袭[4]。 地方属吏的籍贯,"北朝惟州郡县之属吏用人仍承汉制,而长官以及长官之将军府佐虽大多数用非本籍人,但无限制。故历观史传,州刺史、郡太守、县令丞用本籍人者亦甚多"[5]。 地方属吏的选任,"魏晋南朝,地方大吏多任世族为之,北朝亦然"[6]。 由此来看,与南朝一样,北朝的城市中也形成了成员长期稳定,独立于中央的群体。

这些以世家大族为主导的地方官吏群体,在魏晋南北朝的长期战乱中,为了进一步保护自身的利益,有着修筑子城的需要。

其次,十六国和北朝时期,北方很多城市中多民族聚居,子城有时起到分割不同民族的作用,居于统治地位的民族往往居住在子城中,其他民族则居住于大城。这种隔离,有时是为了加强对统治民族的保护,有时则是防止其他民族发生叛乱。如大通二年(528)毛普贤攻定州,魏北道行台杨津守定州,劝毛普贤的手下倒戈,这些人"复书云:'今与诸人密议,欲杀普贤,愿公听之。又贼欲围城,正为取北人耳。城中所有北人,必须尽杀,公若置之,恐纵敌为患矣。愿公察之。'津以

---

[1]严耕望:《中国地方行政制度史·魏晋南北朝地方行政制度》,第385页。
[2]严耕望:《中国地方行政制度史·魏晋南北朝地方行政制度》,第398页。
[3]严耕望:《中国地方行政制度史·魏晋南北朝地方行政制度》,第401页。
[4]严耕望:《中国地方行政制度史·魏晋南北朝地方行政制度》,第862页。
[5]严耕望:《中国地方行政制度史·魏晋南北朝地方行政制度》,第863页。
[6]严耕望:《中国地方行政制度史·魏晋南北朝地方行政制度》,第878页。

城内北人虽是恶党,然掌握中物,未忍便杀,但收内子城防禁而已。将吏无不感其仁恕",[1]这里"北人"指的是随破六韩拔陵起义,后被安置在定州的原六镇地区的人。从行文来看,这些北人最初安置在定州子城之外。在这次战争中,由于害怕他们与同样来源于六镇的杜洛周和鲜于修礼联络起来,因此被安置在子城内看守。又如义熙十年(414),炽盘攻南凉的都城乐都,南凉的抚军从事中郎尉肃向负责防守的武台建议"今外城广大,难以固守,宜聚国人于内城,肃等率诸晋人距战于外,如或不捷,犹有万全",[2]其中按照胡三省的解释"国人谓鲜卑秃髪之种落","夷人谓华人为晋人",那么这一建议就是将占统治地位的鲜卑人聚集于子城内,而汉人居于子城外,以加强对居于统治地位的鲜卑族的保护。虽然这两条材料并不涉及子城的修筑,但毫无疑问,分割不同民族,尤其是将统治民族与被统治民族分割开来也是兴建子城的原因之一。

再次,还需要注意唐长孺和谷川道雄强调的这一时期的"城民"。[3]"城民"一词,大量散见于《魏书》、《北齐书》、《周书》、《北史》等中,是导致北魏走向灭亡的北魏末年大规模内乱中的一支重要力量。按照谷川道雄的分析,"城民"这个词是城内人、城中人的同义词,即指州城、郡城、镇城、戍城等内部的人们,并进一步认为这一词汇具有特别的含义,有时是指诸州镇军士的特别用语,与州郡民有别,并且分布于北魏全境。这些"城民",主要是在北魏征服各地的过程中留守在各地的占领军,其中虽然包括汉人士兵、犯罪者以及其他民族的士兵,但以鲜卑族为主体的北人贵族子弟则是州镇军队的核心。

唐长孺先生的研究则指出不同地区的城民存在差异,"但是随着所在地区间的差异,他们所处的社会环境和地位却很不一致,河南、北诸州的城民便和北镇的城民不同,甚至和秦陇诸州的城民也不尽相

---

[1]《魏书》卷58《杨津传》。

[2]《晋书》卷126《秃髪傉檀传》。

[3]分别参见[日]谷川道雄:《北魏末期的内乱与城民》,载《隋唐帝国形成史论》,上海古籍出版社2004年版,第132页;唐长孺:《北魏南境诸州的城民》,载《山居存稿》,中华书局1989年版,第96页。

同"，而且进一步指出，"中山、邺、信都那些城中的住户本来就是文武官吏、士卒以及百工伎巧，通过这次大迁移，可以推断中山等城是被迁空了，新住户就是拓跋珪派来的屯驻将帅和士兵"。在迁来的"城民"之中占据主导的是鲜卑族人，"南境诸州的城民有一部分迁自河北，他们是北魏早期屯戍在定州和其他河北诸州的鲜卑镇戍军及其家属。此外也有逐渐迁来的鲜卑和其他少数族人。以后，和北镇、秦、陇诸州镇一样，还有配发来的罪犯……在城或城郊居住的虽然也有当地豪强大姓，但他们当然不是隶属于军府的城民。城民中并无当地土人。"而这些城民与当地土民之间存在着冲突，"南境诸州城民本是镇戍军，其任务除了防御南朝北伐之外，便是镇压散处乡村的所谓'土民'的反抗。长期以来土民受其欺凌，城、土之间存在着深刻的矛盾"。

因此，可以认为在很多屯驻地新建治所城市中基本上只有这些"城民"，也就是前文提及的"戍城"，在其周围则居住着当地的"土民"，这种戍城也就是后来子城的前身。同时，在那些继承而来的城市中，随着"城民"与"土民"矛盾的加深，环绕"城民"的居住地修建子城以与"土民"对抗也是一种非常有效的措施。

通过上述分析可以看出，在当时的城市中存在着不同的群体。其中以世家大族为主导的地方官员需要修筑子城来进一步加强自我保护，而北朝在城市中占据主导的统治民族以及北魏时期的城民，则需要修筑子城将自己与周围其他人群隔离开来。正是由于子城产生的这种历史原因，在这一时期的战争中，城市防守的重点有时不是大城（罗城），而是子城。如义熙五年（409），刘裕攻慕容超于广固城，"明日，大军进广固，即屠大城，超退保小城。于是设长围守之，围高三丈，外穿三重堑"，[1]大城轻易放弃，小城才是坚守的重点；如《晋书·张重华传》记"俄而麻秋进攻枹罕，时晋阳太守郎坦以城大难守，宜弃外城"；[2]又如建德四年（575），北周武帝攻北齐河阴，"丁未，上亲率诸

---

〔1〕《宋书》卷1《武帝本纪》。
〔2〕《晋书》卷86《张重华传》。

军攻河阴大城,拔之。进攻子城,未克",[1]同样大城轻易被攻占。

当然,在3—7世纪,基于这类原因修建的子城数量可能并不占据主导,数量可能少于那些由新建的带有军事色彩的戍城发展而来的子城。但是在唐末,这一原因却是子城在那个时期继续存在并再次发挥了重要历史作用的主因,唐代后期藩镇割据的战争中子城同样也成为防守方坚持的重点,对此参见本人撰写的《中国子城考》。[2]

3.2.3 子城在城市中的选址及其对后来城市发展的影响

无论是由戍城发展而来,还是在城市内部基于防御和划分城市居民的需求而修建,子城的选址无疑都需要考虑到军事防御的需要,因此从地势上来看,很多位于地势较高的位置。比如前文提及的绛州、扬州,此外还有:

郢州。《舆地纪胜》卷84"郢州·景物·白雪楼"条下引《图经》云:"子城三面墉基,皆天造,正西绝壁,下临汉江。白雪楼冠其上,石城之名,本此",[3]又"石城"条下引《富水志》称:"子城东、南、北三面墉基皆天造,正西绝壁,下临汉江。"[4]这是对隋竟陵郡、唐郢州子城的描述,从其描述来看,郢州子城地势险要,所处位置也较高。

潮州。文献中没有记载子城修建的时间,义安郡(隋代改为潮州)设立于南北朝时期,至隋初治所迁往今治,子城当修筑于这一时期。"州旧有子城,以金山为固",[5]而《永乐大典》中收录的元《潮州路城图》中,[6]将子城突出绘制于城北的山上(当即金山),由此潮州最初修建时,子城位于较高的位置,顺带提及的是潮州外郭城的修筑晚至宋代(见图3-4)。

---

[1]《周书》卷6《武帝纪》。

[2]成一农:《中国子城考》,载《古代城市形态研究方法新探》,第94页。

[3]《舆地纪胜》,江苏广陵古籍刻印社1991年版,第720页。

[4]《舆地纪胜》,第720页。

[5]《永乐大典》卷5343《城池》,中华书局1986年版。

[6]成一农:《〈永乐大典·潮州路城图〉成图时间考》,载《中国地方志》2008年第4期,第44页。

·欧·亚·历·史·文·化·文·库·

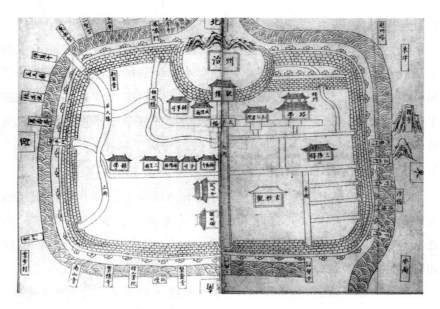

图 3—4 《永乐大典·潮州路城图》

虔州。"赣州城区西北端,田螺岭北、百家岭以北、八境路以西,为一片地势高阜的地区,当地人称皇城,是唐、五代、宋时赣州城内的子城所在"。[1]

此外,在李孝聪《历史城市地理》一书中还列举有歙州、成都府、越州、杭州等。[2] 当然,大多数子城与周围建筑在地势上的差异不会如此巨大,往往只是比周围的地势稍高一些,如泉州、潞州等等。

3—7世纪形成的子城对后世城市形态发展的影响超出了本书所关注的时代,在这里只做一些简要叙述。总体而言,这一时期形成的子城,尤其是那些最初的戍城或者作为军事控御手段建立的州郡治所的子城,其中很多构成了后世城市发展的基础。换言之,即后来城市的发展基本上是以子城为核心逐步扩展的。除了上文提及的扬州、鲁西奇表格中提及的一些城市之外,又如:

成都府。高骈在《筑罗城成表》中提及筑罗城的原因时说:"寇来

〔1〕李海根,刘芳义:《赣州古城调查简报》,载《文物》1993年第3期,第50页。
〔2〕李孝聪:《历史城市地理》,第179页。

而士庶投窜,只有子城。围合而闾井焚烧,更无遗堵……且百万众类,多少人家,萃集子城,可知危敝。井泉既竭,沟池亦干。人气相蒸,死生共处。"[1]从这句话可以推测,当时成都子城之外聚集了大量人口,一旦战乱,只能涌入子城。可见子城是唐代成都发展的核心,子城之外聚集了大量人口,并且在唐末修筑了罗城。

类似的还有杭州。《杭州罗城记》载:"余始以郡之子城,岁月滋久,基址老烂,狭而且卑",但后来"始念子城之谋,未足以为百姓计。东昄巨浸,辕闽粤之舟樯;北倚郭邑,通商旅之宝货。苟或侮劫之不意,攘偷之无状,则向者吾皇优诏,适足以自策。由是复与十三都经纬罗郭,上上下下,如响而应。"[2]也就是说,由于考虑到了居住在子城之外的百姓才修筑了罗城,子城周围当时必然存在大量的居民。

据现有资料,唐代安史之乱以后,环绕原有子城修筑罗城的城市有歙州、楚州、庐州、润州、魏州、睦州、抚州、常州、泉州、沣州等。需要说明的是,罗城的修筑并不代表在这一时期才出现位于子城之外的居民,而是说明这一时期在战乱中要保护已经存在于子城之外的众多人口,这些人口的形成是一个长期的过程,可能自唐初以来即是如此。由此,唐宋时期有很多城市(尤其是州城)形成了内外双重城墙的格局。

3.2.4 小结

总体来看,魏晋南北朝时期中国的城市中出现了大量以子城为代表的"城中之城"。子城作为衙署所在地,是城市中的重中之重,不仅当时很多攻城战中子城都是防御和进攻的重点,而且很多后世的城市都是围绕这一时期的子城发展起来的。

子城产生和发展的原因较为复杂。一方面是自东汉以来士族逐渐发展,亦逐渐把持了地方政权,在各族涌入中原带来的混乱局面中,围绕士族控制的衙署修建一道城墙加强防御成为了一种需要;另一方面,随着内陆亚洲各族的涌入,城市中的居民日趋复杂,统治民族与被

---

[1]《全唐文》卷802《筑罗城成表》。
[2](唐)罗隐:《罗昭谏集》卷5《杭州罗城记》,四库全书本。

统治民族之间的矛盾,使得围绕统治民族控制的城市核心修筑子城也成为一种需要。不仅如此,这一时期各个政权之间的混战,使得在某些地区设立的地方机构带有浓厚的军事色彩,在凭借地势修建的城墙之内往往只有军队和衙署,周围并无太多民户,由此也就奠定了后世子城的基础。

因此,3—7世纪子城的产生和发展在很大程度上可以归结于内陆亚洲各族的涌入,或者说如果没有这种特殊的历史条件,"子城"这一中国古代城市形态发展史中重要的要素很可能不会产生。与之可以形成对比的就是欧洲中世纪形成的后来很多城市发展的核心——城堡。

在公元9世纪的欧洲,不仅封建主之间为了争夺利益而相互争斗,而且还要面对挪威人、马札尔人(Mag yars)、斯拉夫人(Slavs)和撒拉逊人的入侵。由此从9世纪至10世纪初,公爵、侯爵和伯爵们建起了无数的城堡,尤其是在萨克森、德国的东部边境以及英格兰。基于军事的需求,这些城堡中的很多都位于交通要道或者军事战略要地,选址在地势较高、易于防守之处。而正是由于处于交通要道,在欧洲商业复苏之后,这些城堡中的一部分逐渐获得了商业功能,由此在城堡之外形成商业郊区;当然,作为军事要塞,在某些情况下,军队对于物资的需求也会形成附属的城镇。此后,又会围绕产生的商业郊区修筑一道新的城墙。如德意志的马格德堡,最早起源的核心是一座于805年建立在易北河西岸高地上的萨克森公爵的城堡,937年在城堡内增修了一座修道院,968年又在城堡外围的小城镇建造了大教堂及其相关建筑。在小镇北侧,河的下流,还有一座伯爵的城堡。13世纪,在小镇、大教堂与最早的城堡之间兴起了定期集市,并按规划兴建了一块新区,最后修建了一道城墙把所有居住区都保护了起来。[1]

又如荷兰的莱顿。莱顿城最早的核心是位于新老莱茵河交汇处

---

〔1〕李孝聪:《中西封建社会城市形态的比较研究》,载马克尧主编:《中西封建社会比较研究》,学林出版社1997年版,第189页。

岗丘上的伯爵城堡，城区包括坡下大教堂周围的三角地区。城堡俯视着莱茵河上过往的船只，以及连接南北交通大道的桥梁，这个良好的交通地理位置为其日后的迅速成长创造了条件。当欧洲商业活动复兴的时候，商人和工匠在新莱茵河南岸建造了包括住宅、店铺、手工业作坊的社区和堤岸街，并在与城堡之间的新莱茵河两岸形成定期集市。由此莱顿城的形态也是大城之中套一座小城堡。[1]

关于欧洲中世纪城市的发展，具体可以参见莫里斯《城市形态史——工业革命之前》的第四章《中世纪的城镇》。[2]

通过上面的简单分析可以看出，欧洲中世纪城堡产生的原因与中国的子城，尤其是来源于戍城的子城，极其相似。而他们都构成了后世城市发展的基础，使得城市形态发展为内外重城的格局。今天在欧洲很多城市中依然能看到耸立在城市制高点之上的城堡，而中国虽然子城在元代之后逐渐拆除，但在绛县（绛州）、扬州等城市依然可以看到原来高高在上的子城的遗迹。

3.3　地方城市中的街道格局
——对棋盘格[3]街道布局的讨论

以往 3—7 世纪城市形态研究中的一个重要观点就是：这一时期（尤其是唐代），在坊市制影响下，无论是都城还是地方城市都形成了棋盘格街道布局的城市形态，也就是说将坊市制和棋盘格街道布局紧密地联系起来。而且进一步认为由于坊市制在唐末宋初的瓦解，中国

---

〔1〕李孝聪：《中西封建社会城市形态的比较研究》，载马克尧主编《中西封建社会比较研究》，第 189 页。

〔2〕A. E. J. Morris, *History of Urban Form：Before the Industrial Revolution*, Prentice Hall, 1996.

〔3〕对应的英文一般是"grid"，有时也被翻译为网格状，在这里使用"棋盘格"主要是为了符合我国学者传统的用法。

城市的街道格局也由棋盘格转变为长巷式。[1] 关于坊市制的问题,参见本书第 4 章的讨论,这里主要对棋盘格街道布局的问题进行分析。

以往学界关于这一时期城市街道布局的研究,基本上都局限于中原地区少数城市的推测,但是由于中国古代相关资料的缺乏以及如下文所述棋盘格街道布局在世界城市史上的普遍性,因此这一问题必须要放在世界范围内进行讨论,才能理清中国 3—7 世纪棋盘格街道规划的来源以及在这一时期城市中大量使用的原因。

在分析之前,需要先对棋盘格街道布局的定义进行一些介绍。

3.3.1 棋盘格街道布局的定义

在世界城市史上,存在两种棋盘格街道布局的定义:

第一种,经过规划的城市由呈直角相交的街道划分为面积较大的街区,这些街区内部不再进行划分,由土地所有者自行划分和占据,也就说街区内部的街道布局可能并不规整。

第二种,除了将规划城市用呈直角相交的街道分割成面积较大的街区之外,街区之内进一步由小街道划分为单独的、规整的小块地皮,并以这种小块地皮为单位进行城市土地的分配。这种类型的棋盘格规划,在很多情况下以单一住宅(或者家庭)的用地规模作为构建棋盘格的基础。这类城市中的土地通过不同等级的街道全部划分为形态规整的地皮。

两种定义中对棋盘格强调的重点是街道的垂直相交,而不是构成真正的"棋盘格",这一点与当前中国学术界对于棋盘格街道布局的认识存在一些差异。中国学者有时并不将垂直相交的街道布局认为就是棋盘格,而只是将真正构成(至少要非常近似)"棋盘格"的街道布局认定为是棋盘格,因此只是将北魏洛阳、隋唐长安、洛阳认定为是棋盘格规划的城市,同时将元大都、宋代的平江府等排除在外,但西方人或

---

〔1〕宿白:《隋唐城址类型初探(提纲)》是关于这一问题影响力最大的论文,但该文仅是"提纲",所涉及的城市也较少,而且作者在此后也没有在"提纲"的基础上做进一步的研究,似乎对这一观点也并无绝对的把握或者缺少进一步论述的证据。参见《纪念北京大学考古专业三十周年论文集》,第 284 页。

西方学者有时将这两座城市认为存在棋盘格的街道布局。[1] 西方学者的这种认识是有一定道理的,棋盘格街道布局的本质应当是街道垂直相交并作为土地分配的基础,至于所构成地块的形状是长方形还是方形,在很多情况下并没有本质的区别,而且在公认为棋盘格街道布局的隋唐长安城中也存在不同大小的坊,很多坊的形状也并不全是正方形。棋盘格街道布局除了形式之外,更为重要的是其应用的条件和背景。由于当前文献和考古材料都未能明确确定本书所讨论的时限(即3世纪)之前中国存在棋盘格布局的城市,因此需要通过世界范围内的考察才能推断中国棋盘格街道布局的来源,下面简要介绍棋盘格街道布局在世界城市形态史中的地位。

3.3.2 棋盘格街道布局在世界城市形态史中的地位

本节的撰写基本上以莫里斯《城市形态史——工业革命以前》[2]一书为基础,为了简明和便于读者查阅,下面叙述中在括号中列出与原书对应的页码。

棋盘格在世界城市史上是常见的一种城市规划方法,"历史上著名的棋盘格的应用者包括:应用于他们规划城市的希腊人,用于帝国城市规划政策的罗马人,大量的中世纪的君主和领主,对美国费城、曼哈顿岛、俄克拉荷马、圣弗朗西斯科和很多其他城市进行规划的欧洲城市规划家,以及拉丁美洲,在那里西印度群岛法(LawsofIndies)使得棋盘格成为西班牙殖民城市规划强制性的基础"(第15页);"网格(也叫栅格或棋盘)是至今为止人为规划城市最常用的模式。无论从地域还是从时间上看它都是最普遍的一种形式(虽然历史上这种方式的功

---

〔1〕意大利人马可·波罗,将元大都描述为:"城中的全部设计都用直线规定,故各街道大都沿一直线,到达墙根⋯⋯全城建屋所用的土地都是四方块子,并且彼此在一条直线上;每一块地都有充分距离可建美丽的住宅和院子、花园等等。各家的家长各分派一块。这种产业以后则由一人转入他人的手中。城内的全部就在这种情形中分成方块,和棋盘格一样,其设计的精审与美丽,简直非言语所能形容。"李季译:《马可波罗游记》,上海东亚图书馆1936年版,第133页;斯皮罗·科斯托夫在《城市的形成——历史进程中的城市模式和城市意义》一书中,将平江府列为棋盘格街道布局的代表,中国建筑工业出版社2005年版,第96页。

〔2〕A. E. J. Morris, *History of Urban Form: Before the Industrial Revolution*, Prentice Hall, 1996. 本人将该书译为中文,最近将有商务印书馆出版。

能并不完全延续）"。[1]

现在已知最早的棋盘格规划（第一种定义）的城市出现于公元前2150 年至前 1750 年间印度河流域的哈拉帕文化。"因为城市之间相隔几百英里，而且主要城市都遵循大体相同的基本形态。这绝不仅仅是偶然……对于这个问题的回答，把我们引导到历史上已知最早的规划城镇。所有哈拉帕的城市必定是按照相同的'城镇规划系统'布局的，这一结论被它们低地城相似的规则的棋盘格设计所强化，其中的棋盘格由通向城堡的东西向大街与南北向大道相交构成。"（第 31 页）哈拉帕文化的棋盘格规划属于第一类，即在地表确定了主要的交叉轴线之后，剩下的"超级街区"由他们的居住者来安排。现在推测，摩亨佐达罗这种一致、成熟的城市规划，可能有着更早的起源（见图 3－5）。

修建于公元前 1835 年左右的埃及卡阊的街道规划则属于第二种定义的棋盘格，城市"分为三个部分，即由大的祭庙、塞索斯特里斯（Senwosret）二世的金字塔和规划过的棋盘格城镇构成。这座城镇最初是为建筑工人建造的，后来被祭司和相应管理机构的官员占用（见图 3－6）。坎普认为'假设在某一阶段，需要修建一座其修建成本由单一来源支付的聚落，那么除了棋盘格之外基本上看不出有其他选择'"（第 29 页）。

希腊城邦中只有那些受到战争、自然灾害破坏或者新建的城市才在一定程度上采用棋盘格规划，时间大概在公元前 5 世纪早期之后，其中最早也是最著名的例子就是米利都，"公元前 494 年，米利都被攻占，城市遭到掠夺和破坏。可以肯定地说，旧城是经过几个世纪的无计划的有机生长而形成的，这与它的一些经过规划的殖民城市形成鲜明对比。公元前 479 年，开始重建米利都，这次重建是规划全新的现代城市"，虽然以往的研究对其规划的程度可能有所夸大，但米利都至少应当属于第一种定义的棋盘格规划（见图 3－7）。

---

〔1〕斯皮罗·科斯托夫：《城市的形成——历史进程中的城市模式和城市意义》，第 95 页。

3-5　哈拉帕文化的摩亨佐达罗遗址的考古平面图

（图中经过发掘的住宅区,位于低地城的西南角）

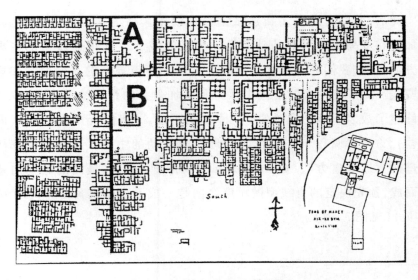

图 3-6　卡阇的考古平面图

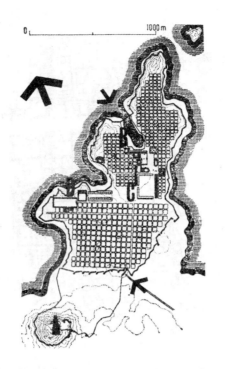

图 3 - 7 米利都复原图

此后,罗马时期很多新建城镇都是以棋盘格为基础规划的,尤其是那些在罗马军团军营基础上发展起来的城市,"在描述城市那些重要方面之前,我们有必要首先了解一下罗马城镇规划的普遍原则和规划实践。为了在广大的帝国中保持和施加强大的帝国统治力量,罗马人修建了数以千计的设防的罗马军团的军营,即我们所知的 Castra(即军营),许多军营仅仅临时作为当地军事行动的中心。这些军营都严格遵循营地修建方法(Castremetation)的原则,[1],在最短的时间内建造而成,预先决定的直线型的城墙之内是一成不变的棋盘格布局"(第57 页)(见图 3 - 8)。

---

〔1〕Castrametation——罗马军营的布局习惯,也是古罗马军团作战训令的重要组成部分。此外 9 世纪英国军事工程师主要在印度,当然也在其他地方提出了类似的东西。

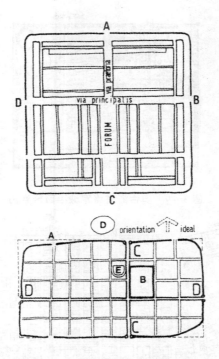

图 3 - 8 典型的罗马军城的平面布局

奥古斯塔将军城(奥斯塔):公元前 25 年,特雷恩蒂乌斯·瓦罗·穆勒那(Terentius Varro Murena)率领的罗马军团在击败当地的撒拉锡(Salassi)部落之后在这里建立了军营。公元前 22 年,城堡升级为殖民城市。6 条街道将城市分成 16 个主要的棋盘格,这些棋盘格进一步分成 90×70 码的围屋(见图 3 - 9)。

提姆加德(萨穆加迪)位于今天阿尔及利亚现代城镇巴特纳(Batna)以东 24 英里处,是图拉真皇帝在位期间于公元 100 年修建的。最初该城的平面布局呈规整的正方形,边长 380 码,面积为 30 英亩。城市的基本形态是严整的棋盘格,由通向各方向的 11 条道路构成,道路交叉构成的每一个棋盘格是边长 23 码的方形围屋(见图 3 - 10)。

当欧洲中世纪城市再次兴起的时候,在法国、英格兰和威尔士等地修建的带有军事色彩的防御城镇在规划和建设上的主要原则有三条:"一是它们在建设之前就有着预先的规划形态;二是直线的棋盘格

·欧·亚·历·史·文·化·文·库·

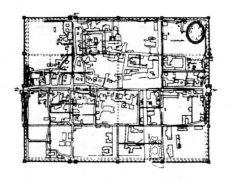

图3-9 奥古斯塔将军城平面示意图

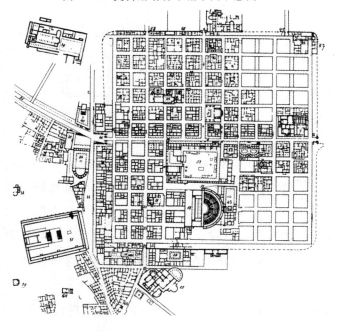

图3-10 提姆加德平面图

系统的土地划分方式构成了城市布局的基础;三是颁布了有诱惑力的政策吸引人们前来防御城镇定居,即居民可以在城里拥有一块地皮,同时在近郊拥有一块农业用地,以及一些其他经济特权。"(第119页)与之前历史时期中的应用相似,棋盘格是在一个新地点修建一座新城镇时最方便、最快捷的方式,不过受到地形以及原有村庄聚落地产、街道的影响,在某些情况下,棋盘格也会发生一定的扭曲。防御城镇的棋盘格规划在很多情况属于第二类,如法国的防御城镇往往规定"在城镇中,每个定居者被分配给一块标准大小的地皮,而实际上,有地位的人经常会得到几块地皮。分配到地皮之后,居民必须在规定的时间内建好住宅,并且住宅要把所在地皮临街的一段占满"(第 122 页)。

如蒙帕济耶,座落在德罗河(Dropt)上游河谷的北坡。1284年,作为防御城镇体系的一环,爱德华一世在这里新建了这座防御城镇。城镇被分成一块块标准大小的房屋用地;每块宅地临街的一

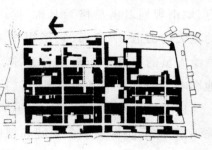

图 3 - 11　蒙帕济耶平面图

侧长 24 英尺(街宽 20 英尺),72 英尺深。后面,6 英尺宽的小巷将它们隔开。这些房屋用地组成了 20 个街区,其中一个街区用做市场,另一个街区(在角上与市场所在的街区相连)的一部分修建了坚固的教堂。每户居民在城镇中可以分配到一块房屋用地、另外一块靠近城墙的份地以及郊区的一块农业用地。分到土地之后,两年之内必须建成房屋,并且要沿街道方向修建(123 页)(见图 3 - 11)。

这一时期,欧洲使用棋盘格规划的城镇还有策林格公爵修建的新城镇。12 世纪,策林格公爵在莱茵河两岸(即今天的瑞士和德国南部地区)建立了一个王朝国家。为了扩展策林格的领土并加强边境的安全,建立了众多城镇、城堡和修道院。12 世纪末策林格城镇全面繁荣,"它们的城市布局由以下 8 个基本元素组成:(1)都有一条贯通全城、连通城门的市街,宽 75 至 100 英尺……(3)以每个宅基地作为规划单位以及(4)征税单位;(5)作为规划基础的直角相交的几何形(棋盘格),协调的比例为 2:3 或 3:5……"(第 135 页)。

此后,文艺复兴时期出现了大量城市规划理论专家,在他们的城市规划提议中有三个主要设计部分:第一,笔直的主街;第二,以棋盘格为基础的街区;第三,封闭空间(广场)。因此,文艺复兴时期也出现了大量棋盘格规划的城镇。这些棋盘格有些用于新建城镇,有些用于旧

城扩展的部分,但是在改造老城时使用的则很少。这一时期比较著名的棋盘格规划的例子有:

位于凡尔赛旁的凡尔赛城镇,其规划工程与宫殿扩展同步协作进行,城市规划以棋盘格为基础,同时叠加了三条汇集于国王寝宫之前的宽大的街道。"然而,它把用于荣耀君主独裁的放射线道路与便利测绘人员的棋盘格布局结合起来,在总体上是非常重要的,而且极大地影响了朗方对华盛顿的规划"(第213页)。

还有维也纳,拿破仑在1809年征服了维也纳,并拆除了棱堡和相关工事,此后防御工事在老城和郊区之间形成了一个非正式建立的公园。1858年,经过竞争,路德维格·冯·福斯特(Ludwig von Förster)的设计方案胜出。它的基础是一条宽阔的环状林荫大道——环城大道(Ringstrassa),并由5个线形部分构成,每一部分由5个呈直线的棋盘格规划的街区组成(第229页)。

在西班牙征服美洲的过程中,受到欧洲本土城市的影响,大部分新建城市都以棋盘格为基础。以至于"棋盘格街道布局成为决定形态的准则,但在法律中似乎并没有特别指出,这可能是因为棋盘格布局被认为是理所当然的。在街道框架中,理论上准则决定所有细节的安排"(第305页)(见图3-12)。例如圣多明各,"奥万多随员中不知名的'城市规划师'以圣多明各为开端,建立了帝国城市的主导特色,即规整的棋盘格街区,中央是一座主要广场,广场周围聚集了一些主要的市政建筑"(第303页)。又如利马,1535年1月18日,皮萨罗在里马克河(River Rimac)南岸建立利马,城市布局由一座中央广场[兵器广场(the Plaza de Armas)]和117个棋盘格街区构成。

这种城市规划方式也被英国运用于其在北美的殖民地,并被后来美国的城市规划所继承,如费城、佩恩和胡马1683年的规划。城市长度大约为2英里,从东侧的特拉华河一直延伸到西侧的斯库尔基尔河,宽度为1英里。两条主要的交叉街道100英尺宽;8条东西向和20条南北向的小街道50英尺宽。棋盘格街区的大小为425×675平方英尺和425×500平方英尺。主要的中心广场占地10英亩,4个小广场每个占地 8 英亩。"码头"偏离特拉华河的主流,是第一座港口(见图 3－13 右下方)。此外棋盘格规划的城市还有洛杉矶、波士顿、纽约等等(见图 3－13)。

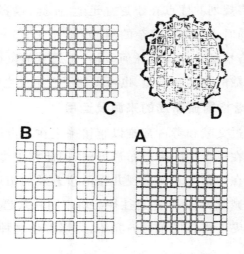

图 3－12　西印度法:四个抽象的城市棋盘格"规划"的例子

A. 危地马拉(1776);B. 康塞普西翁(Concepcion,1765);

C. 门多萨(1561);D. 特鲁希略(1760)

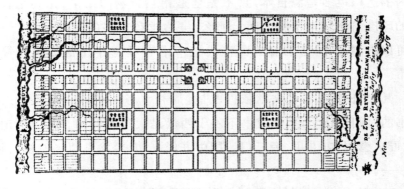

图 3－13　佩恩和胡马 1683 年的费城规划

总体来看,棋盘格街道布局是世界城市形态史上非常常见的街道布局形式,其主要有以下 3 个特点:

第一,棋盘格绝大多数应用于新建城市或者是在原有城市基础上扩展的部分,应用于原有城市改造的情况极少。当然,那些在长期废弃的城市基础上的改建另当别论。

第二,棋盘格规划的优点在于建立迅速、便捷,很容易明确地产的边界,在实际布局时也不需要复杂的测量工作。

第三,棋盘格本身并不具有任何政治、思想上的象征意义,即可以用于体现君主独裁的凡尔赛城镇,也可以用于表示民主的华盛顿。

3.3.3 中国棋盘格街道布局的来源及运用

由于现在通过文献和考古都难以直接确定在 3 世纪之前,中国古代城市中曾经存在棋盘格的街道布局方式,因此在很多研究中都倾向于认为棋盘格是在魏晋南北朝出现并在隋唐普及的街道布局方式,大致起源于北魏平城或者洛阳,并且往往与坊市制联系起来。不过,通过上文对世界城市史中棋盘格布局的介绍,可以看出这种分析思路是存在问题的。

首先,棋盘格是被广泛采用的一种城市街道的规划方式,主要使用在新建的城市或者是在原有城市基础上扩展的部分,而且在世界范围内的运用很多是源自本地,不完全是相互影响的结果,尤其是在早期的印度河流域与希腊之间。那么,虽然没有太多的直接证据,[1]但也可以推测,3 世纪之前中国古代城市中有可能存在棋盘格布局的城市。

其次,比较重要的文献依据就是《周礼·考工记》,现在虽然对其成书的时间存在争论,但成书不晚于西汉是大致无疑的。其中所记载的"匠人营国,方九里,旁三门。国中九经九纬,经涂九轨。左祖右社,

---

[1] 有些学者认为春秋战国时期的某些诸侯国的都城具有棋盘格的街道布局,如贺业钜在《中国古代城市规划史》中认为曲阜"采用经纬涂制道路布局",第 203 页。但就现在曲阜的考古工作所发现的街道而言,并不能断定其采用了"棋盘格"或者"经纬网"的布局方式,参见中国科学院考古研究所山东工作队等:《山东曲阜考古调查试掘简报》,载《考古》1965 年第 12 期,第 599页;田岸:《曲阜鲁城勘探》,载《文物》1982 年第 12 期,第 1 页;王恩田:《曲阜鲁国故城的年代及其相关问题》,载《考古与文物》1988 年第 2 期,第 48 页;山东省文物考古研究所、山东省博物馆等:《曲阜鲁国故城》,齐鲁书社 1982 年版。

面朝后市。市朝一夫……"以及后人的复原图,都说明这是一种棋盘格街道的规划方式。所以,可以说在公元3世纪之前,中国存在棋盘格城市规划的理论和方法。

再次,在3—7世纪之前,也存在多次可以大规模运用棋盘格城市规划的历史条件,大致有以下几次:

(1)西周初期。此时,周人势力从西向东扩展,为了控制新征服地区,在东方分封了大量诸侯国,这些诸侯国建立之时,兴建了大量的城邑。如贺业钜认为,西周初期为了"配合这番封建需求,在经营洛邑的同时,各分封诸侯国,也纷纷于其封疆内建设自己的国都和大小采邑,从而掀起了大规模的营都建邑活动,形成了以周公营洛为代表的周代第一次城市建设高潮",[1]持类似观点的还有马正林。[2] 就文献和考古而言,很多重要诸侯国的都城都兴建于这一时期,如房山琉璃河燕国都城、齐国的临淄、鲁国的曲阜,当然还有著名的洛阳等。这些新建的城邑,有可能会采用棋盘格的布局方式,尤其是洛阳,现在有学者就认为其是棋盘格规划,[3]不过这一观点尚缺乏足够的证据。

(2)战国时期。根据现有研究,战国时期是中国古代另一次大规模的筑城时期,杜正胜将其称之为"战国的筑城运动"。对此杜正胜总结为:"因为列国战争激烈,故墟重建,旧墙修葺,小城扩大,卑邑作城,大城邻近复有小城,所谓'千丈之城、万家之邑相望',于是造成'连城数十'的景观。"这种大规模的城市兴建也存在运用棋盘格的可能。

(3)汉代。尤其是汉武帝时期,疆域不断扩张,在新占领的地区往往采取徙民、筑城的方式以加强控制,比如著名的河西四郡。这也为棋盘格城市规划的采用创造了条件。

总体来说,在公元3世纪之前,中国存在实行棋盘城市格规划的理论和条件,只是现在考古尚未发现明确的棋盘格街道规划的城市。当然,这也与我们当前城址考古工作简略,极少对城内尤其是地方城市

---

〔1〕贺业钜:《中国古代城市规划史》,第133页。
〔2〕马正林:《中国城市历史地理·中国城市的城墙》,第58页。
〔3〕曲英杰:《史记都城考》,商务印书馆2007年版,第99页。

·欧·亚·历·史·文·化·文·库·

内部进行发掘有关。在 3 世纪之前存在棋盘格规划城市的可能性是很大的,由此可以认为在 3—7 世纪,棋盘格的城市规划方式对于中国而言并不陌生。当然,由于内地的城市经过了长期的发展,有些城市甚至是从西周时期延续下来的,因此原有的棋盘格布局随着时间的流逝逐渐变得不再整齐,或者经过多次战乱原有的整齐的土地所有方式也被彻底打破,棋盘格存在的基础也就随之消失。因此很可能在公元 3 世纪,保存下来的典型的棋盘格布局的城市数量并不是很多。

还需要简单讨论棋盘格与坊市制的关系。以往大多数研究,都将这一时期的棋盘格的出现与坊市制的产生联系起来,即认为坊市制下的城市应当采取棋盘格街道布局。但实际上,即使存在“坊市制”这种制度,其内涵是封闭,同时具体的表现形式应是多种多样的,并不一定形成棋盘格的街道布局,这一点可参见成一农《“中世纪城市革命”的再思考》[1]一文的论述。此外,当时存在一些起源自汉代、三国、南北朝的城市,而且如本书 3.2 所述,这一时期很多州(郡)城最初只有子城,唐初安定之后,在城外才逐渐形成了居住区。而设置于这种自发形成的居住区中的坊,显然难以形成整齐的棋盘格布局。受制于这一时期地方城市资料的缺乏,这方面的例子很少,但也可以找到一些例证,如:

(1)六朝建康。卢海鸣对于六朝建康里坊的研究证明了这种推测,他认为流经建康城区的秦淮河南、河北皆有闾里存在,虽然里坊有专职官吏管理,但市坊混杂,全无章法,各里坊内涵不一,面积各异;分布范围广,布局自由散漫。[2] 六朝建康是逐步建成的,并没有统一的规划,因此其里坊十分混乱,都城尚且如此,唐代那些同样没有经过规划的地方城市中当然也很难存在整齐的里坊。

(2)睦州城“州城俯临江水。先是江皋硗确,崎岖不平,展拓无地,置州筑城,东西南北,纵横才百余步。城内惟有仓库、刺史宅、曹司官

---

〔1〕成一农:《“中世纪城市革命”的再思考》,载《古代城市形态研究方法新探》,第 77 页。

〔2〕卢海鸣:《六朝建康里坊制度辨析》,载《南京社会科学》1994 年第 6 期,第 19 页。

宇,自司马以下及百姓,并沿江居住,城内更无营立之所",[1]其中"州城"当指的是"子城",由于狭小,"自司马以下及百姓,并沿江居住",在这种情况下自然很难形成整齐的坊。

但是正如第2章所述,在游牧民族的冲击下,3—7世纪兴建了大量新的城市(同时代的欧洲也有着类似情况),延用秦汉时期城址的只是少数。我们可以假设,在大量的新建城市中,虽然存在一些自然发展(或者称为有机生长)的城市,但必然也存在很多棋盘格规划的城市(同时代的欧洲也是如此)。而这种规则的棋盘格街道格局的城市,形成了中国王朝后期很多城市发展的基础,可以认为这是3—7世纪中国地方城市形态的一种时代特点。下面列举一些具体的例子:

李孝聪在《唐宋运河城市城址选择与城市形态》一文中分析了运河沿线的城市形态,其中复原了大量棋盘格规划的唐代新建的城市,如楚州、常州等。除了运河沿线之外,这方面的例子还有:唐代的云州(今大同)。北魏平城在六镇起义后破坏严重,此后这一地区废置不常,《元和郡县图志》载"武德四年,平刘武周,置北恒州。七年,废。贞观十四年,自朔州北界定襄城移云州及定襄县于此。后为默啜所破,移百姓于朔州。开元十八年复置云州及云中县",此后基本延续至今。从这段记载来看,唐代的云州很可能是开元十八年(730)兴建的(可能存在对北魏平城的改造)。丁晓雷在《大同旧城的形制布局及其所反映的时代特征》一文中从今天大同城的城市形态出发,复原认为唐代兴建时采用的是棋盘格街道布局,这种复原具有一定的说服力。[2] 这种棋盘格的街道布局历经千年几乎没有发生根本性的变化,甚至一直影响到今天大同城市的街道格局。

又如今天山西省的蔚县。蔚县最初设立于唐代,也就是开元六年(718)设立的横野军,后来改为蔚州安边县。孙靖国在《桑干河流域历

---

[1]《全唐文》卷200《议移睦州治所疏略》。

[2]丁晓雷:《大同旧城的形制布局及其所反映的时代特征》,载引自《汉唐与边疆考古研究》第1辑,科学出版社1994年版,第184页。丁晓雷将棋盘格布局归结于坊市制影响,而本书作者则认为这是新建城市的特点。

·欧·亚·历·史·文·化·文·库·

史城市地理研究》[1]中通过墓志分析唐代横野军军城即是今天的蔚县县城,通过地图来看,县城中南北、东西大道构成的十字街以及城市东侧和西北角整齐的街道,应当来源于唐代城市初建时的街道布局(见图 3 – 14)。

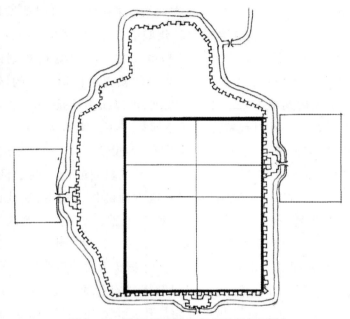

图 3 – 14　蔚县平面图唐蔚州城想象图[2]

此外还有隋唐长安和洛阳,这两座都城也正符合上文所论述的棋盘格施行的条件。而且,隋唐长安、洛阳兴建迅速,长安(大兴)仅用了 9 个月,洛阳也仅用了 10 个月,如此大规模的两座城市在非常短的时间内兴建完成,也只能使用棋盘格的规划方式。而且,与这两座都城兴建相联系的就是大量人口的迁移,由此可能会涉及新都城中土地分配的问题,只是这方面的资料较少。

3.3.4　总结

棋盘格街道规划,在世界城市史中是应用最为广泛的城市街道布

---

〔1〕孙靖国:《桑干河流域历史城市地理研究》,第 111 页。
〔2〕引自孙靖国:《桑干河流域历史城市地理研究》,第 147 页

局方式,主要应用于新建城市以及对旧城的扩展。就中国古代而言,棋盘格街道布局应当有着较早的起源,并不是3—7世纪的创新,并且也与坊市制没有直接的必然联系,而且此后这种规划城市街道布局的方式依然存在,如明代卫所城市、清代的满城等等。因此,这一时期城市中的街道布局,应该是多种多样的,或者说这一时期城市的街道布局与之前和之后相比并不存在根本性的差异。如果说有时代特性的话,那么正如第2章中所论述的,是在来自亚洲内陆各个民族的冲击下,出现了大量新建的城市。因此在整个中国古代城市史上,3—7世纪是采用棋盘格街道规划的城市数量较多的时期,并且其中很多城市的街道布局一直沿用至今。

4 里坊制的产生及其演变

4.1 问题的提出

"里制"向"里坊制"的转变是以往 3—7 世纪中国城市史和城市形态史研究的一个主要问题。在进行分析之前,先简要介绍秦汉时期的里制。[1]

4.1.1 里的形态

里是封闭的,有时还可能筑有垣墙。《管子》中记载到:"大城不可以不完,郭周不可以外通,里域不可以横通,闾闬不可以毋阖,宫垣关闭不可以不修。故大城不完,则乱贼之人谋;郭周外通,则奸遁逾越者作;里域横通,则攘夺窃盗者不止;闾闬无阖,外内交通,则男女无别;宫垣不备,关闭不固,虽有良货,不能守也……明君者,闭其门,塞其涂,弇其迹,使民毋由接于淫非之地,是以民之道正行善也,若性然。故罪罚寡而民以治矣。"[2]对这一段文字,包伟民解释为"据《说文解字》,闬即闾,就是里门的意思。这是说城市管理,不但要在外围筑有完备的城墙,还要使闾闬有'阖',即设门监管。且'里域不可以横通',即里之内只能有直通的一条路,两头设门……在这通道中间还设有中门,叫作

---

〔1〕关于先秦、秦汉里制的研究,可以参见杨宽:《中国古代都城制度史研究》,周长山:《汉代城市研究》;宫崎市定:《汉代の里制と唐代の坊制》,载《宫崎市定全集》第 7 集,岩波书店 1992 年版,第 87 页;池田雄一:《汉代の里と自然村》,载《中国古代の聚落と地方行政》第四章册,汲古书院 2002 年版,第 122 页;杜正胜:《古代聚落的传统与变迁》,《中国社会经济史研讨会论文集》,台北:汉学研究资料与服务中心 1983 年版,第 205 页。
〔2〕赵守正:《管子译注》卷 5"八观第十三",广西人民出版社 1982 年版,第 112 页。

阁",[1]这一解释大致正确。此外还有一些其他证据,如秦简《法律答问》中有"越里中与它里界者,垣为'完'不为?巷相直为院;宇相直者不为'院'",[2]里应当是有墙的;又如《汉书》中记张敞曾令"吏坐里间,阅出者,汙赭辄收捕之,一日捕得数百人",[3]只有通过里门进出,"吏"才可能"阅出者"而进行抓捕。关于秦汉时期城中里的形态,一般认为或为正方形或为狭长形状,不过本人认为很有可能如同后代的坊。因为,秦汉时期里的形态并没有统一的规定,要实现有墙和封闭,只需规定里中所有住宅都向街巷内部开门,将院墙和房屋的后墙作为里墙即可。这样进入里则必须通过街巷的入口,控制了入口即可形成封闭,由此形成的里的形态则可以是多种多样的。[4]

4.1.2 里的人口构成

按照以往的研究,最初里可能是按照血缘、宗法族居的形式。但随着秦汉时期社会的动荡和人口的大规模迁徙,这种结构开始被破坏,但到东汉末期这种聚族而居的里,应该依然占据了主导。

4.1.3 里的功能

按照周长山的总结,里的社会功用如下:生产的组织与协调;管理户籍与征派赋役;维护社会治安;教化民众,[5]其他学者的观点也大致相同。另外,周长山对汉代里的人口进行分析之后认为:"加之疾病死亡、出生多少、户口迁移等多方面因素的影响,在全国范围内经常性地保持一家百里(或数十家)的定制,显然是不太可能的。因此,与其将里作为一种以户数为单位的行政组织,反倒不如把它看成一种区域性

---

〔1〕包伟民:《宋代城市管理制度》,载《文史》2007 年第 2 期,中华书局,第 187 页。

〔2〕《睡虎地秦墓竹简·释文·法律答问》简 186,载引自睡虎地秦墓竹简整理小组编:《睡虎地秦墓竹简》,文物出版社 1990 年版,第 137 页。

〔3〕《汉书》卷 76《张敞传》。

〔4〕对此可以参见成一农:《"中世纪城市革命"的再思考》,载《古代城市研究方法新探》,第 66 页。其中讨论了唐代地方城市中坊的问题,这对于里也是适用的,即规整形态的里大概只存在于规划城市中,那些自然发展的城市中里的形态很可能是不规整的。对于这一问题,待今后另撰文叙述。

〔5〕周长山:《汉代城市研究》,第 157 页。

的地方行政单位。"[1]这一观点应当是正确的,而且对于后代的里也应当是适用的。

4.1.4　里的分布

两汉时期,里不仅仅分布在城内,而且在城外也广泛分布,这一点学界并无太大的异议。

基于上文对里的分析,结合当前对坊的认识,可以看出两者至少在功能、形态方面似乎没有太大的差异,即形态上的封闭性,功能上作为基层行政单位,承担着管理户籍、征发徭役、维护社会治安等功能。这一点以杨宽为代表的一些学者也已经意识到了,他在《中国古代都城制度史研究》中虽然没有分析里坊之间转化的原因,但认为两者都具有封闭性的结构,也就是认为两者在本质上是相同的,因而在该书中都归结于"封闭式的唐以前都城结构"的标题下进行叙述。[2]　当前有些学者对两者之间的差异和转换的原因提出了一些见解;[3]齐东方在《魏晋隋唐城市里坊制度——考古学的印证》[4]中认为汉代以后出现了"坊"的概念,并根据《艺文类聚》"汉宫阙名"等资料,认为当时坊可能有居民居住地的意思,此外还是官府机构的名称;北魏之后"坊"出现的频率越来越多,两者有时通用;作者又提出"但是北魏到唐的文献中,或云坊,或云里,二者并不连用,说明当时里、坊是有区别的",这是不同于大多数观点的认识,由此他进一步提出"因此是否可以这样理解,三百二十'坊'指的是洛阳可以按统一的划分或计算出的区块面积,而二百二十'里'是实有的、带有管理性质的实体,当然两者有密切的关系",并认为坊是一种划分土地的方式,而里则是以"百户为里"为基础的户口管理单位,这也是非常有见地的认识。关于里坊制形成的原因,齐东方提出"里坊制度使具有军事化性质的部落人口向城市行政管理化的居民过渡,原来相对独立的游牧组织也向定居后城市统辖

---

〔1〕周长山:《汉代城市研究》,第145页。

〔2〕杨宽:《中国古代都城制度史研究》,第209页。

〔3〕其中的一些学者并没有关注秦汉时期的里。

〔4〕齐东方:《魏晋隋唐城市里坊制度——考古学的印证》,载《唐研究》第9卷,第53页。

下的里坊组织转变",简言之就是出于管理人口的需要。但这篇论文没有解决以下几个问题:首先,坊是如何与城市中土地划分方式联系起来的?其次,汉代的里与这一时期的坊在形态上都具有封闭性,汉代的里也具有管理人口的功能,如果仅仅是为了控制人口的话,汉代的里完全可以实现这种功能。再次,如果坊是区域单位,里是以"百户为里"为基础的人口管理单位的话,那么就解释不了一些史料中的问题。如《北齐书·元孝友传》中的"京邑诸坊,或七八百家惟一里正、二史",[1]此外《洛阳伽蓝记》中还记载建阳里二千户,归正里三千户,募义里万户等等,这些都远远超出了"百户"的数量。如果里不是按照户口单位计算的话,那么里与坊之间的差异到底是什么呢?《洛阳伽蓝记》卷5有"京师东西二十里,南北十五里,户十万九千余。庙社宫室府曹以外,方三百步为一里,里开四门,门置里正二人,吏四人,门士八人,合有二百二十里"。[2] 由此来看,北魏洛阳城中的里构成了一种封闭区域,与坊相似。而且作者也没有能提供当时一坊中存在多个里的证据。总体来看,齐东方提出的观点具有一定的道理,但依然没有能从根本上解决这一问题。这篇论文的这一问题也存在于其他研究里坊关系的论文中。

朴汉济在《北魏洛阳社会与胡汉体制》中也认为,后汉初期的文献中只出现太子坊、九子坊等名称。三国魏以后,坊的使用频率虽然逐渐增高,但主要用来表示特定建筑物的名称。关于北魏平城和洛阳采用坊制的原因,作者认为是因为"北魏初期实施的计口受田制,是游牧民出身的征服者为了掌握被征服地区的物质财富而断然实行的户口调查。如果这一见解被接受,统治者为了控制迁徙到代都的人们,也可能会采取某种措施,即实行坊制",也就是为了对人口的管理和控制。但朴汉济没有对里与坊的关系进行详细的分析,只是认为坊逐渐取代了里。朴汉济最大的问题在于忽视了对汉代里的研究,如果汉代的里与

---

〔1〕《北齐书》卷28《元孝友传》。
〔2〕范祥雍校注:《洛阳伽蓝记校注》卷5,上海古籍出版社1958年版,第349页。

这一时期的坊在形态、功能、结构上相似,甚至相同的话,那么朴汉济对坊产生原因的论证也就不够圆满了。

宫崎市定在《汉代の里制と唐代の坊制》中提出原来"坊"字本义通"防",四周筑有围墙的封闭型区域之所以称为坊,是因其本义即"防"也,周围修建有墙垣,其目的在于防御和治安管理;妹尾达彦勾勒了这一时期"里"、"坊"名称的变化,认为"坊"是"防"的俗称,指建有坊墙的街区,产生于后汉末至五胡、北朝时期的动乱期,终止于唐末或北宋。但是作为都市行政区划的名称,在唐代坊正式代替从前的里制之前,坊是民间的称呼,里是法律上的都市行政区划。隋初曾一度采用过"坊"的名称,但是隋炀帝又恢复了"里"的称呼。[1] 与上面提到的论文相似,上述两文同样没有解释为什么在功能、形态相似的情况下,坊取代了之前的里。

刘淑芬则提出"为了安置大量迁徙至都城的人民和军队,以及为了加强控制都城内的居民,是中古城市出现大规模城坊规划的主要原因"。[2] 刘淑芬同样没有考虑秦汉"里"的问题。

程义在《隋唐长安辖县乡里考新补》[3]中提出:"这二者可能分属不同的系统,即二者之间并不存在管辖与被管辖的关系。乡正、里正为一个系统,属行政系统;坊正、村正为一系统,属治安系统。村是按照聚居地来划分的,里是按人口户数来划分的。"他的这一观点主要是针对唐代的,确实解决了一些之前文献中的矛盾,虽然阐释的并不充分,但将里正和坊正区分成两个系统,则是之前研究所忽视的问题。此外,该文只提及村是按照聚居地来划分的,没有涉及坊的问题。

赵超在《唐代洛阳城坊补考》中提出:"唐代坊、里二者本义并不相同,这从它们的设置原则和长吏职责上即可看出","里侧重于户口管理、赋税徭役,坊则侧重于治安督察。恰如宫崎市定所言:'城内承受

---

〔1〕〔日〕妹尾达彦:《唐代的长安和洛阳》(中译节本),1998 年 8 月 1 日北京大学历史系演讲稿,转引自李孝聪:《历史城市地理》,第 150 页。

〔2〕刘淑芬:《中古都城坊制的崩解》,载《元朝的城市与社会》,第 433 页。

〔3〕程义:《隋唐长安辖县乡里考新补》,载《中国历史地理论丛》2006 年第 4 辑,第 93 页。

着由墙垣围绕起来的坊和由人户聚集起来的里这二重区分'"，"由于里为人口户数所决定，坊则是面积固定的居住区划，所以里与坊不可能一一对应"；"里、乡，完全由人户决定，不受地域局限……而坊，则是面积大小固定的，服从于城市建筑的建筑区划，坊与户数之间没有一定的对应关系"〔1〕区分里正和坊正的职责，并且将坊确定为地域单位，里作为户口管理单位，也是非常具有启发性的观点。

鲁西奇在《城墙内外：古代汉水流域城市的形态与空间结构》中根据唐代襄州的研究提出："从一些唐代墓志行文看，这些里、坊并不仅是表示殁亡人的户籍所属……此处的里与坊主要是指某一地理区块。在襄阳城外的南津里又称为'南津坊'，说明里、坊可通用；南津里（坊）与安远坊均在城南凤林乡，说明'坊'不会是城内封闭性的居住区块，不过是指一个居住区块而已，而无论这一居住区块是否在城内。因此，襄阳城内外的里、坊，主要是指居住区块。这种居住区块应当是按户数编组、划分基层行政单位的基础——城乡基层行政单位的划分与编组，虽然按制度规定应据户数为准，但在实际运作过程中，乃不得不以一定居住单元或自然聚落为根据。建基于大致户数之上的乡里区划既经确立，则必相对稳定，不能因户口之增减而随意调整（分割或省并），乡里之地域范围遂逐渐与其户口标准相脱离，乡、里乃渐成为地块名称。我们认为，襄州城内外的里、坊也是如此：坊之本义当指一定居住区块，以这种区块为依据，参照一定户数标准，编组成'里'；久而久之，遂以'里'代指这一居住区块了。"〔2〕鲁西奇提出的坊位于城郭之外的现象是非常值得注意的，很可能唐代城乡的界线并不是城墙。此外，他提出的里从户籍管理单位向地域单位转变的原因和过程也非常具有见地。

总体而言，虽然之前的研究也注意到了里坊之间转换的问题，而且也给出了一些可能的解释，不过并不能解释既然两者在功能、形态

〔1〕赵超：《唐代洛阳城坊补考》，载《考古》1987 年第 9 期，第 835 页。
〔2〕鲁西奇：《城墙内外：古代汉水流域城市的形态与空间》，第 267 页。

上相似,但为什么"坊"会产生并取代了里,或在本书研究的 3—7 世纪中与里并行。此外,虽然有学者已经注意到了坊与里之间的差异,但对于这一问题还缺乏深入分析。下面主要在前人研究的基础上,试图解决以下几个问题:

(1)坊产生的原因以及里坊制演化的过程,其中包括坊名产生的时间以及在地方城市中逐渐普及的时间。

(2)对"坊正"产生时间的推测。

(3)对里坊两者替换使用问题进行分析。

(4)以襄阳和扬州为例对地方城市中的里坊进行一些推测。

4.2 坊产生的原因以及里坊制度的演变

就汉字字意而言,"坊"代表城市聚居地的涵义出现的较晚,在先秦时期主要表示堤防或者防范的涵义,通"埅"(即防)字,如《战国策·秦策一》:"济清河浊,足以为限;长城巨坊,足以为基";[1]《礼记·坊记》:"君子之道,辟则坊与? 坊民之所不足者也。大为之坊,民犹踰之,故君子礼以坊德,刑以坊淫,命以坊欲"。[2]《说文新附》中称:"坊,邑里之名。从土,方声音。古通用埅"。[3] 郑珍《说文新附考》:"按:《说文》防或从土作埅,本训堤也","汉人去'阜'移'土'成'坊'字,后人乃以为邑里专名。《文选》景福殿赋,屯坊列署,注坊与方古字通。"[4] 从这一解释来看,宫崎市定和妹尾达彦的观点基本是正确的。但我们现在需要解决在存在功能相似的"里"的情况下,为什么会产生坊的问题。

4.2.1 关于坊起源的推测

从墓志和传统文献来看,可能是北魏平城最早使用"坊"作为城内

---

〔1〕诸祖耿编撰:《战国策集注汇考》卷3"秦策一",凤凰出版社 2008 年版,第 144 页。

〔2〕孙希旦撰,沈啸寰点校:《礼记集解》卷 50"坊记",中华书局 1989 年版,第 1280 页。

〔3〕引自《汉语大字典》,四川辞书出版社、湖北辞书出版社 1986 年版,第 427 页。

〔4〕(清)郑珍:《说文新附考》卷 6,《丛书集成新编》第 37 册,新文丰出版社 1985 年版,第 267 页。

一种空间单位的名称，不过在此之前用于城内功能建筑名称的"坊"就已经出现，这一点以前的学者也已经注意到，如齐东方引用《艺文类聚》卷62"坊"条所引《汉宫阙名》认为"这里讲到西晋洛阳的'坊'，似乎有两种意思，一是城内或宫内的区块，一是官府机构名称"，其解释大致是正确的（这一现象宫崎市定等学者也已经注意到了，参见前引文）。但这种"城内或宫内的区块"还有必要进行进一步的分析，我们再看相关的史料：

《晋书》卷16《律历志》载："[晋]泰始十年（274），中书监荀勖、中书令张华出御府铜竹律二十五具，部太乐郎刘秀等校试，其三具与杜夔及左延年律法同，其二十二具，视其铭题尺寸，是笛律也。问协律中郎将列和，辞：'昔魏明帝时，令和承受一笛声以作此律，欲使学者别居一坊，歌咏讲习'。"从上下文来看，其中的"坊"并不是官署名称，从"居"来看，解释为区块似乎也有些不充分，更可能的是一个住宅院落。

《晋书》卷27《五行上》："武帝太康八年（287）三月乙丑，震灾西阁楚王所止坊及临商观匓。""楚王所止坊"应是楚王居住的坊，这里"坊"应当不是官署名，解释为区块也不太充分，同样可能也是住宅院落或者住宅。

《晋书》卷53《愍怀太子传》："明年正月，贾后又使黄门自首，欲与太子为逆。诏以黄门首辞班示公卿，又遣澹以千兵防送太子，更幽于许昌宫之别坊，令治书御史刘振持节守之"；同卷"三月，矫诏使黄门孙虑赍至许昌以害太子。初，太子恐见酖，恒自煮食于前。虑以告刘振，振乃徙太子于小坊中，绝不与食，宫中犹于墙壁上过食与太子"。从"刘振持节守之"和"宫中犹于墙壁上过食与太子"来看，这两处的"坊"都应当是院落，而且应当是围墙环绕的封闭院落。

再补充两条稍晚的材料：

《魏书》卷7下《高祖本纪》："[太和二十一年，497，司州洛阳]及不满六十而有废痼之疾，无大功之亲，穷困无以自疗者，皆于别坊遣医救护，给医师四人，豫请药物以疗之。"虽然这是在迁都洛阳之后，但是将有"废痼之疾"的人安置在一起，应当不会安置在普通的"坊"中，因

欧·亚·历·史·文·化·文·库·

此这里的"坊"也可以解释为一种独立的院落。

《魏书》卷55《刘芳列传》:"[太和二十年之后]今太学故坊,基址宽旷,四郊别置,相去辽阔,检督难周。计太学坊并作四门,犹为太广。""太学故坊"显然不是北魏洛阳城中那些通常的"坊",这里的"坊"应当指的是"院落"。

从上述材料来看,这一时期"坊"似乎可以指一个院落,还很可能修建有墙。因此"坊"不仅仅是"区块",还是修建有墙的"院落"。而且,这种院落可能还比较方正,唐苏鹗在《苏氏演义》中记:"坊者,方也,言人所在里为方。方者,正也;曲者,诘曲也。古文匚、口字象方物曲物之形。"[1]苏鹗为唐后期光启时期的进士,其所记当有一定的依据;《文选》卷11《景福殿赋》中记"屯坊列署,三十有二。星居宿陈,绮错鳞比",其中的注释为:"《声类》曰:坊,别屋也。方与坊古字通。《释名》曰:坊,别屋名。星,散也,列位布散也。宿,星宿也,比,比相次也。"[2]由此来看,坊至少有房屋住宅的意思,同时与"方"字相同,应当也可以表示方正。由此可以推测,"坊"至少在晋代之后可能表示一种近似于方形带有围墙的院落。作为对比,秦汉时期的"里"虽然是封闭的,但一方面形状可能并不固定,另一方面可能里与里之间共用垣墙(参见上文所引秦简《法律答问》),因此并不一定表现为院落的形态。

关于北魏平城修建的资料并不太多,《魏书·太祖本纪》载"规立外城,方二十里,分置市里,经涂洞达"[3](前田正名认为这里所说的外城是灅南宫的外城,而不是平城的外城),"坊大者容四五百家,小者六七十家",[4]《魏虏传》曰:"其郭城绕宫城南,悉筑为坊,坊开巷。坊大者容四五百家,小者六七十家,每南坊搜检,以备奸巧。"从相关文献来

〔1〕(唐)苏鹗:《苏氏演义》,商务印书馆1956年版,第6页。

〔2〕《文选》,上海古籍出版社1986年版,第535页。

〔3〕《魏书》卷2《太祖本纪》。如李孝聪:《历史城市地理》"'经涂洞达'的含义应该是南北向与东西向街道成正交的形态,为解构北魏平城街道的形制提供了可资参考",第119页;另见要子瑾:《魏都平城遗址试探》,载《中国历史地理论丛》1992年第3期,第234页的复原图。

〔4〕《南齐书》卷57《魏虏传》。

看,北魏平城中应当设有里,也有坊,而且坊应当修筑有墙,但不一定有着独立于里的管理机构;从"经涂洞达"来看,由于街道笔直,其中修建的"坊"在形状上应当也是规整的。

可以想见,这种具有单独的墙体、基本方正的院落,在形态上近似于之前的"坊",而不同于之前"里"的常见形态(当然在此之前存在方正的里,尤其是那些经过规划的城市,但可能这样的里经过长期演变,在汉代之后并不是常态。其原因可以参见本书3.3中的论述),而且如此多的整齐的有墙院落(坊)排列在一座规模宏大的城市中,这种情况可能极少存在于之前的城市中,[1]也就是宿白所说的"里坊的划分,是中原城乡旧制,但这样大面积整齐统一的部署和对里坊这样严格的管理,则为以前所未见"。[2]因此当时很有可能用形态上相近的"坊"来命名这种新的城市空间单位。

不过,虽然在空间区划上使用了"坊",但在实际的行政管理上依然使用"里",设官分职依然用里,也就是齐东方所说的"三百二十'坊'指的是洛阳可以按统一划分或计算出的区块面积,而二百二十'里'是实有的、带有管理性质的实体"(不过"里"所管理户口并不是"百户为里",这只是一种理想状态,实际上并不拘泥于此)。而且再看与北魏洛阳修建坊有关的两条文献,一是景明二年(501)"九月,丁酉,发畿内夫五万人,筑京师三百二十三坊,四旬而罢";[3]二是"迁司州牧,嘉表请于京四面筑坊三百二十,各周一千二百步,乞发三正复丁以充兹役。虽有暂劳,奸盗永止。诏从之。"[4]从上文的分析来看,显然这里只能用"坊",因为这是与空间地域有关的内容。《洛阳伽蓝记》载"京师东西二十里,南北十五里,户十万九千余。庙社宫室府曹以外,方三百步

---

〔1〕之前的曹魏邺城,现在并无存在整齐的里坊的考古资料;秦汉及其之前的城市,尤其是规模宏大的都城中也没有这方面确凿的考古资料依据。今人对于某些早期都城中由整齐的街道划分规整的"里"的城市布局方式,基本上属于猜测。

〔2〕宿白:《北魏洛阳城和北邙陵墓——鲜卑遗迹辑录之三》,载《文物》1978年第7期,第44页。当然,宿白是针对洛阳提出上述观点的,不过对于平城也是如此。

〔3〕《魏书》卷8《世宗本纪》。

〔4〕《魏书》卷18《广阳王嘉传》。

为一里,里开四门,门置里正二人,吏四人,门士八人,合有二百二十里",[1]这条资料中论述的是一种管理单元,因此使用里。不过需要注意的是,很可能如下文所述,在城市中里与坊是一一对应的,由此里在一定程度上也带有了空间特点(相反则不行,至少在这一时期,坊还不是一种行政单元,对此参见下节的分析)。

而且,就名称而言,当时"里"是有名称的,而"坊"则没有正式的名称。因此,在《洛阳伽蓝记》中只记载里名,出现的少量坊名基本上是俗称,如归正里"民间号为吴人坊",寿丘里"民间号为王子坊",白象、狮子二坊则因其地饲养有乾陀罗国、波斯国胡王所献白象、狮子而得名,全都不是正规名称。由此当时人称籍贯时依然用里,而不用坊;在当时的墓志中全部使用里名,而几乎没有使用坊名(参见附表1,其中收录的不仅仅是洛阳的墓志,还包括其他地点出土的墓志),[2]其原因一是当时坊可能并无正式名称,二是因为里才是正式的著籍单位。

从附表1中所收录的墓志可以看出,北魏时期记载地点大致有几种方式:(1)(县)乡 + 里;(2)(县)都乡 + 里;(3)洛阳(长安城) + 里。按照魏晋南北朝的制度,都乡是设置在城中的,因此都乡 + 里表示的应该是城中的里。"洛阳 + 里"可以理解为是洛阳城中的里,如果是乡村中的里,按照当时的习惯应该表示为"洛阳某某乡某某里",此外还有一例就是"长安城永贵里",这也应当为城中的里,而且在洛阳没有出现"都乡 + 里"的情况。鲁西奇《六朝买地券所记殁亡人居地与葬地乡里村邑》[3]说明六朝时期南方应当也是大致如此(参见表4-1)。但是还有需要指出的两点是,虽然都乡 + 里是当时记载城内里的通常方式下,但(县)乡 + 里是否就全部可以解释为是城外之里,这点需要今后的研究予以关注,不过与这里所论述的问题关系不大;另外洛阳或者此后直至隋唐长安、洛阳的一系列都城中是否设乡,墓志中所记

---

〔1〕范祥雍校注:《洛阳伽蓝记校注》卷5,第349页。

〔2〕张金龙:《北魏洛阳里坊制度探微》中使用墓志和《洛阳伽蓝记》复原的北魏洛阳"里坊"名中都是里名,而没有坊名,载《历史研究》1999年第6期,第54页。

〔3〕鲁西奇:《六朝买地券丛考》,载《文史》2006年第2辑,第158页。

录的(都城)+乡+里是否全为城外之里也是值得关注的问题。因为仅仅从制度层面而言,似乎这种方式也应该可以表示城内之里,后文对这一问题将有所提及。

表4-1　六朝买地券所记殁亡人居地与葬地乡里村邑[1]

买地券	墓主居地乡里	墓地所在乡里
萧整买地券		无湖西乡(有乡尉、里帅)
彭卢买地券	丹杨石城都乡	江夏沙羡县界
孟赞买地券		丹杨无湖马头山
汝阴太守侯某买地券	江宁县赖乡齐平里	江宁县赖乡漈湖里
王佛女买地券	彭城县都乡仁义里	彭城县北乡垞城里村南龟山
徐副买地券	临湘县北乡白石里	
简谦买地券	武昌县东乡新丰里	武昌县都乡石龟环里
你女买地券	始兴县东乡新城里	始兴县东乡新城里夕口村
欧阳景熙买地券	始安县都乡都唐里	
秦僧猛买地券	始安县都乡都唐里	本郡县乡里福乐坑
单华买地券	单中县都乡治下里	本乡骑店里
何靖买地券	晋宁县都乡宜阳里	

此外,本人与赵超的观点相同,里的划分基于坊,也就是可能在制度上是一里对应一坊,如《洛阳伽蓝记》中记载建阳里两千户,归正里三千户,募义里万户,如果按照规定"百户为里"的话,这种情况就不应该出现。因此很可能就是为了便于日常管理,洛阳城内里的划分可能不再完全依据户口,而是基于"坊"。

这一时期,地方城市中也存在有"坊",如"[孝文帝时期,南豫州]淮南之人相率投附者三千余家,置之城东汝水之侧,名曰归义坊"。这里的"坊"同样可以理解为一种有墙的院落,属于城市中的一种空间单位。不过北魏洛阳城中的"坊"在此时依然是一种新的概念,不一定会推行于地方。即使这一时期地方城市中还存在类似于南豫州这样的"坊",甚至在功能、结构上与洛阳的相同,也只能看成是原来"坊"的涵

---

〔1〕引自鲁西奇:《六朝买地券丛考》,载《文史》2006年第2辑,第158页。

义继续使用,而不能认为是北魏平城、洛阳"坊"在地方城市中的推行。

4.2.2 北齐、北周时期的里坊

北齐邺城也大致如此,如《北齐书·元孝友传》载"京邑诸坊,或七八百家唯一里正、二史",[1]可见坊依然是空间单位,而里则是管理上的行政单位。不过这一时期坊也出现了坊名,如王仲荦在《北周·地理志》中通过史传碑石考证出邺城的17个里坊名,其中里名有10个,即:永康里(墓志铭)、修正里(墓志铭)、清风里、中壇里(墓志铭)、修义里(墓志铭)、德游里(墓志铭)、东明里(墓志铭)、嵩宁里(墓志铭)、征海里(墓志铭)、宣平行里(墓志铭);坊名7个,即:土台坊(墓志铭)、义井坊(《北齐书·祖珽传》)、元子思(《御览》引《三国典略》)、七帝坊(《北史·李崇传》)、天官坊(墓志铭)、东夏坊(《续高僧传》)、石桥坊(《太平广记》)。[2] 其中在墓志铭中依然倾向于使用里名,从附表1的墓志中能很清晰地看到这种情况,使用坊名的只有3例,即《齐故是连公妻邢夫铭》中的"邺城西宣平行土台坊"和《周故开府仪同贺屯公之墓志》的"霓于坊",《齐故骠骑大将军开府仪同三司凉州刺史范公墓志》中的"邺都之天官坊",都用于描述去世地点,而不是籍贯;出现在其他文献中的义井坊、元子思坊、七帝坊、东夏坊、石桥坊也都是对居住位置的记载。在这种表示空间位置的情况下,里坊是可以通用的。而且更为重要的是,从名称来看,里名和坊名存在差异,坊名往往以建筑、人物命名,似乎带有俚俗的性质;而里名多显得高雅、正式。总体而言,可以认为在当时里名依然是正式的,坊名则使用的较少。

此外,还需要注意的一个问题就是,在河清四年(565)《梁君墓志铭》中记有"宣平行里",再结合《齐故是连公妻邢夫铭》中的"邺城西宣平行土台坊",似乎"土台坊"对应的即是"宣平行里"。但在武平四年(573)的《和绍隆妻元华墓志》中有"邺城宣风行广宁里","宣风行广宁里"似乎不应当是里名,而可能可以断句为"宣风行,广宁里"。那

---

〔1〕《北齐书》卷28《元孝友传》。
〔2〕王仲荦:《北周地理志》卷10《河北下》,中华书局1980年版,第921页。

么,"行"是否是邺城中里之上的一种地域划分单位呢?这一点还有待于进一步的研究。

大致可以认为虽然这一时期出现了坊名,但可能并不是一种正式的名称,而是一种俗称,不过坊名的出现,使得里坊之间的关系进一步密切,而且由于两者在空间上的一致性(理论上一里即一坊),因此在某些场合下,尤其是表示空间位置的情况下,两者可以混用。

就地方城市而言,从附表1来看,在墓志这种较为正式的文书中依然使用里,而没有使用坊,唯一的例外就是《孤独藏墓志》中所记的"长安大司马坊第",这里的"大司马坊"并不能说明长安城中出现了洛阳、邺城中的那种整齐的空间,很有可能依然是那种表示有墙院落的"坊"的延续使用,尤其是和"第"的连用,似乎更为突出的是居住的住宅。

此外,《北齐书》卷1《神武帝本纪》载:"后上党人居晋阳者号上党坊。"[1]还有《隋书·食货志》中的"六坊之众",周一良认为"'六坊之众'自是北人,亦即所谓'六州'。陈寅恪先生云,疑六州军人及家属群居其地,遂曰六坊。犹吴人所居遂名吴人坊(《洛阳伽蓝记》卷2"景宁寺"条),上党人居晋阳者号上党坊(《北齐书》卷1《神武纪上》)之比较",因此并不是北魏迁都后的"坊"中的居民。[2]

4.2.3 隋代的里坊

就现在的出土墓志来看,隋代在称籍贯时使用里,称住地时可以使用坊,如《赵长述墓志》"长安县修仁乡故民赵长述铭,住在□远坊";又如《杨士贵墓志》"长安县礼成乡洽恩里住居德坊民故杨士贵铭记",其中谈到籍贯时使用的都是"县+乡+里"的结构,这不仅说明里依然是正式的名称具有行政职能,坊依然还是一种空间单位,而且由于人员流动等原因,居住地的变更可能会引起某人所属的里并不能完全等同于其所居住的坊。

需要注意的是大业三年(607)《陈氏妻王氏墓志》所记"以大业三年

---

〔1〕《北齐书》卷1《神武帝本纪》。

〔2〕周一良:《领民酋长与六州都督》,载《魏晋南北朝史论集》,北京大学出版社1997年版,第210页。

五月二□,□于南海扬仁坊之私第",这里记载的是住宅位置,在这种情况下可以使用坊,虽然这一墓志出土于广东的南海,但并不可以用来证明当时坊制已经开始在全国推行。因为南海县是开皇十年(590)分番禺县新设的,[1]因此是否可以认为当时的坊只施行于某些新设的地方城市中。因为,只有在这些城市中才有可能划分如同北魏洛阳、北齐邺城和隋大兴城中那样整齐的"坊"。下面还有一旁证,据《隋书》卷28《百官志下》,隋炀帝时"炀帝即位,多所改革。三年定令品……京都诸坊改为里,皆省除里司,官以主其事。帝自三年定令之后,骤有制置,制置未久,随复改易。其余不可备知者,盖史之阙文云"[2] 这次改坊为里,是隋炀帝大业三年定令的一部分,从这段史料的意思来看,似乎施行的时间应当不会太久,《长安志》注中记:"隋炀帝改坊为里,每里置里司一人,官从九品下,至义宁初废。"[3]从目的来看,隋炀帝的意图可能是试图将两者合二为一,将"坊"改为"里"。《隋书·炀帝本纪》记同一年:"[夏四月]壬辰,改州为郡。改度量权衡,并依古式。改上柱国已下官为大夫。"[4]因此改坊为里,似乎是这一复古改制的措施之一,而且正如上文所述,在表达空间位置的时候,里坊在很大程度上可以混用,从这一点来看,里确实可以替代坊。此外,"改坊为里",并不是说在此之前,坊已经取代了"里",因为从现在出土的墓志来看(参见附表1),在开皇时期依然主要使用里,而很少使用坊。而且从"京都诸坊改为里",是否可以推测,当时地方城市中设"坊"的情况还不是很多,否则这一制度的改变不应该仅仅局限于都城。此外,从上文所引两方墓志以及这条资料来看,隋代大兴城中的坊应当是有正式的名称了,而所谓的"改坊为里"可能正是将坊名与里名进行了统一。

4.2.4 唐代的里坊

关于唐代坊里的情况,基于附表2:"唐代前中期墓志所见里坊名

---

〔1〕《元和郡县图志》卷34《岭南道一》:"南海县,上。郭下。本汉番禺之地也,属南海郡,隋开皇十年分其地置南海县,属广州"。

〔2〕《隋书》卷28《百官志下》。

〔3〕宋敏求:《长安志》卷7"唐京城",载《宋元方志丛刊》第1册。

〔4〕《隋书》卷3《炀帝本纪上》。

称"进行一些简单的分析。

第一,需要说明其中出现的一些术语:"里"、"坊"自不待言,此外出现的术语还有"里第"(里舍)、"坊所"(坊第)等。"里第"(里舍),可以解释为"里"加上代表住宅的"第",也可以理解为是一个常用的代表住所的词汇,本人倾向于认为后者是正确的。因此,在这种情况下"某某里第"并不能代表"某某里",而倾向于认为是代表位于"某某(里坊)"中的住宅。不过作为专用词汇,"里第"的来源应当与里有很大的关系,毕竟自秦汉以来人们基本上都居住在里中,作为对比,"坊所"(坊第)出现的情况极少,从这一点可以看出在人们头脑中"里"的影响力是要远远大于"坊"。

第二,唐代初期的情况与隋代差异不大,通过现在发现的墓志可以看出大约在永徽之前,墓志中记载去世地点时基本不使用"坊"(只有 7 例)。[1] 自永徽四年(653)开始,记载去世地点时使用坊的数量稍有增加,但主要使用的依然是里。显庆四年(659)之后,使用坊的情况大量增加,其数量与里几乎不相上下,至咸亨五年(674)之后数量开始减少。分别在开耀(681)和天授(690—691)前后,坊使用的频率再次增多,但持续时间很短,至神功元年(697)之后基本维持在20%至30%之间,参见表4-2(需要说明的是其中只对去世地点进行了统计)。此后,使用坊的情况虽然并不罕见,但主要使用的依然是里。对于高宗、武周时期在墓志中大量使用坊的原因,目前尚不清楚,但如此高的密度,应当不是偶然因素造成的。这点有待于今后的分析。

第三,在唐代的墓志中还有一个值得注意的现象,证圣元年(695)《齐君墓志》中记其去世于"南市之第"、神龙二年(706)《陈君墓志》记其去世于"南市旗亭里第"、开元十九年(731)《朱氏夫人志铭》记其去世于"[洛阳]北市丰财坊"。通过这3方墓志可以看出,当时的市中不仅有人居住,而且还设有里进行管理。设置有里,说明其中的人口应当不少,甚至是一些具有固定户籍的人口。但是"坊"就不太好理解了,

---

[1]唐代前中期,籍贯依然使用里。

因为坊是一种地域名称,而市本身已经具有了地域概念,从这一角度讲,市中设坊似乎是一种重复。对于这一问题有 3 种可能的解释:

(1)市中没有设坊,只有里,"丰财坊"的名称是根据"丰财里"而来的,之所以用"坊"是因为当时里坊在表示空间地域时已经可以通用。唐代的坊都有对应的里,因此这一坊很可能是根据里"杜撰"出来的。

(2)市中同时设有里坊。市中市令的职责,按照《旧唐书》卷 44《职官三》的记载为:"两京都市署:[京师有东西两市,东都有南北两市]……京、都市令掌百族交易之事。丞为之贰。凡建标立候,陈肆辨物,以二物平市,以三贾均市。"在该卷末尾又阐述了地方上市令的职责是"掌市廛交易禁斥非道之事",[1]《新唐书》的记载也与此类似。由此来看,市令主要是掌管与交易有关的事务,因此确实可以在市中设置管理户籍、赋役等职能的里,以及管理市门开闭和一些治安问题的坊。

(3)"丰财里"是洛阳北市东北隔了一个坊的里名。可能北市的户籍等行政事务是由丰财里来进行管理的,由此按照里坊对应的方式,也可以称之为"丰财坊"。不过问题在于,如果丰财里管辖北市的话,那么在空间上与丰财坊就存在了差异,同时北市已经具有空间概念,因此在这里使用"丰财坊"似乎并不合适。

再结合"南市旗亭里第"进行分析,洛阳南市附近并不存在以"旗亭"命名的里坊,但在其他墓志中也存在"旗亭里"的记载,如久视元年(700)的《段夫人墓志铭》里亦有,因此"旗亭里"很有可能是设置于南市中的里。不过,并不能因为墓志中没有"旗亭坊"而否认第二种情况,毕竟唐代整体上很少使用坊,而"旗亭"本身在附表 2 中也只出现了两次。总体而言,上述三种情况中,前两种情况可能性都较大。

第四,嗣圣元年(684)的《王府君墓志铭》中记"洛阳县上东乡毓财里",毓财里(坊)是洛阳城中的里坊名称,在唐代的墓志中大量出现。但在这一墓志中是"上东乡毓财里",也就是说在洛阳城中的里之上也设有乡。而且这并不是孤证,如龙朔三年(663)《张夫人墓志铭》的"洛

---

[1]《旧唐书》卷 44《职官三》。

州河南县永□乡宣风里";显庆四年(659)《戴氏墓志铭》"长安县弘安乡嘉会坊";麟德二年(665)《房君墓志》"洛州河南县永泰乡行修里"。如果上述情况成立的话,那么长安、洛阳的所有里之上都应该设有乡,当然这还需要进一步的分析。不过这使得我们判断"乡+里"位于城内城外更为困难。

第五,开元十一年(723)《曹氏谯郡君夫人墓志铭》中记其去世地为"居德里",葬地为"金光坊龙首原"。从"居德里"和"龙首原"可以判断指的是长安,长安城中应当不存在墓地,因此金光坊可能在城外。这并不是孤证,后文分析的扬州也存在一些城外作为墓地的坊。对此有两种解释,一种就是坊并不局限于城内,当然这与当时志书中的记载相矛盾,另一种就是当时的"城"并不局限于城墙之内。

第六,附表2中最早出现的地方城市中的坊是万岁登封元年(696)《田君志铭》的"奉礼坊",可能是潞州,此后出现的地方城市中的坊也不是很多。后文对扬州和襄州的分析也可以看出,关于坊的记载基本上出现在唐代中后期,因此我们不得不怀疑唐前期地方城市中坊是否普遍设立。虽然唐代的一些志书中存在一些关于坊正的规定,但并不能证明全国都普遍设有坊正,因为可能其中的规定针对的是那些设有坊正的地点,而且现存的这些志书大部分都成书于唐代中后期。因此,坊在地方城市中的普遍设立可能要晚至唐代中期之后,甚至可以认为就制度而言,坊从来就未在地方城市中全面推行,而只是根据需要进行设立,毕竟我们现在也找不到在地方城市中普遍设立坊的直接文献依据。

关于这一时期地方城市中坊的形态,可能已经不再需要如最初"坊"产生时期那样规整,因为此时"坊"已经脱离了最初方正并带有围墙院落的概念,而形成了一种抽象的居住区的概念。关于地方城市中坊的形态,即可能有方正的,也可能是不规整的,但只要形成封闭即可,对此可参见成一农所著《"中世纪城市革命"的再思考》[1]和第5章中

---

[1]成一农:《"中世纪城市革命"的再思考》,载《古代城市形态研究方法新探》,第66页。

对交河、高昌的介绍。

表4-2 唐代前中期墓志铭中坊里使用频度对比表

时间	墓志总数[1]	使用"坊"的墓志数量	使用"里"的墓志数量	其他情况
武德	1	1	0	0
贞观	43	3	30	10
永徽	57	12	34	13
显庆	82	18	40	26
龙朔	46	13	21	12
麟德	42	14	16	15
乾封	29	10	13	6
总章	16	10	3	3
咸亨	56	18	22	17
上元	23	3	15	5
仪凤	15	1	12	2
调露	5	2	1	2
永隆	8	1	6	1
开耀	2	1	1	0
永淳	17	4	12	1
弘道	1	0	1	0
嗣圣至光宅元年	11	1	7	3
垂拱	28	2	16	11
永昌、载初	6	0	5	1
天授至如意	19	9	7	3
长寿至延载	19	6	11	3
证圣元年至天册万岁	8	1	3	4
万岁登封至神功	31	8	18	5
圣历	24	4	13	8
久视至长安	39	5	29	5
神龙	15	3	9	4
景龙	17	5	6	8
景云	15	3	10	2
太极至先天	6	2	1	3

〔1〕指的是记载了去世地点的墓志总数。由于存在同一墓志中同时使用里坊的情况,因此使用坊的墓志数量与使用里的墓志数量相加要超过墓志总数。

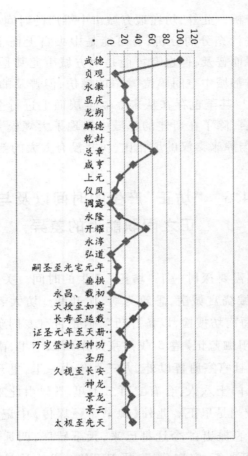

4-1 不同时期使用"坊"的墓志数量所占百分比

　　总体来看，"坊"在两晋及其之后可以用来表示有墙院落，形态上可能也是方正的。修建北魏平城时，在城中布满了这种规整、方正的"坊"，并且形成了与里在空间上的一一对应关系，此后这种规划方式也被应用到了洛阳，但在地方城市中并没有推广。自北齐邺城开始，坊出现了名称，但主要是俗名。隋代时，坊名的使用很可能更加普遍，但由于在空间上与里重合，因此在隋炀帝大业三年的复古改置的过程中，坊名与里名合二为一。到了唐代，长安、洛阳城中的坊名再次出现。此外，坊至少在隋之前并不具有行政职能，只是一种空间概念，日常的管理依然由里来执行，关于坊正行政职能的产生以及与里正的差异，

·欧·亚·历·史·文·化·文·库·

参见下节的分析。此外,坊在地方城市中推广的时间,现在的资料难以对这一问题进行充分的分析,有可能是中央自上而下的推广,抑或随着坊正的设置而普及,但也有可能是地方城市尤其是那些新建城市在城市规划时对都城中空间单位"坊"的模仿,但普及的时间很可能是在唐代中后期,[1]甚至也存在从未在制度层面上进行全面推广的可能。不过,总体而言,除了在新建的都城中出现了大规模方正、规整的院落这一点之外,与原来秦汉的里相比,坊并没有太大的新意。

4.3 "坊正"产生的时间以及与里正之间职能上的差异

在这里还需要探讨一下"坊正"产生的时间。关于北魏平城的资料虽记"其郭城绕宫城南,悉筑为坊,坊开巷。坊大者容四五百家,小者六七十家,每南坊搜检,以备奸巧",但是否有专门负责坊的胥吏,并无明文。《洛阳伽蓝记》卷5载:"京师东西二十里,南北十五里,户十万九千余。庙社宫室府曹以外,方三百步为一里,里开四门,门置里正二人,吏四人,门士八人,合有二百二十里。"[2]由此来看,在洛阳中管理里(坊)的应当是里正。此外《魏书·甄琛传》中记载,宣武帝末年,河南尹甄琛上表提出:"今迁都已来,天下转广,四远赴会,事过代都,五方杂沓,难可备简,寇盗公行,劫害不绝。此由诸坊混杂,厘比不精,主司闇弱,不堪检察故也……里正乃流外四品,职轻任碎,多是下才,人怀苟且,不能督察,故使盗得容奸,百赋失理。"对此宣武帝下诏说:"里

---

〔1〕鲁西奇在《城墙内外:古代汉水流域城市的形态与空间》一文中根据资料认为:"一些州府治所城市中的里坊,大抵是在唐中后期乃至五代十国时期增修或拓展罗城的过程中才逐步形成的。后世地方志中所见各城市的里坊之名,就其源起而论,大抵皆可以追溯至唐后期,而少有可溯至唐前期者,或者就是一个证明。"(第272页)其论述就资料而言,确实如此。当前关于地方城市中里坊的资料过于稀少,在鲁西奇的结论基础上甚至还可以推论,坊并不是在全国普遍设立的,志书和律文中对于坊正等等的规定只是针对那些设立有坊的城市而言,毕竟没有一条材料可以明确说明当时坊或者坊正是普遍设立的。当然这一推论过于极端了,只是坊在地方城市中是否普遍设立以及普及的时间依然是一个值得讨论的问题。

〔2〕范祥雍校注:《洛阳伽蓝记校注》卷5。

正可进至勋品,经途从九品、六部尉正九品诸职中简取,何必须武人也。"[1]这也进一步佐证北魏时期里坊的管理人员是里正,坊还没有设置专门的管理人员。除了里正之外,北魏洛阳城中里坊的治安也由羽林负责,即"琛又奏以羽林为游军于诸坊巷司察盗贼,于是京邑清静,至今踵焉"。

从《隋书》卷28《百官志下》,隋炀帝时"炀帝即位多所改革。三年定令品……京都诸坊改为里"来看,隋代坊至少是一种正式的标识空间位置的单位,上文所引《赵长述墓志》、《杨士贵墓志》、《陈氏妻王氏墓志》也能说明这一点,但隋代是否设置了坊正或者其他管理坊的胥吏则依然没有确证。

至少到了唐代才明确出现了坊正,除了《通典》之外,成书于开元时期的《唐六典》中记:"百户为里,五里为乡。两京及州县之廓内分为坊,郊外为村。里及村坊皆有正,以司督察(里正兼课植农桑,催驱赋役)。"[2]此外,《长安志》注中记"隋炀帝改坊为里,每里置里司一人,官从九品下,至义宁初废",[3]义宁初已经接近于唐初,"至义宁初废"指的可能是"里司",因此可以推测在唐初废除了里司之后设置了"坊正"和"里正"。不过问题在于,里正与坊正在地域上基本重合,职责上如《唐六典》所言都具有"以司督察"的职责,而里正"还兼课植农桑,催驱赋役",按道理设置里正即可,为什么还要设置坊正?这一点还有待于今后的研究。也许是由于"里正"是在城、乡都设置的,而在乡村中还有"村正",因此在城中设置了对应的"坊正",当然这纯属本书作者的猜想。

在唐代,坊与里的职责划分非常明确,如《通典·食货三·乡党》所载:"大唐令:诸户以百户为里,五里为乡,四家为邻,五家为保。每里置正一人(若山谷阻险,地远人稀之处,听随便量置)掌按比户口,课植农桑,检察非违,催驱赋役。在邑者为坊,别置正一人,掌坊门管钥、

---

〔1〕《魏书》卷68《甄琛传》。
〔2〕《大唐六典》卷3。
〔3〕宋敏求:《长安志》卷7《唐京城》。

督察奸非、并免其课役。在田野者为村,别置村正一人。其村满百家,增置一人,掌同坊正。其村居如[不]满十家者,隶入大村,不须别置村正。"[1]从这条资料来看,里应当是具体的行政单位,职责广泛,而且不分城乡;而坊则在城内,村则在乡间,两者都是地域单位,坊正的职责"掌坊门管钥,督察奸非",完全与其所管理的"空间"有关(从对村的描述"其村满百家,增置一人,掌同坊正。其村居如[不]满十家者,隶入大村"来看,村也倾向于是一种地理单位),与里正行政上的职责完全不同。这也再次佐证了之前提出的观点。《唐六典》卷3所载"百户为里,五里为乡。两京及州县之廓内分为坊,郊外为村。里及村坊皆有正,以司督察。里正兼课农桑,催驱赋役",[2]也说明村正和坊正的职责相似,只有督察之责;而里正的职责则广泛得多。

在具体的施行中,里正与坊正确实是同时存在的。如《通典》卷9"永淳元年五月勅,'私铸钱造意人及勾合头首者,并处绞,仍先决杖一百。从及居停主人加役流,各决杖六十。若家人共犯,坐其家长;老疾不坐者,则罪归以次家长。其铸钱处,邻保配徒一年',里正、坊正、村正各决六十";[3]《唐律疏议》卷18"诸造畜蛊毒及教令者,绞;造畜者同居家口虽不知情,若里正(坊正、村正亦同)知而不纠者,皆流三千里";[4]《唐律疏议》卷30"问曰:里正、坊正、村正及主典,因公事行罚前人致死,合得何罪?""答曰:里正、坊正、村正等唯掌追呼催督,不合辄加笞杖……"[5]《唐律疏议》卷11"问曰:州、县、镇、戍、折冲府判官以上,于所部总为监临,自余唯据临统本司及有所案验者。里正、坊正既无官品,于所部内有犯,得作监临之官以否?""答曰:有所请求及枉法、不枉法,律文皆称监临主司,明为监统案验之人,不限有品、无品,但职掌其事,即名监临主司。其里正、坊正,职在驱催,既无官品,并不同

[1]《通典》卷3《食货三·乡党》。

[2]《大唐六典》卷3。

[3]《通典》卷9《食货九·钱币下》。

[4](唐)长孙无忌等撰,刘俊文点校:《唐律疏议》卷18,中华书局1983年版。

[5]《唐律疏议》卷30。

监临之例。止从'在官非监临',各减监临之官罪一等"[1] 这条资料从"州县镇戍折冲府"来看,所涵盖的应该是"城",而不是乡村,在"答"中同时提到了里正和坊正,说明两者在城内应当是同时存在的。此外《吐鲁番出土文书》第9册"唐某人与十郎书牍"记:"当城置城主四、城局两人,坊正、里正、横催等在城有卅余人,十羊九牧",[2]也说明了这一点。

此外,"诸户以百户为里,五里为乡",可能正如李锦绣提出的:"仅就财政而言,唐代文献及出土文书似可证明乡与里不是'两级制',乡的财物行政不是由乡长完成,而是由里正执行,也就是说,乡里是一级财政单位。乡的财务行政由五里正执行。"[3]而且从上文所引《通典·食货三·乡党》的记载来看,乡一级似乎是没有对应的管理人员的,此外从《唐律疏议》来看,其中涉及里正、坊正、村正,但都没有涉及乡一级胥吏的问题。由此来看,唐代"乡"一级可能是"虚"的,其职能可能正如李锦绣所说,是由里来完成的(但是关于唐代的乡依然是一个值得研究的问题,在墓志铭中出现了大量的乡 + 里的结构,其中的乡除了财政单位之外,是否还是地域或者籍贯单位)。另外,至少在汉代和魏晋南北朝时期,城镇中也存在乡里制度,如文中所引鲁西奇《六朝买地券所记殁亡人居地与葬地乡里村邑》中"都乡 + 里"以及对洛阳、长安的考证,此外张金龙在《北魏洛阳里坊制度探微》中通过墓志证明"中原、咸安、澄海、澄风、崇仁、善正、修正诸乡当在洛阳城内及其附郭附近,大体上在《洛阳伽蓝记》所载城内、东、西、南、北的范围内"[4]唐代除了长安、洛阳之外的地方城市中应当也是设置有乡里这样的结构,参见下文对扬州的分析。

4.4 里、坊替代使用的问题

下面再分析里、坊两者替换使用的问题。在很多情况下,两者是可

---

[1]《唐律疏议》卷30。

[2]转引自李锦绣:《唐代财政史稿》上卷第1分册,北京大学1995年版,第111页。

[3]李锦绣:《唐代财政史稿》上卷第1分册,第105页。

[4]张金龙:《北魏洛阳里坊制度探微》,载《历史研究》1996年第6期,第64页。

以互换使用的,这一点前人已经注意到了,文献中也存在大量的例证。不过,也存在一些不能相互替换的情况,如虽然在表示地域空间的时候,两者大致是可以通用的,但在某些正式的表示空间概念的场合中里应该是不能代替坊的,如大谷二八三六"周长安三年三月敦煌县录事董文彻牒"中敦煌县判官"泽"的批语为:

17.准牒下乡及牓示村

18.坊,使家家知委,每季

19.点检,有不如法者,随犯科

20.决。谘,泽白。[1]

在这里坊不仅与村相对,不能用里替代,而且在正式公文中"牓示"需要表示地理位置,因此必须使用村、坊,而不能使用里。类似的还有《新唐书》卷51《食货志》:"国有所须,先奏而敛。凡税敛之数,书于县门、村坊,与众知之。"

此外,从附表1来看,隋唐之前,在表示籍贯时只能用里;而在表示去世地点和葬地时,除了个别时期,在墓志铭中大多数使用"里",用"坊"的情况是少数,但两者可以替换使用。

4.5 唐代地方城市中的里坊

现在发现的与唐代地方城市中里坊有关的材料较少,尤其是唐代的里,即可以在城内,也可以在城外。因此,对于文献中记载的里,我们通常很难判断是城内之里,还是城外之里,坊的实际情况则更为复杂。下面从两个具体个案入手进行一些初步的分析。

4.5.1 襄州

鲁西奇曾经分析过唐代襄州城里(坊)的分布情况(见表4-3、图4-2)。

---

〔1〕转引自李锦绣:《唐代财政史稿》上卷第1分册,第118页。

表 4 - 3　襄阳出土墓志铭中的唐代里坊[1]

墓碑名称	去世地	葬地	去世时间	下葬时间
唐故朝散大夫著作郎张（漪）府君墓志铭并序	靖安里		开元二十年（732）	
唐朝请大夫试绛州长史上柱国赵郡李君故夫人京兆杜氏墓志铭并序	襄州旌孝里	襄阳县习池乡之西抱里	大和五年（831）	大和六年（832）
唐山南东道节度总管充泾原防秋马步都虞候正议大夫检校太子宾客上柱国赵公亡夫人谯郡夏侯氏墓志铭并序	襄阳县明义里		开成五年（840）	
唐故襄州节度押衙充左厢马步都虞候银青光禄大夫检校太子宾客兼殿中侍御史上柱国扶风鲁公墓志铭并序	南津里	襄阳县汉东乡苏封里	大中十一年（857）	大中十一年
唐故山南东道节度押衙光禄大夫检校太子宾客前行邓州长史兼侍御史弘农县开国男杨公（孝直）墓志铭并序	襄州襄阳县风（凤）林乡南津坊		大和九年（835）	
唐故太原王府君（希庭）墓志铭并序	襄州襄阳县凤林乡安远坊	襄阳县新丰乡北岗村之原	会昌元年（841）	
唐故山南东道节度右厢步军使行左金吾卫大将军员外置同正员试殿中监上柱国食邑二千户王公（大剑）墓志铭并序	襄阳郡县春台乡汉阴里		元和四年（809）	
封氏墓志	襄州襄阳县檀溪里		咸通三年（862）	
大唐故试左武卫率府兵曹参军清河张府君（惟）夫人琅玡王氏合祔墓志铭并序	襄阳县殖业乡崇教里	襄阳县东津乡荣村白沙里	贞元十九年（803）	贞元二十一年（805）

---

〔1〕鲁西奇:《城墙内外:古代汉水流域城市的形态与空间》,第178页。

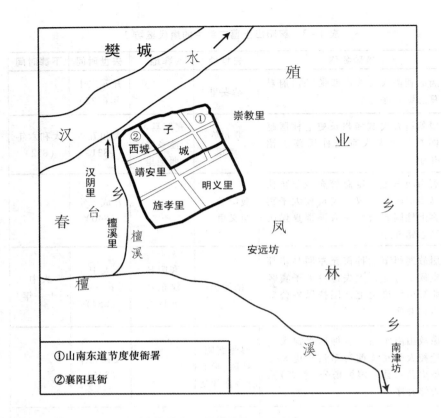

图 4-2 唐代襄阳城内外里坊示意图[1]

　　鲁西奇的复原也存在一些值得商榷之处,如作者在复原时,认为职位较高的人其住所所在的里应当位于城内。此外,鲁西奇将用自然地名命名的乡里复原在这些自然地物的附近,很有可能确实如此,但也存在用城市周边著名的自然地物来命名城内乡里的可能,如"檀溪里"不一定在城外。不过,总体而言鲁西奇的复原大致是正确的。

　　从襄阳的情况来看,城中设里是比较明确的,而且在墓志中也大多使用里,尤其城内基本都使用里;比较特殊的是,按照鲁西奇的复原,襄阳的"坊"存在于罗城之外,这样的结构,似乎违背了"在邑者为坊"、"在田野者为村"这样的规定以及学术界通常的认识。对此可能有两

――――――――――

〔1〕引自鲁西奇:《城墙内外:古代汉水流域城市的形态与空间》,第 188 页。

种解释：

第一，"在邑者为坊"中的"邑"并不单纯指的是有墙环绕的城市，而带有现在"城区"的概念，即包括城墙外的空间。如本书3.1所述，唐代前中期存在很多没有修筑罗城以及城垣颓坍的地方城市，那么在当时城墙似乎也不能完全构成一种"邑"和"田野"之间的界线，因此当时可能确实存在一种划分"邑"和"田野"的方式，只是当时如何划分"邑"和"田野"则是有待研究的问题。而且，鲁西奇考订襄阳在魏晋南北朝时期就存在大城，但在文献中没有记载在此后尤其是唐代前中期曾经修建过罗城，因此在唐末修筑罗城之前，即使存在罗城，也应当处以颓敝的状态，很可能并不构成一道界线。

第二，"邑"并不仅仅包括地方行政城市，可能也包括一些民间或者行政治所城市之外修建有城墙的聚落，在这种聚落中是可以划分坊的。

就这两种解释而言，本人更倾向于第一种。

4.5.2 扬州

相对于襄阳，扬州出土的墓志数量更多，而且由于很多墓志存在明确的出土地点，因此对于扬州里坊位置的复原也较襄阳更为确定（见表4-4和图4-3）。

表4-4 墓志所载唐代扬州的里坊[1]

里坊名称	墓碑名称	去世地	葬地	去世时间	下葬时间	备注
［江阳］育贤村[2]	张行密墓志	育贤村		大业十六年（620）		
育贤里	陆王氏墓志	扬州江阳县育贤里		乾元元年（758）		

---

〔1〕材料来自陈彝秋：《唐代扬州城坊乡里考略》，载《扬州大学学报（人文社会科学版）》2000年第2期，第74页。其中去掉了明显属于郊野的乡里，如按照墓志清宁乡所属只有嘉禾村，因此应当属于郊野。

〔2〕陈彝秋认为唐代后期的育贤里是由育贤村发展而来的，但唐代村中也是设里的，在不清楚育贤村（里）具体位置的情况下，并不能认为育贤里是由育贤村发展而来的。

续表 4－4

里坊名称	墓碑名称	去世地	葬地	去世时间	下葬时间	备注
［江阳］道化坊 张彝秋认为大致位于今扬州市城东乡沙口村一带	僧本智塔铭并序	扬州江阳县道化坊		乾元二年（759）		
	李崇墓志		道化坊之原		贞元八年（792）	
	周徒墓志		江阳县北道化坊平原		咸通十一年（870）	
	蔡张氏墓志		江阳县城东道化坊之原		乾符（874－879）	出土于扬州城东乡
	傅董氏墓志		江阳县道化坊		乾符五年（878）	
	孙绥墓志		县城东口口北道化坊		乾符五年	
	僧大德塔铭并序		营塔于扬州江阳县道化坊			出土于江都县
	张康墓志		江阳县道化坊		天祐十二年	出土于扬州城东跃进桥

里坊名称	墓碑名称	去世地	葬地	去世时间	下葬时间	备注
集贤里（江阳）	裴韦氏墓志	扬州江阳县集贤里		天宝六载（747）		
孝儒坊（江阳）	李彭氏墓志	江阳县孝儒坊		元和五年（810）		
德政里（江阳）	崔克让墓志	扬州江阳县德政里		天宝十三载（754）		
	崔张氏墓志	扬州江阳县德政里				
瑞芝里（江阳）	李举墓志	惟扬瑞芝		大历十三年（778）		
	徐刘氏墓志	扬州江阳县瑞芝里		开成三年（838）		
临湾坊（江阳） 张彝秋认为大致位于今湾头镇境内	窦氏墓志		临湾之原		贞元三年（787）	均出土在今湾头镇境内
	田□及妻合祔志		扬州江阳县临湾坊		贞元三年	
	李辞墓志		扬州江阳县临湾坊之古原先茔之侧		乾符三年（876）	
太平里（江阳）	窦氏墓志	广陵郡太平里		贞元三年（787）		
道仁坊（江阳）	刘杜氏墓志	江阳道仁坊		贞元十一年（795）		

·欧·亚·历·史·文·化·文·库·

续表 4－4

里坊名称	墓碑名称	去世地	葬地	去世时间	下葬时间	备注
崇儒坊 （江阳）	来田氏墓志	扬州江阳县崇儒坊		贞元 （785）		
	刘张氏墓志	扬州江阳县崇儒坊		元和元年 （806）		
	张仕济墓志	扬州江阳县崇儒坊		元和五年		
	刘通墓志	扬州江阳县崇儒坊		元和八年		
会义坊（里） （江阳）	臧暹墓志	扬州江阳县会义里		长庆四年 （824）		
	张吴氏墓志	江阳县会义坊		大和四年 （830）		
	张封氏墓志	江阳县会义之里		大中十三年 （859）		
	孙绥墓志	扬州江阳县会义坊		乾符五年 （878）		
文教坊 （江阳）	张弼墓志	扬州江阳县文教坊		咸通十一年（870）		
仁善乡 （江阳）	来田氏墓志		城之东仁善乡千秋里		贞元 （785）	
	李彦崇墓志		江阳县仁善乡弦歌坊千秋里蜀冈之侧		开成元年 （836）	
	李刘氏墓志		弦歌坊东原		开成五年 （840）	
	米氏女墓志		城东弦歌坊之平原		会昌六年 （846）	

里坊名称	墓碑名称	去世地	葬地	去世时间	下葬时间	备注
	□顼墓志		县弦歌里		广明(880)	
	吴卫氏墓志		弦歌坊之平原		光启二年(886)	出土于扬州市东郊五台山
布政坊(里)(江阳)	颜永墓志	扬州江阳县布政里		长庆四年(824)		
	高诚墓志	扬州江阳县布政坊		大和四年(830)		
	王仁遏墓志	扬州江阳县布政坊		大和七年		
	米氏女墓志	扬州江阳县布政里		会昌六年(846)		
	李彦崇墓志	扬州江阳县布政坊		开成元年(836)		
延喜里(江阳)	李刘氏墓志	江阳县延喜里				
仁风坊(里)(江阳)	李崇墓志	扬州江阳县仁风里		贞元八年(785)		
	刘举墓志	江阳县仁风坊		大中元年(847)		
	董氏内表弟墓志	江阳县仁风里(籍贯)		贞元十二年(出生,796)		
	韩俊墓志	阳江县仁风坊		咸通十年(869)		
	□顼墓志	扬州江口县仁风里		广明(880)		

·欧·亚·历·史·文·化·文·库·

续表 4 – 4

里坊名称	墓碑名称	去世地	葬地	去世时间	下葬时间	备注
庆年坊（江阳）	吴卫氏墓志	扬州江阳县庆年坊		光启二年（886）		
来凤里(坊)（江都）	裴阳氏墓志	广陵郡来凤里		天宝六载（747）		
	韦郑氏墓志	扬州江都县来凤里		大和八年（834）		
	万夫人墓志	扬州江都来凤之里		大中六年（852）		
	邓瑶墓志		来凤坊之原		咸通六年（865）	扬州市郊三元桥玻璃厂
	任玄墓志		府城南隅来凤里之先茔		咸通九年	
彭城乡（江都）	口君墓志		彭城乡之先茔		贞元十九年（803）	出土于扬州大学瘦西湖校区
归义乡（江都）陈彝秋认为位于今扬州城北乡瓦窑铺	李汤氏权厝记文		扬州江都县归义乡蜀冈里		会昌三年（843）	
尚义坊(里)（江都）	任玄墓志	扬州尚义里		咸通九年（868）	

里坊名称	墓碑名称	去世地	葬地	去世时间	下葬时间	备注
	周徒墓志	扬州江都县尚义坊		咸通十一年		
风亭里陈彝秋认为应当属于江都	赵冐墓志		邗沟风亭里之北原	贞元三年（787）		出土于扬州市城北乡综合村
长寿里（江都）	吴刘氏墓志	扬州江都县长寿里		兴元（784）		
赞贤坊（里）（江都）	田□墓志	江都县赞贤坊		贞元三年（787）		
	贾瑜墓志	扬州江都县赞贤坊		贞元七年		
	毛邹氏墓志	扬州江都县赞贤坊		元和（806）		
	陈氏季女墓志	江都县赞贤里		元和十年		
	洪张氏墓志	扬州江都县赞贤里河界之私第		大中（847）		
	董氏内表弟墓志	江都县赞贤里		大中六年		
	田□及妻合袝志	扬州江都县赞贤坊		贞元三年（787）		

续表 4－4

里坊名称	墓碑名称	去世地	葬地	去世时间	下葬时间	备注
驯翟坊（里）（江都）	贾瑜墓志		县城西驯翟坊		贞元七年（791）	出土于扬州双桥乡念泗桥东
	陈氏季女墓志		芜城驯翟里孙奉礼之园蜀冈之原		元和十年（816）	
章台乡（鸣琴里）	崔王氏墓志		广陵郡江都邑章台乡鸣琴里禅智寺		元和（806）	出土于扬州城北乡禅智寺
兴宁乡，江都县	高思温墓志		江都县兴宁乡赵墅里之原		乾符三年（876）	
	姚嗣骈墓志		江都府江都县兴宁乡			出土于扬州邗江县扬庙乡十三里庙
雅俗坊江都县	高思温墓志	雅俗坊			乾符三年（876）	

里坊名称	墓碑名称	去世地	葬地	去世时间	下葬时间	备注
怀德坊 （江都）	姚嗣骈墓志	东都怀德坊		南唐		
通闺坊 （江都）	刘丁氏墓志	扬州江都 县通闺坊		咸通二年 （861）		
	傅董氏墓志	扬州江都 县通闺坊		乾符五年 （878）		
通寰里 （坊）（扬子）	解蔡氏墓志	扬州扬子 县通寰坊		大中四年 （850）		
	韦居氏墓志	扬州扬子 县通寰里		咸通六年 （865）		
临川里 （扬子） 陈彝秋从 出土地点 来看位于 今邗江县 二桥村东 王庄一带	韦居氏墓志		扬子县临川里		咸通六年 （865）	
江滨乡 （风亭坊、 里；颜村） （扬子）	解少卿墓志		扬子县风亭坊		大和九年 （835）	出土 于邗 江县 陆洲 村于 庄
	张氏墓志		扬州扬子 县风亭之里		大中元年 （847）	出土 于邗 江县

续表 4-4

里坊名称	墓碑名称	去世地	葬地	去世时间	下葬时间	备注
	骆潜墓志		扬州扬子县江滨乡风亭里		中和五年（885）	出土于扬州邗江县陆洲村
	解蔡氏墓志		县之西风亭坊之南原		大中四年（850）	
	唐彦随墓志		扬州扬子县江滨乡颜村		乾宁四年（897）	
	唐国永贞县徐常侍墓志		江滨乡果园			

从上述墓志来看，扬州的乡、里、坊、村的关系是非常复杂，不仅有乡辖坊但其中有墓地的情况，还有江滨乡中里坊和村并存的记载。下面对扬州的这种现象进行一些推测阐释。

江阳县的道化坊，在现在所有关于道化坊的墓志中，都没有提到其所属的乡，而且也没有出现扬州其他墓志中经常出现的坊所对应的"里"（即道化里），这一现象的原因不明。由"坊"来看，道化坊应当是属于"邑"的，不过这里却聚集了大量唐代的墓葬，类似的还有同样属于江阳县的临湾坊，墓志中也没有出现对应的里。在扬州其他墓志所记的葬地中，也存在不记乡的情况，不过道化坊（7块）和临湾坊（3块）这样存在大量墓志，但没有记录乡的情况却不多见。也许道化坊和临湾坊是某种特殊的坊？

江都县的来凤里（坊），在墓志中既记载为葬地，也记载为去世地，同样没有记载所属的乡，不过在名称上来凤坊有对应的"来凤里"。

记录去世地点为崇儒坊的有4块墓志，但没有出现对应的崇儒里。

图 4 - 3 唐代扬州部分里坊分布示意图[1]

---

[1]图 4 - 3 主要根据墓志记载的埋葬地点与墓志出土位置进行的复原。其中里坊的位置并不准确，只是大致的示意图，除了道化坊外和弦歌坊之外，里坊在城内、外的位置应当是准确的。

江阳县仁善乡的两块墓志中分别记载葬地为"城之东仁善乡千秋里"和"江阳县仁善乡弦歌坊千秋里",由此可以推测千秋里与弦歌坊是对应的,这可能是里名与坊名不一致的例证,当然也出现了"弦歌里"的情况,也许是坊里通用的结果。在所有扬州的墓志中记载去世地点时,都没有提到"乡"。

江滨乡中有里坊和村,乾宁已经是唐代末年,可能这时江滨乡已经不属于廓,因此可能不再辖坊,而辖村了。而且从地理位置来看,其距离罗城很远,因此可能在唐末战乱中,由于扬州的衰落,"邑"的范围缩小,江滨乡已经不再属于"邑",因此其中的坊被废除,改设村;当然也不能排除江滨乡一部分属于野,一部分属于邑的可能。

此外,正如鲁西奇所述,现在墓志中所见唐代扬州里坊时间最早的为天宝年间[1](也可以参见表4-4),由于现在出土的墓志数量已经较多,可以在很大程度上排除偶然因素的干扰,因此可以大致推测唐代扬州的里坊最早设置于天宝时期(或者之前不久)。而且,从以墓志出土位置复原的乡里(坊)的位置来看,其中驯翟坊(里)、来凤坊(里)、章台乡鸣琴里、仁善乡弦歌坊(千秋里)都紧邻唐代的扬州罗城,风亭里、道化坊位于扬州罗城之外不远处,临湾坊、江滨乡(风亭里、风亭坊、颜村)则距离罗城较远。此外,彭城乡位于罗城之内,而且还是葬地,那么扬州罗城内的布局情况可能与我们之前的推测并不相同。

那么根据上述情况,我们可以认为唐代扬州的乡坊(里)具有以下特点:(1)坊的设置并不局限于罗城,至少还包括罗城附近甚至较远的地区,因此大概可以认为唐代"邑"的范围可能并不受到城墙的限制,或者说在唐代城墙并不能构成城乡的界限;(2)从扬州城外几处集中出土了大量唐代墓葬的坊来看,大概唐代后期坊在形态上可能已经不具有封闭性了,也许只代表地域范围;(3)直至唐代末期,坊里依然是

---

〔1〕鲁西奇:《城墙内外:古代汉水流域城市的形态与空间》,第270页提出:在这些坊、里中,最早的分别是见于天宝十载(751)《大唐故阳夫人墓志铭》的"来凤里"和见于天宝十四载《大唐故定州都尉知队使崔府君墓志铭并序》的"德政里"。因此,至少从现有文献资料看,扬州罗城内分设里、坊不会早于开元、天宝间太多。

并存的。

4.6　总结

　　总体来看,在魏晋时期,"坊"有着有墙院落,甚至方正的有墙院落的涵义,因此在规划整齐的北魏平城、洛阳被用来指称规模宏大的新建城市中方正的带有墙体的区块。此后,"坊"与原来城市中的管理单位"里"结合起来,而且很有可能是一坊设有一里,里由此也具有了地域的概念,在某种程度上两者可以通用,但在正式的场合下两者是不能相互替代的。坊正式获得名称可能是在隋代,而"坊正"的出现则可能要晚至唐代。在职能上,"坊正"主要管理治安,而"里正"则依然负责基层的管理事务。唐代地方城市中的坊在地域分布上并不像之前想像的那样只集中于城墙之内,也存在城墙之外的坊。而且,似乎其普及的时间至少要在唐代中期之后,甚至是否真正普及也还存在着一些疑问。并且结合上文的分析,还可以认为,即使存在"坊市制",那么更准确的称呼应当是"里市制",因为无论是在行政管理还是在人们的日常生活中,里的作用要远远大于坊。

　　当然,"坊"还存在诸多疑问需要解决,比较重要的大致有:

　　(1)坊正产生的准确时间,以及在已经存在里正的情况下,设立坊正的意义何在?

　　(2)坊在唐代地方城市中是否普及以及普及的时间和过程。

　　(3)具体到 3 至 7 世纪,通过本节的叙述可以认为,"坊"的产生具有一定的历史偶然性。如果不是这一时期鲜卑族规划修建了规模宏大的北魏洛阳(平城),原来秦汉魏晋的里制很可能会一直延续下来,"坊"应当不会产生,更谈不上在地方城市中的应用,也就不会产生一直延续到明代的城市中的"坊"制。从这一角度而言,这一时期的这一偶然的变化对于后代的城市管理制度有着深刻的影响。

5 3—7世纪地方城市个案简析

　　本章主要是在前人研究的基础上,分别介绍北方边地的军事城市、西域地区的唐代城址、东北地区高句丽山城和内地的行政治所城市。北方边地的军事城市,是中原王朝修建的用于防御北方民族的,其中比较典型的就是北魏的军镇和唐代的军城,不过需要指出的是北魏是鲜卑族,而唐朝显然也不是纯粹的"汉族"。西域地区重要的唐代城址,很多是在之前当地居民修建的城市基础上发展起来的,如交河、高昌。因此,城市形态带有内地和中亚城市布局的特点。高句丽在东北地区修建的大量的山城,也是这一时期中国城市的一大特色。内地的地方行政治所城市,本章没有进行太多的介绍,只叙述了扬州和成都,主要是基于以下考虑:以往3—7世纪城市的研究重点主要集中于都城,地方城市的个案研究极少;就研究材料而言,这一时期的很多地方城市一直延续使用至今,多被现代城市所叠压,因此以往的研究多以文献材料为主,结合少量考古材料进行推测,所复原的大都是这一时期城市的范围,极少涉及内部结构;虽然已经发现了大量3—7世纪地方城市的城址,但考古工作大都非常简单,基本只有城墙规模等少量数据。基于以上原因,对于这一时期内地治所城市个案的介绍,无助于我们对这一时期地方城市形态的整体了解,这也回应了本书绪论部分提出的本书之所以采用城市形态要素研究法的原因。[1]　此外,在文中某些类型的城址之后附有考古所见这类城址的简表,其中列出了一些

----

〔1〕对这一时期地方城市研究较多的是鲁西奇:《城墙内外:古代汉水流域城市的形态与空间》;此外还可以参看马正林:《中国城市历史地理》;李孝聪:《唐宋运河城市城址选择与城市形态的研究》,载《环境变迁研究》第4辑,北京古籍出版社1993年版。关于这一时期考古发现的地方城址,最为方便的工具书就是已经出版的各省的《中国文物地图集》。

较为重要城址的基本情况，当然远远不是这一时期所有这类城址的列表。

5.1 北方边地的军事城镇

5.1.1 北魏的军镇

北魏时期为了防御来自北方柔然的袭扰、巩固新占领的地区，修筑了以六镇为代表的大量军镇，[1]现在已发现了其中一些军镇的遗址。在这里主要介绍位于北方边地的军镇，不过需要说明的是这些北魏城址所对应的军镇还存在诸多争论。[2]

5.1.1.1 怀朔镇

怀朔镇，[3]即内蒙古白灵卓库伦古城，位于内蒙古固阳县白灵卓乡西南约 15 公里。此处南通固阳，北连广漠，是由大青山南麓经固阳到达山后的重要通道。古城所在的地方，平地逐渐开阔，形成约 60 平方公里的沃壤，五金河的支流由东北向西南穿过古城。城址依丘陵而筑，平面略呈不规则的五边形。北墙依丘陵修筑，全长 1213 米，东北城角与西北城角的基础建于两个山丘之上，城门设在中间偏东处；东墙北段 80 米修筑在山丘之上，往南的部分被河水切断，城门设于中部偏南，估计原来长度约 920 米；西墙仅存筑于山坡上的北半段，南半段无存，原长约一千余米；南墙中段偏西向外凸出，全长 1360 米，城门位于中部偏西。南、东、北门内有街道痕迹，南街与东街在城址中心汇合，呈明显的"丁"字形。城址西北隅有子城，环绕山坡圈筑，平面呈长方形，南北约 360 米，东西约 220 米，西墙、北墙与大城重合（见图 5－1）。

---

〔1〕关于北魏设置军镇的数量，存在不同观点，如周一良认为是 96 座，严耕望认为是 98 座，牟发松认为是 98 座，参见何建国：《北魏军镇研究》，山西大学历史文化学院 2005 届硕士研究生学位毕业论文，第 6 页

〔2〕关于内蒙古地区的北魏城址，可以参见索秀芬：《内蒙古地区北魏城址》，载《内蒙古文物考古》2002 年第 1 期，第 90 页。

〔3〕内蒙古文物工作队、包头市文物管理所：《内蒙古百灵淖城圐圙北魏古城遗址调查与试掘》，载《考古》1984 年第 2 期，第 145 页。

·欧·亚·历·史·文·化·文·库·

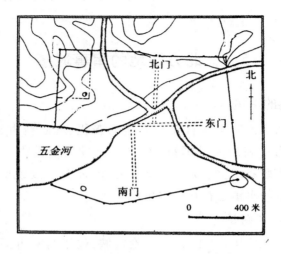

图 5 - 1　怀朔镇城址平面示意图[1]

5.1.1.2　御夷镇

御夷镇,[2]位于河北省赤城县猫峪堡西南 0.5 公里。白河流经其西,有一条季节河(清泉河)从东北来,从城东流过,在城东南流入白河。城址东西长 417 米左右,南北长 420 米左右,西墙、北墙已经被水冲毁,南墙似有两道,相距约 20 米,有类似于马面的突出物。城东墙南端之外,有一人工高台,残高 3 米,东西长 18 米,南北长 15 米。城址中部,有一高台建筑基址的遗迹。

5.1.1.3　抚冥镇

抚冥镇,[3]即乌兰花土城子古城,位于内蒙古四子王旗政府所在地乌兰花镇以南约 6 公里一较小的山间盆地内。城的南北两面各有一条由东向西流的季节河,两河在古城西北汇合后注入西拉木伦河。城址平面呈正方形,边长 900 米,南墙、北墙正中各有一门,城内中部南北

〔1〕引自曲英杰:《古代城市》,文物出版社 2003 年版,第 155 页。

〔2〕据本人 20 世纪 90 年代的实地考察。见成一农:《太和年间北魏御夷镇初探》,载北京大学历史学系编:《北大史学》第 5 集,北京大学出版社 1998 年版,第 183 页。

〔3〕曲英杰:《古代城市》,第 155 页;张郁:《内蒙古大青山后东汉北魏古城遗址调查记》,载《考古通讯》1958 年第 3 期,第 14 页;李兴盛、赵杰:《四子王旗土城子、城卜子古城再调查》,载《内蒙古文物考古》1998 年第 1 期,第 13 页。

向排列有三处建筑遗址。[1]

5.1.1.4 武川镇

武川镇[2]（二份子古城），位于内蒙古武川县二份子乡政府西约500米处。西、南、北三面环山，北侧有山口直通达尔罕草原，东侧是山谷地带。城址平面大致呈长方形，只在东北角内折，东西宽690米，南北长744米，城墙上有马面和角楼。城门位于东墙中部。遗物多分布在城内的西南部。

5.1.1.5 柔玄镇

柔玄镇，[3]位于河北省尚义县三工地镇土城子村，遗址坐落在二龙河南侧隆起的台地上，城址平面不太规则，北侧较窄，东西长约1100米，南北宽约1006米。城址中有一大型建筑台基遗迹，东西约100米，南北约50米。

也有学者认为柔玄镇应是乌兰察布盟右后察韩勿拉乡克力孟村西北1公里处的城址。城址平面呈梯形，东窄西宽，东墙长328米，南墙长1508米，西墙长700米，北墙长1520米，城址中部筑有隔墙。西墙北端有一城门。[4]

5.1.2 唐代在北方边境修筑的军城

唐代初年击破东突厥政权之后，一系列的军事胜利使得边疆形势并不紧迫。同时，唐廷将降伏的游牧部落安置在北方地区，既便于控制，又能利用这些游牧民族强大的骑兵力量。但在永淳元年（682）突厥汗国成立之后，北方边境形势极其紧张，原有的模式不再适用，由此唐代开始在边境地区大规模驻军，同时也在这一地区修筑了数量众多

---

〔1〕也有学者认为抚冥镇应为四子王旗库伦图乡政府所在地东南约1公里的库伦图古城，城址规模较小，平面呈正方形，东西宽420米，南北长455米。

〔2〕乌兰察布博物馆：《武川县二份子北魏古城调查记》，载《内蒙古文物考古文集》，中国大百科全书出版社1994年版，第438页。

〔3〕魏隽如、张智海：《北魏柔玄镇地望考述》，载《北方文物》2009年第1期，第85页。

〔4〕索秀芬：《内蒙古地区北魏城址》，载《内蒙古文物考古》2002年第1期，第93页。

的边城。[1] 这是本书所讨论时段末期出现的重要变化,在这里进行一些简要介绍。

5.1.2.1 胜州城

胜州城,[2] 在内蒙古托克托县西南约 10 公里处,为黄河自西北向东南屈流处南岸台地上的十二连城古城遗址。地理坐标是:北纬 40°15′,东经 111°07′。该城最早建于隋开皇七年(587),隋唐时期为胜州治所,五代时期城废(见图 5 - 2、5 - 3)。

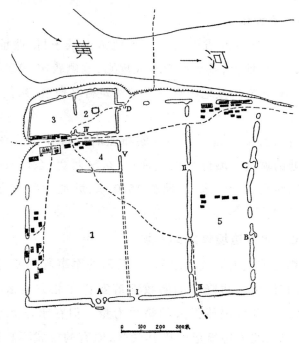

图 5 - 2   十二连城城址平面图[3]

遗址由 5 座相互毗连的城址构成。1 号城址位于西南侧,其东侧

---

〔1〕具体可以参见程存洁:《唐代城市史研究初篇》第 5 章"唐王朝北边边城的修筑与边防政策",第 182 页。

〔2〕李作智:《隋唐胜州榆林城的发现》,载《文物》1976 年第 2 期,第 73 页。

〔3〕引自:李作智:《隋唐胜州榆林城的发现》,载《文物》1976 年第 2 期,第 75 页。

图 5-3　GE(Google Earth)十二连城遗址航空影像

与 5 号城址相连,两座城址东西并列。2、3 号城址东西并列位于 1 号城址的西北角,可能是明代东胜右卫故址。4 号城址位于 1 号城址内,2、3 号城址南侧。

1 号城址面积最大,南北长 1039 米,东西宽 857 米。1 号城址的南北墙与 5 号城址的南北墙分别直线相连。北墙保存情况不好,仅剩残基。南墙保存基本完整,全长 1165 米,其中属于 1 号城址的 857 米,中部有城门一座并筑有瓮城。1 号城址的东墙,即其与 5 号城址的隔墙,长 1039 米。南墙属于 5 号城址的部分长 308 米,5 号城址的东墙北侧稍有曲折,全长 1019 米。1 号和 5 号城址周长总共 4387 米。

4 号城址,平面呈东西长方形,城墙破坏严重,东墙大致保存完整,长 165 米。可能是 1 号城址内的子城。

5.1.2.2　东受降城

东受降城,[1]位于内蒙古托克托县西北,城址平面略呈长方形,南北长 2410 米,东西宽 1930 米,周长约 8600 米。城内西北部有小城两座,其中位于东侧的"小皇城"修建于金代,位于西侧的"大皇城"修建

---

〔1〕李逸友:《内蒙古托克托城的考古发现》,载《文物资料丛刊》第 4 期,文物出版社 1981 年版,第 210 页。

于唐代,其平面略呈长方形,东西长约 500 米,南北宽约 620 米。

5.1.2.3　西受降城

西受降城,[1]位于内蒙古乌拉特中后联旗乌加河北,平面呈方形,边长约 225 米,仅存东、北两墙和门外加筑瓮城的北门,西、南两墙被水冲毁。

5.1.2.4　单于大都护府

单于大都护府,[2]即呼和浩特市和林格尔县土城子,位于内蒙古和林格尔县土城子村北 1.5 公里。汉为定襄郡成乐县,北魏为盛乐,唐代设立单于大都护府,此后沿用至明代。城址平面呈不规则长方形,东西长 1450 米,南北宽 2290 米,面积约 4 平方公里,东、北、西三面居中设有附带瓮城的城门。城址分为南区、北区和中区。南区包括南墙、东墙南段与连接南北两区之间的一条横墙,南北 550 米,东西 520 米,其中主要是战国至魏晋时期的遗存。北区包括有东墙、北墙、西墙、西南墙,城西南角被宝贝河冲毁,中部东西 1450 米,南北 1740 米,其中主要是唐代遗存。中区文化堆积最为深厚,有战国至辽金元多个时期的文化。

5.1.2.5　广边军

广边军,位于河北省赤城县康庄村以东 200 米,城址呈长方形,略向西北倾斜,东西宽约 100 米,南北长约 80 米,周长约 360 米。城中西南角有 1 座小城。北墙外有壕沟。

5.1.3　唐代的六胡州

唐代初年,为了安置来自西域地区的粟特人,在当时关内道北部的灵、夏地区设置了六胡州,即鲁、丽、塞、含、依、契。关于六胡州设置

〔1〕内蒙古文物工作队、内蒙古博物馆:《内蒙古自治区文物考古工作的重大成果》,载《文物》1977 年第 5 期,第 1 页;王北辰:《内蒙古后套平原的几个历史地理问题——兼考唐西受降城》,载《内蒙古社会科学》1989 年第 5 期,第 71 页。

〔2〕内蒙古大学古史研究室:《内蒙古文物古迹简述》,内蒙古人民出版社 1976 年版,第 47 页;内蒙古文物考古研究所:《和林格尔县土城子古城考古发掘主要收获》,载《内蒙古文物考古》2006 年第 1 期,第 9 页。

的具体时间学界一直存在争论。[1] 由于六胡州前后存在变动,[2]对于其具体位置和对应的考古发现的城址也存有争议。[3] 按照艾冲的分析,前后至少存在 11 处城址,[4]这里只介绍意见大致相同的城址,其余与六胡州有关的唐代城址参见表 5 - 1。

5.1.3.1 查干巴拉嘎素古城

查干巴拉嘎素古城(可能是旧宥州),[5]位于鄂托克前旗敖勒召其镇查干巴拉嘎素嘎,地理坐标:北纬 38°08′29″,东经 107°43 分 01″。城墙大部被沙丘掩埋,东西 720 米,南北 354 米。

5.1.3.2 城川古城

城川古城,即元和十五年(820)宥州的第三个治城——夏州长泽县,位于内蒙古鄂托克前期城川镇,[6]地理坐标:北纬 37°42′,东经 108°19′,城址南北长约 750 米,东西宽约 500 米,东、西、南三门,无北门,城内西侧有高台遗址,城外有护城河遗迹(见图 5 - 4)。

5.1.3.3 巴郎庙古城

巴郎庙古城(丽州),[7]位于鄂托克前旗三段地镇巴郎庙村,地理

---

〔1〕参见李丹婕:《唐代六胡州研究述评》,载《新疆师范大学学报(哲社版)》2004 年第 4 期,第 102 页。

〔2〕六胡州行政建置的演变,可以参见〔韩〕朴汉济著,李椿浩译:《唐代"六胡州"州城的建置及其运用——"降户"的安置和役使的一个类型》,载《中国历史地理论丛》2010 年第 2 辑,第 32 页。

〔3〕王乃昂等:《六胡州古城址的发现及其环境意义》,载《中国历史地理论丛》2006 年第 3 辑,第 36 页;艾冲:《唐代河曲粟特人"六胡州"治城的探索》,载《民族研究》2005 年第 6 期,第 73 页;艾冲:《唐前期"六胡州"古城位置有待继续探索——与〈六胡州古城址的发现及其环境意义〉作者商榷》,载《中国历史地理论丛》2009 年第 1 辑,第 139 页;黄银洲等:《再论唐六胡州城址的定位问题——兼谈历史地理学研究方法》,载《中国历史地理论丛》2011 年第 1 辑,第 145 页。

〔4〕艾冲:《唐代河曲粟特人"六胡州"治城的探索》,载《民族研究》2005 年第 6 期,第 75 页。

〔5〕王乃昂等:《六胡州古城址的发现及其环境意义》,载《中国历史地理论丛》2006 年第 3 辑,第 41 页。

〔6〕参见侯仁之:《从红柳河上的古城废墟看毛乌素沙漠的变迁》,载《历史地理学的理论与实践》,上海人民出版社 1979 年版,第 54 页;参见 2007 年中日韩三国黄土高原考察队《考察报告》,未刊稿。

〔7〕王乃昂等:《六胡州古城址的发现及其环境意义》,载《中国历史地理论丛》2006 年第 3 辑,第 40 页;艾冲:《唐代河曲粟特人"六胡州"治城的探索》,参见《民族研究》2005 年第 6 期,第 76 页。

坐标:北纬38°08′40″,东经107°12′19″。城址呈方形,东西535米,南北518米,四边城墙均有城门遗迹。城中有一道南北向长墙,将城址分为东西两部分。城内存在一些隆起于地面的土丘(见图5-5)。

图5-4 GE 城川古城航空影像

图5-5 GE 巴郎庙古城遗址航空影像

表 5-1 考古所见唐代六胡州城址

城址名称	地理位置	大致情况	学者推测的治所
乌兰道崩古城	内蒙古鄂托克前旗敖勒召其镇乌兰道崩嘎查。北纬38°04′08″，东经107°29′09″。	城墙残毁严重，东西320米，南北420米。	可能是含州[1]
敖勒召其古城	内蒙古自治区鄂托克前旗敖勒召其镇包日嘎查。北纬38°11′17″，东经107°30′22″。	城墙大部被沙丘掩埋，东西396米，南北420米。	可能是塞州，也有学者认为是白池县[2]
苏力迪古城	内蒙古鄂托克前旗昂素镇玛拉迪嘎查苏力迪村。北纬38°16′52″，东经107°58′48″。	城墙大部被流沙掩埋，周长约1500米。	可能是依州[3]
巴彦呼日呼古城	内蒙古鄂托克前旗昂素镇东南约20公里。北纬38°06′33″，东经108°13′03″。	残存城墙东西305米，南北605米，有东、西、南三门，其中南门有瓮城。	可能是契州[4]
北大池古城	内蒙古鄂托克前旗二道川乡大池村。北纬37°6′45″，东经107°28′15″。	城址大致呈方形，东西长330米，南北323米，东西两侧有缺口，可能是城门的位置。	可能是白池县[5]
敖伦淖尔古城址	内蒙古鄂托克旗乌兰镇西南	平面呈方形，边长90米。	可能是依州[6]

---

〔1〕王乃昂等:《六胡州古城址的发现及其环境意义》，载《中国历史地理论丛》2006年第3辑，第41页。

〔2〕王乃昂等:《六胡州古城址的发现及其环境意义》，载《中国历史地理论丛》2006年第3辑，第41页;艾冲:《唐代河曲粟特人"六胡州"治城的探索》，载《民族研究》2005年第6期，第76页。

〔3〕王乃昂等:《六胡州古城址的发现及其环境意义》，载《中国历史地理论丛》2006年第3辑，第41页。

〔4〕王乃昂等:《六胡州古城址的发现及其环境意义》，载《中国历史地理论丛》2006年第3辑，第41页。

〔5〕王乃昂等:《六胡州古城址的发现及其环境意义》，载《中国历史地理论丛》2006年第3辑，第41页。

〔6〕艾冲:《唐代河曲粟特人"六胡州"治城的探索》，载《民族研究》2005年第6期，第78页。

续表 5 - 1

城址名称	地理位置	大致情况	学者推测的治所
呼和淖尔古城	乌审旗嘎鲁图苏木西北	平面略呈长方形,南北约640米,东西约530米。	可能是契州[1]
水泉古城	内蒙古鄂托克旗巴音淖尔乡后哈达图村西南约2公里	城址平面为方形,边长1000米。	新宥州[2]

5.2 西域地区的唐代城址

5.2.1 交河古城[3]

交河古城位于今吐鲁番西 10 公里,坐落于酿孜不落孜河谷和阿斯喀瓦孜河谷环抱的台地上。平面略呈柳叶形,西北—东南走向。总体地势东南低,西北高,周围有深 20～30 米的河谷环绕,构成天然的屏障。台地南北长约 1650 米,最宽处约 300 米,建筑遗址集中在台地的中部和南部,建筑范围南北长约 1200 米。

交河城的历史悠久,公元前 2 世纪作为车师王国的中心,汉代在此进行屯田,至高昌王国时期为交河郡,唐代为安西都护府及西州所管的交河县,此后一直沿用至 14 世纪。

现在可以确定的城门有 3 座,即南门、东门和西门。其中南门是纵贯全城的两条大道——中央大道和南北辅道的起点。台地上的建筑群周围残留有一些护墙遗迹。

城内有南北向大道两条——中央大道和次干道;东西向大道一

〔1〕艾冲:《唐代河曲粟特人"六胡州"治城的探索》,载《民族研究》2005 年第 6 期,第 78 页。
〔2〕艾冲:《唐代河曲粟特人"六胡州"治城的探索》,载《民族研究》2005 年第 6 期,第 76 页。
〔3〕李肖:《交河故城的形制布局》,文物出版社 2003 年版;武伯纶:《新疆天山南路的文物调查》,载《文物参考资料》1954 年 10 期,第 74 页;李遇春:《新疆吐鲁番、吉木萨尔勘察记》,载《文物参考资料》1958 年第 11 期,第 40 页;观民:《交河城调查记》,载《考古》1959 年 5 期,第 237 页;新疆首届考古专业人员培训班:《交河故城、寺院及雅尔湖古墓发掘简报》,新疆文物考古研究所:《新疆文物考古新收获》(1979—1989),新疆人民出版社 1995 年版,第 496 页。本段的撰写主要参考了李肖的《交河故城的形制布局》一书。

条。中央大道分为南北两段,南段为南门大道,走向为弓背形,从南门延伸至 E－1 号石窟寺北门前与中央大道相接;北段即中央大道,向北延伸至 E－27 号大寺院门前广场。次干道南起南门大道北端弓背形的顶点,然后向北蜿蜒延伸直抵 E－16 号东北寺院。大道两旁的建筑都在高而厚的土墙以内,临着大道没有门户遗迹,只有巷口与城内纵横的街巷相通。

古城北部和中部的建筑遗址保存较好,街巷清晰,院落分明,多数院落内尚能看出平面布局和房屋的门、窗位置,城南部的建筑遗址破坏严重。全城大致可以分为 6 区:大型院落区,南起故城最南端,东北至东门南侧,北部以中央大道南端的 E－1 号石窟寺为界。衙署区,位于中央大道、东西大道和东崖之间,是一个相对封闭的区域,这里主要分布有衙署以及附带的寺庙和官员宅邸。仓储区,位于城址中部"仓储台地"的北缘及东缘,靠近东门。街巷区,位于中央大道以东,东门及仓储区以北,寺院区以南,由规模各异的院落组成,周围都有院墙环绕;值得注意的是,院落的围墙上都开有不止 1 座院门,而这些院门绝不对着中央大道、东西大道这样的干道开设,都开在街巷之内。寺院区,占据了上述 4 区之外的所有空间,在范围上从中央大道南端一直向北延伸至台地的北段。墓葬区位于台地北部,由塔林北侧的界壕与城区分割(见图 5－6)。

按照李肖的分析,交河古城的总体布局带有明显的中亚城市规划的特点,而城市中院落不向主干道开门则又是中原地区坊制的特点,因此交河古城可以认为是两种文化交融的结果。此外,还需要注意的是,交河古城中并不存在整齐的街道布局和区块分割,但城中院落不向主干道开门,只能经由街巷才能通向干道,因此通过控制街巷的入口,就形成了一种封闭的格局,同时院墙也构成了"坊墙",这佐证了本书 3.3 中阐述的坊制与棋盘格规划并不存在直接联系的观点。

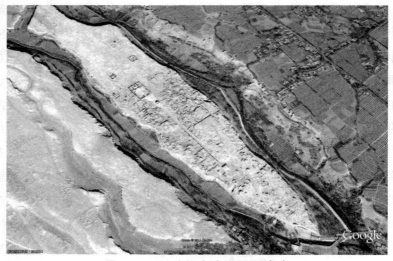

图 5 – 6　GE 交河古城航空照片〔1〕

5.2.2　高昌古城〔2〕

　　高昌古城位于吐鲁番东约 50 公里、胜金口南二堡和三堡的中间，东经 89°32′，北纬 42°51′，海拔 – 48 米左右。西汉时期高昌城即见于文献记载，此后晋咸和二年（323）前凉在此设高昌郡，北凉曾在此建都，北魏至唐贞观年间为鞠氏高昌国的国都，入唐后为西州治所，此后一直沿用至元末明初废弃。

　　高昌城可分为外城、内城和宫城 3 部分。

　　外城略作不规则正方形，周长约 5000 多米，西北角向内凹入，东面北半部向外突出。根据考古发现的城墙缺口结合吐鲁番出土文书分析，共有城门 9 座，其中东、西、北各有城门 2 座，南侧有 3 座。外城的东南角和西南角有寺院的遗址，其中东南角的寺院周围存在密集的建筑遗存，可能是坊的遗址。其中东南的坊有两排很整齐的建筑物遗址，在这南北

　　〔1〕李肖《交河故城的形制布局》一书中有着非常详细的交河古城考古平面图。
　　〔2〕武伯纶：《新疆天山南路的文物调查》，载《文物参考资料》1954 年第 10 期，第 74 页；李遇春：《新疆吐鲁番、吉木萨尔勘察记》，载《文物参考资料》1958 年第 11 期，第 40 页；阎文儒：《吐鲁番的高昌故城》，载《文物》1962 年第 7、8 期，第 28 页；董鉴泓主编：《中国城市建设史》，第 51 页；郑炳林：《高昌城诸门考》，载《兰州大学学报》1985 年第 4 期，第 25 页；李孝聪：《历史城市地理》，第 194 页。

两排相对的房屋之前,有一个广场;南排房屋之后,又有一个广场。坊的四角都有巷口式的通路通往坊外,但未发现坊门。1992 年,中国社会科学院考古研究所刘建国等人利用航空照片等技术绘制成高昌古城图(见图 5 - 7)。其中外城西南角的寺院周围建筑为庭院式结构,每个庭院外围可能用房屋与围墙封闭;外城北部偏西的位置能分辨出几条东西向与南北向交叉分布的小巷,相邻小巷间的距离为 45 ~ 50 米。实地踏查,这些小巷宽约 3 米,两边是房屋墙基,而且边缘非常整齐,不见有围墙残基。[1] 吐鲁番阿斯塔那墓葬出土的文书中记载有"节义坊"、"淳风里"、东南坊、东北坊、西南坊等名称,因此高昌城中也应存在坊的区划,可能与交河古城相似,以院墙和房屋的墙基构成了坊墙。

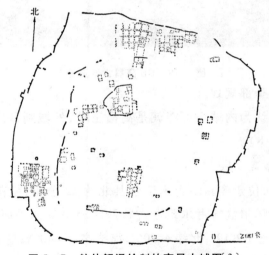

图 5 - 7 航片解译绘制的高昌古城图[2]

　　内城大致位于外城的中部,宫城的南侧。西、南两面的城墙大致保存完好,周长约 3600 米。正中偏北有一不规则的圆形小堡,内部西北高台上有一高达 15 米的土坯建筑。

　　宫城位于内城北墙与外城北墙之间,其北墙即是外城北墙,南墙即是内城北墙,平面呈长方形。城内的居址很多,但由于破坏严重,不

〔1〕刘建国:《新疆高昌、北庭古城的遥感探查》,载《考古》1995 年第 8 期,第 748 页。
〔2〕刘建国:《新疆高昌、北庭古城的遥感探查》,载《考古》1995 年第 8 期,第 751 页。

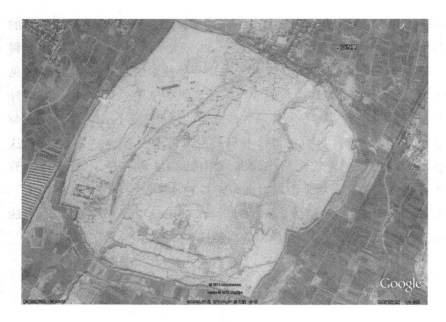

图 5 - 8　GE 高昌古城影像

能看出宫城的全部规划。

　　现在一般认为内城很可能就是高昌王城,外城则是唐代扩建的西州城(见图 5 - 8)。

　　5.2.3　北庭古城[1]

　　北庭古城,位于今新疆吉木萨尔县北约 12 公里,坐落在天山北麓坡前地带与准噶尔盆地古尔班通古特沙漠相接壤的平原上,扼守东西交通要道。东经 89°12′,北纬 44°06′,海拔高度 640 米左右。唐贞观年间在此设庭州,后又设北庭都护府。高昌回鹘时,回鹘王每年都要来北庭避暑。元代改称别失八里,元末明初废弃。

　　古城有内外两重,平面均呈不规则的南北长方形。

　　外城城墙实测周长为 4596 米,除东墙外大多保存较好。外城四面城墙各有城门 1 座。羊马城位于外城北墙中部北侧,平面近似长方形。

　　─────────

〔1〕李遇春:《新疆吐鲁番、吉木萨尔勘察记》,载《文物参考资料》1958 年第 11 期,第 40 页;新疆社会科学院考古所新疆队:《吉木萨尔北庭古城调查》,载《考古》1982 年第 2 期,第 165 页;刘建国:《新疆高昌、北庭古城的遥感探查》,载《考古》1995 年第 8 期,第 748 页。

护城壕除东墙北半部及羊马城北紧邻东坝河外,其余几面城墙外都绕有护城河,且与东坝河相通。刘建国根据航空照片发现古城内有纵横交错的浅色细线影像,经过实地踏查,发现相应遗迹的土壤较紧密,有的地方还具有某些类似内城城墙夯层的结构,初步可以确定为夯土墙基。

内城位于外城中部略偏东北,城墙周长约 3003 米,北墙呈"Z"形,其余三面城墙基本呈直线。城门有 4 座,北门、西门保存较好,东、南两门已残毁。除东墙紧邻东坝河外,南、西、北墙外都有护城壕,相互沟通并与东坝河相连。内城东北部有一夯土墙基构成的封闭城圈,可能是宫城所在。

内外城现残存 12 处建筑基址,位于外城的 7 处,内城的 5 处。

外城的城墙、马面、角楼等经过多次修补或增建,内城未发现修补和增建痕迹,表明外城修建的年代较早,内城修建的年代较外城晚。可初步认为北庭古城现存的外城墙可能始建于唐朝初年,后经两次修补。内城墙大约建于高昌回鹘时期,在修建内城时对外城进行了一次大规模的修补和加固(见图 5 - 9、5 - 10)。

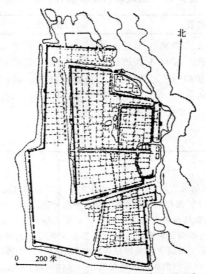

北

0   200 米

图 5 - 9　航片解译绘制的北庭古城图[1]

〔1〕引自刘建国:《新疆高昌、北庭古城的遥感探查》,载《考古》1995 年第 8 期,第 752 页。

图 5 – 10　GE 北庭古城图像

表 5 – 2　西域地区主要唐代城址[1]

城址名称	地理位置	大致情况	使用时间
夏塔古城[2]	新疆昭苏县城西南约 57 公里。东经 80°32′，北纬 42°51′。海拔 1700 米。	城址北墙长 390 米、南墙长 212 米、西墙长 480 米，东面紧临夏塔河，东侧城墙可能被水冲毁。城内平坦，城中心和西南角有三处明显高于周围的圆形台地。	该城时代上限可能早到唐代。

〔1〕表中关于西域地区的考古城址，参照了北京大学考古系单月英博士 2000 年撰写的李孝聪教授开设的"历史城市地理"课程的课程作业，特此表示感谢。本表中收录的新疆地区发现的古城并不全面，可以参看新疆维吾尔自治区博物馆：《新疆文物考古新收获》（1990—1996），新疆美术摄影出版社 1997 年版；新疆文物考古研究所：《新疆文物考古新收获》（1979—1989）新疆人民出版社 1995 年版；黄文弼：《新疆考古发掘报告》（1957—1958），中国社会科学院考古研究所编辑、文物出版社 1983 年版，以及相关的考古调查报告。总体而言，大部分古城址只是进行了初步的考古工作，大致推断了城址使用的时间，内部结构基本不清。

〔2〕西北文化局新疆文物调查工作组：《新疆伊犁地区的文物调查》，载《文物参考资料》1953 年第 12 期，第 16 页；张玉忠：《伊犁河谷新发现的古城堡及相关遗迹》（上），新疆文物考古研究所、新疆维吾尔自治区博物馆：《新疆文物考古新收获》（1990—1996），第 349 页。

城址名称	地理位置	大致情况	使用时间
波马古城[1]	新疆昭苏县城西南83公里。东经80°15′,北纬42°45′。海拔1775米。	平面呈方形,东西长360,南北宽350米,城周长1420米。四面墙基的中段各有相互对应的一个缺口,当系城门所在。城内西南角还存在一处高地,有砖瓦和陶片散布,应是一处建筑台基。城外有护城河环绕。	其时代上限可能会早到唐代
阿勒吞古城[2]	新疆新源县城西约10公里处。东经83°08′,北纬43°25′。海拔867米。	城址平面呈方形,城垣保存基本完整。东城墙189米,南城墙180米,西城墙180米,北城墙188米。在东西城墙中部各有一个稍低洼的缺口,可能是城门的遗迹。	该城的年代上限可能早到唐代。
赛普勒古城[3]	新疆尼勒克县城以东2公里。东经82°31′,北纬43°46′。海拔1101米。	城址平面大致为方形,南北长320米,东西宽290米。南北城垣的中段墙基明显朝外凸出,可能是瓮城遗迹。	年代可能早到唐代
若羌县石头城[4]	新疆若羌县城南若羌河出山口处,距离县城33公里。东经88°12′,北纬38°43′。海拔约2000米。	城址坐落在河口西岸洪水冲刷而成的独立山崖顶端,崖高约80米,仅在山崖北侧有一条自然形成的山脊与河床台地相通。城址城墙沿山崖修筑,周长约30米,北侧有城门1座。城内有石垒的房屋遗址数十间。城堡西部有石垒围绕的中心建筑。	唐代遗存

〔1〕张玉忠:《伊犁河谷新发现的古城堡及相关遗迹》(上),新疆文物考古研究所、新疆维吾尔自治区博物馆:《新疆文物考古新收获》(1990—1996),第350页。

〔2〕张玉忠:《伊犁河谷新发现的古城堡及相关遗迹》(上),新疆文物考古研究所、新疆维吾尔自治区博物馆:《新疆文物考古新收获》(1990－1996),第354页。

〔3〕张玉忠:《伊犁河谷新发现的古城堡及相关遗迹》(上),新疆文物考古研究所、新疆维吾尔自治区博物馆:《新疆文物考古新收获》(1990—1996),第355页。

〔4〕张平:《若羌县"石头城"勘察记》,新疆文物考古研究所、新疆维吾尔自治区博物馆:《新疆文物考古新收获》(1990—1996),第555页。

续表 5-2

城址名称	地理位置	大致情况	使用时间
阔那夏尔古城[1]	新疆轮台县城东南约15公里的荒漠戈壁中。	城址实测平面大体呈不规则方形，周长约700米。城址西北角有城门一座，残存有瓮城遗迹。城内沿城墙分布有大量居住遗迹。	可能是唐代
阿克墩城堡[2]	新疆轮台县野云沟村东约16公里的库—阿公路北侧附近。	城址由内外两重围墙组成。外墙平面呈长方形，南北长约120米，东西宽67.5米。内墙位于外城西偏南，也呈长方形，南北长63米，东西宽35米。南墙外有一较大的开口。在内围墙东北角有一圆形土坯建筑遗迹。	唐代
恰库木拜来克城堡[3]	新疆轮台县城东南17公里的荒漠戈壁中。	城堡呈不规则的方形，东南墙垣长约60米，西南墙垣长约50米；东北和西北墙垣呈弧形，周长约200多米。	唐代
大河古城（唐伊吾军屯地）[4]	新疆哈密巴里坤东北约20公里。东经93°10′,北纬43°39′。	城址平面呈长方形，分主城和附城两部分。主城南北长210米、东西宽180米，城墙保存基本完好。主城东南角为全城重要遗址积聚处，有厚墙围护，范围约70米×60米。东墙中部有缺口，宽约3米，是连通主附城的通道。附城居主城东侧，共用主城东墙，但附城城垣较低，南北长240米，东西宽177米。城外有宽阔的城壕。	唐代

〔1〕新疆维吾尔自治区博物馆文物队、轮台县文教局：《轮台县文物调查》，新疆文物考古研究所、新疆维吾尔自治区博物馆：《新疆文物考古新收获》(1990－1996)，第558页。

〔2〕新疆维吾尔自治区博物馆文物队、轮台县文教局：《轮台县文物调查》，新疆文物考古研究所、新疆维吾尔自治区博物馆：《新疆文物考古新收获》(1990—1996)，第558页。

〔3〕新疆维吾尔自治区博物馆文物队、轮台县文教局：《轮台县文物调查》，新疆文物考古研究所、新疆维吾尔自治区博物馆：《新疆文物考古新收获》(1990—1996)，第570页。

〔4〕王炳华：《近年新疆考古中所见唐代重要史迹》，新疆文物考古研究所、新疆维吾尔自治区博物馆：《新疆文物考古新收获》(1990—1996)，第716页；哈密地区文管所：《巴里坤大河故城调查》，新疆文物考古研究所：《新疆文物考古新收获》(1979—1989)，第540页。

城址名称	地理位置	大致情况	使用时间
塔什库尔干石头城(唐代葱岭守捉故址)[1]	新疆塔什库尔干县城北 400 米处的石岗上,古城南墙紧贴今县城北部民居。东经 75°13′,北纬 37°47′。	古城依石冈走势构筑,西高东低,城墙沿地势修筑,起伏曲折呈不规则状。城垣全长 1300 多米。城内还明显可见大量房屋遗址,主要分布在南、北部地势较高、较平缓的石基上。	7—8 世纪
乌什哈特古城[2]	塔什附近	"城系三重,均已塌毁,但大部分尚可辨认。外城特大,周垣约 10 里。西、南两侧城墙较直,北面略有弯曲,东面已被水冲毁无迹。外城与第二重城外均有壕沟。二、三重城都很小,作不规则的圆形。有台基多处"。	可能即是古龟兹国都延城,唐西域都护府
阿克塔拉城堡[3]	喀什地区疏附县乌布拉特农场西北 1 公里。城堡在两条沟中间的台地上,南北各有小河夹绕。东经 75°23 ~ 24′,北纬 39°21 ~ 22′。	城址平面呈长方形,除北墙一部分被水冲坏外,其他墙垣尚存。东西长 97.5 米,南北宽 80.25 米。北墙东北面有一豁口,可能为城门。	使用年代为公元 3－9 世纪。

〔1〕王炳华:《近年新疆考古中所见唐代重要史迹》,新疆文物考古研究所、新疆维吾尔自治区博物馆:《新疆文物考古新收获》(续)1990－1996,新疆美术摄影出版社 1997 年版,第 716 页;新疆维吾尔自治区文物普查办公室、喀什地区文物普查队:《喀什地区文物普查资料汇编》,载《新疆文物》1993 年 3 期,第 27 页。

〔2〕武伯纶:《新疆天山南路的文物调查》,载《文物参考资料》1954 年 10 期,第 80 页。

〔3〕新疆维吾尔自治区文物普查办公室、喀什地区文物普查队:《喀什地区文物普查资料汇编》,载《新疆文物》1993 年 3 期,第 9 页。

续表 5－2

城址名称	地理位置	大致情况	使用时间
罕诺依古城[1]	喀什地区疏附县伯什克然木乡东北 11.2 公里，东经 76°14～15′，北纬 39°34～35′。海拔高度 1260 米。	城址平面呈不规则的长方形，南墙约 94 米，西墙约 70 米，北墙约 91 米，东墙保存较好，长约 77 米，北墙残基长约 20 米左右。	公元 3—9 世纪
阿帕克和加农场古城[2]	喀什地区伽师县克孜勒博依乡东南 25.8 公里。东经 76°49′，北纬 39°18′。海拔高度 1160 米。	遗址分古城址和遗址两部分。城址平面大致为方形，东西长 75 米，南北宽 69 米。西墙有一豁口，可能是城门。城内西北有一正方形的黄土堆，边长 10 米，高 2 米。遗址在古城北、东周缘，面积达 1 平方公里，内有窑址。	唐代
艾斯克萨尔古城[3]	位于喀什市东南 2.2 公里，艾斯克萨村北。东经 76°00～01′，北纬 39°27～28′。海拔高度 1285 米。	目前该城尚保留有一段长十余米、高约 3 米左右的瓮城残垣，遗址的其他部分被破坏殆尽。1905 年法国人伯希和曾对此城进行过调查勘测。从其绘制的艾斯克萨尔古城遗址图上看，当时存有北面和西面两段城墙，边角有瓮城残迹，北墙东西长 287 米，西墙长 205 米，墙基厚约 7 米，北墙走向西偏南 25°。	对艾斯克萨尔古城的考定有三种观点：一为东汉时疏勒国的乌即城；二为唐代的疏勒镇；三为 9 世纪末、10 世纪初喀什噶尔统治者诺和脱热西提的城。

---

〔1〕新疆维吾尔自治区文物普查办公室、喀什地区文物普查队：《喀什地区文物普查资料汇编》，载《新疆文物》1993 年 3 期，第 13 页；新疆考古研究所：《阿图什、喀什、和田地区喀喇汗朝遗迹调查》，新疆文物考古研究所：《新疆文物考古新收获》(1979—1989)，第 582 页。

〔2〕新疆维吾尔自治区文物普查办公室、喀什地区文物普查队：《喀什地区文物普查资料汇编》，载《新疆文物》1993 年 3 期，第 23 页。

〔3〕新疆维吾尔自治区文物普查办公室、喀什地区文物普查队：《喀什地区文物普查资料汇编》，载《新疆文物》1993 年 3 期，第 2 页。

城址名称	地理位置	大致情况	使用时间
且尔乞都克古城[1]	在婼羌县城南稍偏东戈壁滩上,距县城 6.4 公里	城址平面为长方形,有内外两重。外城周长 720 米,内城基址周长 220 米。在内城的西北角有一残土墩,可能是一座残塔。内城两侧还有些房屋建筑。在北城墙中间有一缺口,可能是门道。在内城城墙靠近外城的西边和北边,有若干石砌基址,横直界划作长方形,可能是古代村落或街道的残迹。	内城建筑可能在 4 世纪前后。外城可能是 7 世纪中叶康艳典为镇使时所重建的石城镇。
大黑太沁古城[2]	新疆库车县城东南 110 公里。	城址平面为长方形,东西长,南北短,周长 882 米。西墙中间偏南有城门遗址,其外有长方形的瓮城。城内距东墙 62 米、距北墙 73 米处有一方形土台建筑。在城外北面西侧有 3 座土台,均为方形。	大致相当于唐代
龟兹城[3]	库车县城东郊,位于库车河东岸,乌恰河流经城中。	城址略呈方形,北墙全长 2075 米,东墙全长 1608 米,南墙仅存两段,全长约 1809 米,西墙残毁,大致周长约为 7 公里左右。城内外存在多处建筑遗址。	使用时间可能在唐初至唐末。或许是唐朝安西都护府所在地。

5.3 东北地区的高句丽山城

高句丽山城修建的历史背景已经在本书 4.1 中进行了简要叙述,这里只介绍一些典型的城址。

---

〔1〕黄文弼:《新疆考古发掘报告》(1957—1958),第 48 页。
〔2〕黄文弼:《新疆考古发掘报告》(1957—1958),第 67 页。
〔3〕黄文弼:《新疆考古发掘报告》(1957—1958),第 54 页。

5.3.1 丸都山城

丸都山城是高句丽的早期都城,位于今省天集安市城北 2.5 公里的高山上,洞沟河下游(见图 5－11)。依据自然山峰走势修建城垣,东、西、北三面城垣,垒筑在形如半圆的峰脊上,外侧即为陡峭的绝壁,南面城垣地势较低,整个山城形如簸箕状。四周城墙总长约 6951 米。共有城门 5座,其中东、北两侧各有城门两座,南侧有瓮城门 1 座。在东墙内侧山麓较宽阔的平地上,发现有宫殿遗址,南北宽 92 米,东西长 62 米。在这一遗址前面,有一座用石头垒筑的高台建筑,通高 11.75 米,台顶近似方形,边长 9 米,可以俯瞰国内城的全景以及洞沟河下游。[1]

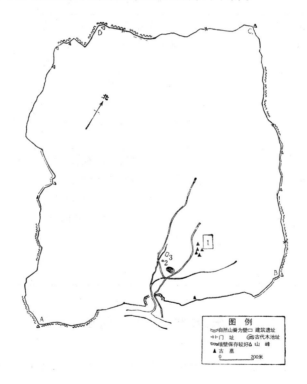

图 5－11　丸都山城平面图[2]

〔1〕李殿福:《高句丽丸都山城》,载《文物》1982 年第 6 期,第 82 页。

〔2〕李殿福:《高句丽丸都山城》,载《文物》1982 年第 6 期,第 85 页。

5.3.2 国内城

国内城是高句丽王朝的第二座都城,位于今天鸭绿江中游通沟河盆地西部今天集安市市区内。城址略呈方形,东墙长554.7米,西墙长664.4米,南墙长751.5米,北墙长715.2米,周长约为2686米。原有城门6座,东西两侧各有两门,南北各有1门。由于城址位于现代城市之下,其具体布局方式并不清楚。[1]

5.3.3 五女山城

五女山城位于辽宁恒仁县城东北约8公里浑江左岸。平面略呈靴型,南北长约1500米,东西宽300至500米,大部分利用天然的险崖峭壁作为屏障,仅在东、南部山势稍缓处筑墙封堵。共有3门,南门位于东南角,东门位于南门之北约150米处,西门位于主峰西部中间一天然豁口处。城内分山上、山下两部分。山上部分地势平坦,南北长约600米,东西宽130至200米,存留有各种建筑遗址。[2]

5.3.4 罗通山城

罗通山城位于吉林省柳河县城东北45公里的罗通山北端主峰上,由东西二城构成。两城共用一道隔墙,总共周长7.5公里。

东城环绕一较大盆地,周围多利用自然山脊为垣,只是在地势低缓处垒筑墙垣,周长约3479米,平面极不规则,略呈南北狭长的椭圆形。发现城门3座,南侧2处,北侧1处,由于破坏较为严重,发现遗迹、遗物较少。

西城环绕着几座小山以及6个山间的小盆地,除东侧利用一段绝壁之外,其余大部分城垣都是在山脊上砌筑的,城垣周长约3737米,平面为不规则四边形。四个城角都位于峰顶,其中西北角楼突出城外,为全城最高点,可以俯瞰全城和周围的平原。发现门址2处,南北各1处。城内发现有一些人工修筑、平整过的台基、台地遗址和蓄水池。[3]

〔1〕王禹浪、王宏北编著:《高句丽渤海古城址研究汇编》,哈尔滨出版社1994年版,第15页。
〔2〕曲英杰:《古代城市》,第157页。
〔3〕吉林省文物工作队:《高句丽罗通山城调查简报》,载《文物》1985年第2期,第39页。

东北地区除了高句丽修筑的山城之外,建国于 689 年的渤海国也修建了大量城址,现在考古发现的城址数量大约有 300 座左右,其都城上京龙泉府的布局在本书第 6 章中进行介绍。由于渤海国的历史基本上超出了本书研究的时间范畴,所以在此不做介绍,可以参阅王禹浪、王宏北编著《高句丽渤海古城址研究汇编》一书。

5.4 内地的行政治所城市

5.4.1 扬州[1]

扬州起源于春秋时期吴国开凿邗沟时在今扬州城北部蜀岗之上所筑的邗城。此后直至隋唐之前,蜀岗之下多是随潮汐涨落的泥淖滩地,因此历代城址都位于蜀岗之上。隋唐之后,长江携带的泥沙不断在北岸堆积,长江主河道逐渐南移,在蜀岗南侧逐渐堆积出可以居住的粘土平原,由此隋唐时期在蜀岗之下逐渐出现居民。

原来位于蜀岗之上的邗城,即三国东晋南朝的广陵郡城,隋代扬州总管府城和隋炀帝所建的"江都宫",到唐代则成为扬州的子城。子城城垣大致为方形,东北和东部略有曲折,南北长 1700 米,东西宽 1800 米,周长约 7000 米。城墙最下层为汉代夯土,其上为六朝时期修补的夯土,再上为隋唐时期修葺的夯土墙体。每面各开 1 门,连接城门的东西向街道长 1860 米,南北向街道长 1400 米。

扬州罗城城址平面呈长方形,东西长 3120 米,南北长 4200 米,西墙与子城西墙相连。具体修筑时间史无明文,西墙南段城墙夯土下压有唐代早期地层,上有宋代堆积层,因此可以判断其应该修筑于唐代

---

[1]蒋忠义:《隋唐宋明扬州城的复原与研究》,科学出版社 1995 年版,第 445 页;南京博物院等:《扬州唐城遗址 1975 年考古工作简报》,载《文物》1977 年第 9 期,第 16 页;南京博物院:《扬州古城 1978 年调查发掘简报》,载《文物》1979 年第 9 期,第 33 页;中国社会科学院考古研究所等:《扬州城考古工作简报》,载《考古》1990 年第 1 期,第 36 页;蒋忠义:《唐代扬州河道与二十四桥考》,科学出版社 1994 年版,第 162 页;王勤金:《唐代扬州二十四桥桥址与考古勘探调查与研究》,载《南方文物》1995 年第 3 期,第 78 页;诸祖煜:《唐代扬州坊市制度及其嬗变》,载《东南文化》1999 年第 4 期,第 77 页。

中后期。共探出城门 8 座,西、东各两座,南侧 3 座,北侧 1 座。城内探出南北向道路 3 条,东西向道路两条,均与城门相连。在今石塔寺、文昌阁一带城内南北向古河道上发现唐代木桥 1 座(见图 5－12)。

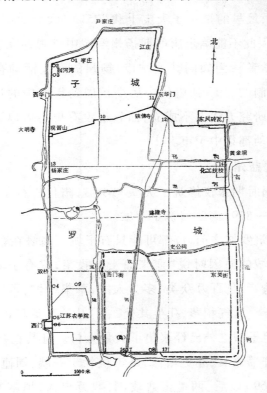

图 5－12　唐扬州城平面图[1]

关于扬州城的里坊,现在一些学者将沈括《梦溪笔谈·补笔谈》所记扬州"二十四桥"在古河道上进行了复原,由此推出这些桥梁所代表的 13 条东西向街和 4 条南北向街将罗城内分为整齐的 60 余坊。其中对于桥梁位置的推测虽然有一定的依据,但并不能说明由此延伸的街道必定是笔直的;且复原的桥梁间的间隔并不相等,相差较大,并不如示意图绘制的那么整齐。而且需要注意的是,在修筑罗城之前很久,蜀

---

〔1〕引自中国社会科学院考古研究所等:《扬州城考古工作简报》,载《考古》1990 年第 1 期,第 37 页。

岗之下就有居民居住,因此这种整齐的街坊布局是难以形成的。此外,根据本书从出土墓志对扬州里坊的分析来看,坊不仅分布在城内,而且在远离罗城的位置也存在。值得注意的是,记载这些里坊的墓志多是唐代后期的,最早的是见于天宝十载(751)《大唐故阳夫人墓志铭》的"来凤里",因此不能确定唐前期扬州罗城中是否存在里坊。关于扬州的市,一些学者认为如同其他城市,扬州的商业活动存在从唐前期集中于官府控制的"市"到唐代中后期扩展到街坊中的过程。不过这种分析不仅在研究方法上不成立,而且也没有史料可以证明唐代早期扬州的商业活动都集中于市。[1]

5.4.2　成都(益州)[2]

　　成都,战国时期张仪修筑了大城与少城,隋代进行了扩展,至唐末乾符年间(874—879)高骈修筑了罗城。

　　在高骈修筑罗城之前,成都可能只有子城。高骈在《筑罗城成表》中提及修筑罗城的原因时说"寇来而士庶投窜,只有子城。围合而闬井焚烧,更无遗堵,且百万众类,多少人家,萃集子城,可知危敝。井泉既竭,沟池亦干。人气相蒸,死生共处",[3]从这句话可以推测,当时成都只有子城,但子城之外已经聚集了大量人口。且其在《请筑罗城表》中记"隋杨秀守藩之日,亦更增修,坚牢虽壮于一隅,周匝不过于八里。自咸通十年(869)以后,两遭蛮寇攻围,数万户人,填咽共处……"[4]这里不仅记载了原来子城的范围即"八里",而且其中的"数万户人"也比《筑罗城成表》中的"百万众类"可能更接近于实际情况。

　　现在考古工作已经发现了一些高骈修筑的成都罗城的遗迹,其中

---

　　〔1〕参见成一农:《"中世纪城市革命"的再思考》,载《古代城市研究方法新探》,第66页。

　　〔2〕严耕望:《唐五代时期之成都》,《严耕望史学论文选集》,中华书局2006年版,第175页;曲英杰:《古代城市》,第183页;成都市博物馆、四川大学博物馆:《成都指挥街唐宋遗址发掘报告》,载《南方民族考古》第2辑,1989年,第233页;成都市博物馆考古队:《成都罗城1、2号门址发掘简报》,载《南方民族考古》第3辑,1990年,第369页;雷玉华:《唐宋明清时期的成都城垣考》,载《四川文物》1998年第1期,第67页。

　　〔3〕《全唐文》卷802《筑罗城成表》。

　　〔4〕《全唐文》卷802《请筑罗城表》。

在成都市区西南部外南人民路 135 号明清城墙下叠压有唐宋城墙遗迹和门址,此外在羊皮坝街、新南门王家坝街等处明清成都城南墙,青安街、天仙桥南街、东安南街等明清成都城东墙,中同仁路、通锦桥西城角边街明清成都城西墙下都发现有唐宋城墙遗迹,此外推测唐罗城北墙也大致与明清城北墙的走向相当。总体来看,明清成都城墙与唐代罗城除个别位置稍有差异之外,大致相当。

子城与罗城的城门,严耕望考证"子城南北各有隔墙,其四门及南北隔墙共六门;而高骈罗城则有七门也",其中罗城除北侧只有 1 门外,东西南各有城门两座。

关于城内的衙署,严耕望考证"节度使府在牙城内,有大厅、毬场厅、蜀王殿、九顶堂、清风楼、会仙楼、节堂、行库等;又有衙库、衙内麹佑库、衙内杂库等,盖亦在牙城内。成都府司在子城内。又有设厅、军资库、赏设库、赏设行库、南仓、北仓、瞻军东库、甲仗库、府城司、防城司、马步司、虞候司、后槽、客司、乐营、神策营,盖分布子城、罗城内者"。其中成都的牙城可能即是子城,《资治通鉴》"大和三年(829)"条记"嵯颠自邛州引兵径抵成都。庚戌,陷其外郭。杜元颖帅众保牙城以拒之",在考异中引用了实录对这件事的记载,其记为"寇及子城,元颖方觉知",[1]可见成都府的子城即是牙城。其位置位于罗城西北隅的高地上。

成都城中的里坊,王文才、严耕望等考证有金马、碧鸡、文翁、果园、花林、龙池、锦浦、金容、万秀、金城、修德、延寿等。其中见于文献最早的是碧鸡坊和果园坊,出自杜甫的诗,其余绝大部分都来源自晚唐五代。因此在唐代前中期及其之前,子城之外是否划分了里坊,还是施行乡里之制现在并不清楚。有学者根据现存成都城中的街道,复原了唐代成都罗城中坊的格局,即存在规整的 16 坊,[2]由于成都城的范围没有发生大的变化以及古代城市中街道的稳定性,这种复原具有一定的

---

〔1〕《资治通鉴》卷 244"大和三年"条。
〔2〕参见宿白:《隋唐城址类型初探(提纲)》,载《纪念北京大学考古专业三十年论文集》,第 281 页

道理,但可能代表是晚唐,至少是高骈修筑罗城之后的情况。之前,即使存在坊的分割,那么很可能也是凌乱的。

关于成都中的市,严耕望进行了复原,有东市、西市、南市,并且未必都在城内,而且除了三市之外,还有唐代中叶已经存在蚕市,晚唐出现了药市、扇市等季节性集市。

此外,唐代成都中寺庙甚多,严耕望复原的有大圣慈寺(府治东,至德年间兴建,756—757)、圣寿寺(城西南石牛门市桥,隋代之前)、净众寺(城西笮桥门西,南朝)、草堂寺(府西七里,南朝)、宝历寺(府城东南,贞元末年,804)、昭觉寺(城北升仙桥之北,离城15里)、龙兴寺(城西浣花,神龙元年,705)、中兴寺(少城西南角)、圣兴寺(府城东偏,唐)、福感寺(府城西郭下)、资福寺(长庆二年,822)、金华寺(城西四里,唐之前)等。

6　3—7世纪都城城市形态的演变

虽然对转变的原因依然存在分歧,但魏晋南北朝是中国古代都城城市形态的重要转变时期,这一点基本上是学术界的共识。在介绍和分析以往的观点并提出本书作者的一些看法之前,首先需要对这一时期重要都城的城市形态进行必要的描述。与其他著作的不同之处在于,本书对都城城市形态的描述主要强调:

(1)罗列文献中记载的城市建造和修建的过程,而不是以某座城市最终的城市形态来推断其所蕴含的意义。

(2)对城市形态的复原尽量尊重考古和文献资料,并列举一些关键的文献资料,主要是希望读者尽量不要受到城市形态描述中所掺杂的主观认识的影响,从而能得出自己"客观"的判断。以往对都城复原的研究中,很多研究者在考古和文献资料的基础上,结合了自己对城市形态的判断,因此这种城市形态的复原不可避免的掺杂了作者主观判断的成分,而且也使得读者难以明了作者所进行的复原哪些来源于考古和文献资料,哪些来源于作者自己的推断。

6.1　秦汉时期都城的城市形态

作为3—7世纪都城城市形态研究的基础,有必要先介绍一下之前秦汉时期都城的城市布局:

·欧·亚·历·史·文·化·文·库·

6.1.1　秦都咸阳[1]

　　秦都咸阳遗址位于陕西省咸阳市以东,分布在渭河两岸,是战国中晚期秦国和秦朝的都城。因受到渭河北移的影响,遗址破坏比较严重,迄今未发现夯土城垣(见图6-1、6-2)。

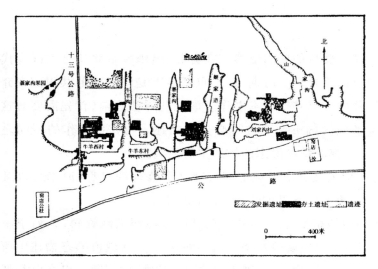

图6-1　秦咸阳宫遗址勘测示意图[2]

　　宫殿区可能位于城址北部的咸阳原上,已经发现了由20多座夯土建筑基址组成的宫殿基址群,在居中的位置发现了一东西向的长方形夯土墙基,北垣长843米,南垣长902米,西垣长576米,东垣保存较差,发现南门和西门各1座,修筑时间为战国时期,其中的建筑基址也

　　〔1〕陕西省社会科学院考古研究所渭水队:《秦都咸阳故城遗址的调查和试掘》,载《考古》1962年第6期,第281页;秦都咸阳考古工作站:《秦都咸阳第一号宫殿建筑遗址简报》,载《文物》1976年11期,第12页;学理等:《秦都咸阳发掘报道的若干补正意见》,载《文物》1979年第2期,第85页;咸阳市文管会等:《秦都咸阳第三号宫殿建筑遗址发掘简报》,载《考古与文物》1980年第2期,第34页;秦都咸阳考古工作站:《秦咸阳宫第二号建筑遗址发掘简报》,载《考古与文物》1986年第4期,第9页;陈国英:《秦都咸阳考古工作三十年》,载《考古与文物》1988年第5、6期合刊,第127页;刘庆柱:《论秦咸阳城布局形制及其相关问题》,载《古代都城与帝陵考古学研究》,科学出版社2000年,第70页;王学理:《秦都咸阳》,陕西人民出版社1985年;王学理:《咸阳帝都记》,三秦出版社,1999年;徐卫民:《秦都城研究》,陕西人民教育出版社,2000年;陕西省咸阳考古研究所编著:《秦都咸阳考古报告》,科学出版社2004年。
　　〔2〕刘庆柱:《秦都咸阳几个问题的初探》,载《古代都城与帝陵考古学研究》,第63页。

多属于战国时期,一般认为可能是战国时期咸阳宫的"宫城"。

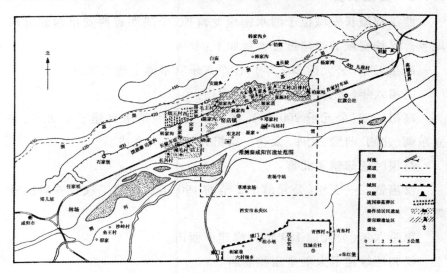

图 6-2 秦都咸阳遗址平面示意图[1]

在城北阶地东西两端都发现了具有楚国和燕国风格的瓦当,可能是战国末期扩建的部分。在"宫城"的西侧和西南分别发现了大型手工业作坊区和居住区的遗迹。在西北隅的咸阳原上分布着中小型墓地。

从文献记载和考古发现来看,大约在战国中晚期,秦都咸阳开始向渭河以南扩展,直至秦末都一直处于不断的扩展建设中,如位于渭南的阿房宫。

---

〔1〕刘庆柱:《论秦咸阳城布局形制及其相关问题》,载《古代都城与帝陵考古学研究》,第72页。

·欧·亚·历·史·文·化·文·库·

6.1.2　西汉长安[1]

西汉都城长安城位于渭水南岸龙首原,今陕西省西安市西北郊汉城乡。汉长安城的修建过程大致如下:

高祖五年(公元前202年),在秦兴乐宫基础上建长乐宫。

高祖六年(公元前201年),立大市。

高祖八年(公元前200年),在长乐宫西侧稍南兴建了未央宫,并立东阙、北阙、前殿、武库、太仓。高祖九年,未央宫成。

高祖时还修建了北宫。

汉惠帝三—五年(公元前192至前190年),修建了汉长安城的外郭城。

惠帝六年(公元前189年),修建了西市。

汉初还修建了太上皇庙和高庙。

汉武帝时期,扩建了汉高祖时修筑的北宫,在其西侧新建了桂宫,新建了明光宫,并在长安城西墙外营筑了规模巨大的建章宫,扩充苑林,开凿了昆明池以及城市供水渠道。

西汉末年王莽篡位前后,修建了明堂、辟雍和黄帝九庙等。

经过多年的考古工作,汉长安城的大致布局情况已基本探明。[2]城墙周长约25700米,东墙长6公里,南墙长7.6公里,西墙长4.9公里,北墙长7.2公里。每边城墙各开3座城门,共计12座城门。城内

〔1〕王仲殊:《汉长安城考古工作的初步收获》,载《考古通讯》1957年第5期,第102页;王仲殊:《汉长安城考古工作收获续记》,载《考古通讯》1958年第4期,第23页;唐金裕:《西安西郊汉代建筑遗址发掘报告》,载《考古学报》1959年第2期,第45页;中国社会科学院考古研究所汉城工作队:《汉长安城南郊礼制建筑遗址发掘简报》,载《考古》1960年第7期,第36页;中国社会科学院考古研究所汉城工作队:《汉长安城武库遗址发掘的初步收获》,载《考古》1978年第4期,第261页;刘庆柱:《西安市汉长安城东市和西市遗址》,载《中国考古学年鉴(1987年)》,文物出版社,1989年,第264页;中国社会科学院考古研究所汉城工作队:《汉长安城北宫的勘探及其南面砖瓦窑的发掘》,载《考古》1996年第10期,第23页;中国社会科学院考古研究所:《汉长安城未央宫》,中国大百科全书出版社1996年版;周长山:《汉代城市研究》,人民出版社2001年版;刘庆柱、李毓芳:《汉长安城》,文物出版社2003年版。
〔2〕关于汉长安城中居民区区“闾里”的位置,有学者认为“大多数都该住在城外北面和东北面的‘郭’区”,如杨宽:《中国古代都城制度史研究》,第119页;也有学者认为主要分布在长安城城内东北,如刘庆柱、李毓芳:《汉长安城》,第167页等。

由 8 条分别通向 8 座城门的大街,把全城分为大小不等的区域。宫殿区主要位于城内地势较高的中部和南部,几乎占了全城面积的一半。长乐宫在城内东南部,未央宫在城内西南部。北宫、桂宫和明光宫位于未央宫和长乐宫之北(关于北宫、明光宫的具体位置以及长乐宫的范围存在不同意见,见图 6 - 3、6 - 4)。所有宫殿均建围墙环绕。武库位于长乐、未央二宫之间。市场位于城内西北部。此外,在长乐宫西南发现一处建筑遗迹,东西长 69 米,南北宽 34 米,有学者认为是高庙所在。

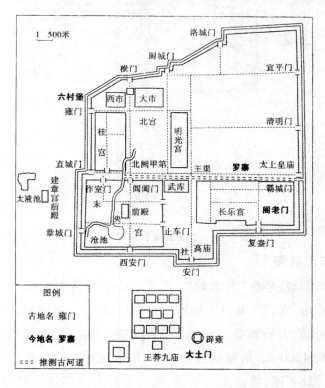

图 6 - 3　汉长安城复原图一[1]

---

〔1〕曲英杰:《史记都城考》,第 163 页。

·欧·亚·历·史·文·化·文·库·

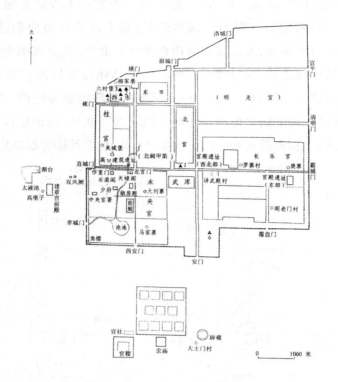

图 6-4　汉长安城复原图二[1]

6.1.3　东汉洛阳[2]

　　东汉洛阳城,号称"九六城",其遗址位于今洛阳市东 15 公里处,平面为长方形,东、西、北三面城垣保存较好,南墙已被洛河冲毁。三段城墙均为夯筑,并有曲折。西城墙长约 3700 米,北城墙长约 2700 米,东城墙长约 4200 米,南城墙长约 2460 米。现在东、西、北三面城墙共发现城门遗址 8 座,符合文献记载,城内主要大街都通向城门,但各城

　　〔1〕刘庆柱、李毓芳《汉长安城》,第 18 页。

　　〔2〕阎文儒:《洛阳汉魏隋唐城址勘察记》,载《考古学报》第 9 册,1955 年,第 117 页;中国科学院考古研究所洛阳工作队:《汉魏洛阳城初步勘查》,载《考古》1973 年第 4 期,第 198 页;中国社会科学院考古研究所洛阳汉魏城队:《汉魏洛阳故城城垣试掘》,载《考古学报》1998 年第 3 期,第 361 页;段鹏琦:《汉魏洛阳故城》,文物出版社 2009 年版,书后附有参考文献。张中印:《东汉—北魏时期洛阳城市形态与内部空间结构演变》,陕西师范大学 2003 年研究生学位论文,书后附有参考文献。

门皆不对称,形成南北向大街和东西向大街各5条。根据考古资料,东汉洛阳城始建于西周时期,东周时期向北进行拓展,秦代又在东周城的基础上向南拓展(见图6-5)。[1]

洛阳城内占主要面积的仍然是宫殿,南宫位于全城中部稍南,北宫居城北部,各建有围墙,两者之间相距1里,有复道相连(见图6-6)。

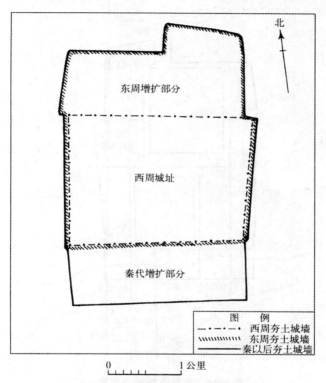

图6-5 汉魏洛阳故城早期城址沿革示意图[2]

有学者认为南宫的前身可能是成周时代的王宫,周秦时代就存在南、北两宫制。[3] 除南、北两宫之外,在北宫东北还有永安宫。城西北

〔1〕中国社会科学院考古研究所洛阳汉魏城队:《汉魏洛阳故城城垣试掘》,载《考古学报》1998年第3期,第361页。

〔2〕中国社会科学院考古研究所洛阳汉魏城队:《汉魏洛阳故城城垣试掘》,载《考古学报》1998年第383页。

〔3〕杨宽在《中国古代都城制度史研究》中认为"秦及西汉时,洛阳已有南宫和北宫",第134页。

部建有宫苑—濯龙园。司徒府、司空府和太尉府位于南宫前的横街东侧,太仓和武库设在城的东北隅。按照文献记载东汉洛阳城设有三"市",其中金市在城内东侧,马市可能靠近中东门外的东郊大道,南市在南郊。

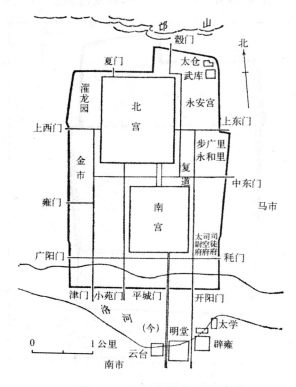

图6-6 东汉洛阳城平面图[1]

汉光武帝中元元年(56)于开阳门、平城门外的城南郊建明堂、灵台、辟雍等礼制建筑,遗址已在今洛河南岸发现,辟雍之北又建太学。

总体来看,东汉洛阳城的城市布局并不是一次规划的结果,而是自西周至汉代逐步形成的。

〔1〕王仲殊:《中国古代都城概说》,载《考古》1982年第5期,第507页。

6.2 重要都城城市形态的复原

6.2.1 曹魏邺城[1]

史书关于曹魏邺城营建过程的记载比较简略,大致如下:

在曹操之前,邺为袁绍所有,《资治通鉴》胡注:"袁绍据邺,始营宫室"。[2]

《三国志·魏太祖本纪》曰:"汉建安十三年(208)春正月……作玄武池以肆舟师";"[建安十五年,210]冬,作铜爵台";[3]"[建安十八年,213]秋九月,作金虎台,凿渠引漳水入白沟以通河";[4]"[建安十八年]七月,始建宗庙于邺";[5]"建安二十二年(217),魏国作泮宫于邺城南"。[6]

曹魏邺城遗址位于河北省临漳县境内,东北距县城 20 公里,南距安阳市 18 公里。由于漳河南移,冲毁了邺城的南半部,地面上只残留有三台中的金虎台和铜雀台的一部分基址以及 8 座高大的台基。

考古探明邺城全城轮廓呈长方形,西墙南段向外折曲,东西长约2400 米,南北长约 1700 米,共 7 座门,其中南墙 3 座门、北墙两门、东西各 1 座门,门址已基本探明,与文献记载符合。建春门和金明门之间东西大道以北中央部分的宫殿区已探明十多座大型建筑基址;在东西大道以南也探明了几座建筑基址。[7] 建春门和金明门之间的大道长

---

〔1〕俞伟超:《邺城调查记》,载《考古》1963 年第 1 期,第 15 页;河北省临漳县文保所:《邺城考古调查和钻探简报》,载《中原文物》1983 年第 4 期,第 9 页;中国社会科学院考古研究所、河北省文物研究所邺城考古工作队:《河北临漳邺北城遗址勘探发掘简报》,载《考古》1990 年第 7 期,第 595 页;徐光冀:《邺城考古的新收获》,载《文物春秋》1995 年第 3 期,第 1 页;程义:《试论邺北城的设计思想、布局与影响》,载《西北大学学报(哲学社会科学版)》2001 年第 1 期,第 106 页。

〔2〕《资治通鉴》卷 86"永嘉元年"条。

〔3〕《三国志》卷 1《魏太祖本纪》。

〔4〕《三国志》卷 1《魏太祖本纪》。

〔5〕《宋书》卷 16"礼制三"条。

〔6〕《宋书》卷 14"礼制一"条。

〔7〕徐光冀:《邺城遗址的勘探发掘及其意义——在磁山文化学术讨论会上的发言》,载《邺城暨北朝史研究》,河北人民出版社 1991 年版,第 44 页。

2100 米,早期路面为东汉晚期至曹魏时期修建,沿用至十六国时期,晚期路面是东魏北齐时期修建和使用的。中阳门大道长 730 米,修建于东汉晚期至曹魏时期,并为后代所沿用;凤阳门大道长 800 米,与东西大道相交,越过东西大道再往北未探到,早期路面是东汉晚期至曹魏时期的,晚期路面的下限为东魏北齐时期;广阳门大道只探出南北长150 米的一段。

金明门至建春门大道以北,发现南北向道路两条,东面一条已经探出长 450 米的一段,通往广德门;西面一条仅探出 70 米的一段,不能确定是否是通往厩门的道路。[1]

此外,按照《魏都赋》中的"廓三市而开廛,籍平逵而九达。班列肆以兼罗,设阛阓以襟带。济有无之常偏,距日中而毕会"[2]来看,邺城中还应当修建有市场,但具体位置不详(按照复原布局来看,市场只能位于邺城的南部)。[3]

通过考古发掘并结合文献记载,邺城的布局结构是由金明门和建春门之间的东西大道,将全城分为南北两区。北区广德门大道的东西两侧"经勘探发现 10 座夯土建筑基址"。根据文献资料,可以推定这里是宫殿区,其中被厩门、广德门两条南北向道路所夹的中央部位,应是以文昌殿为主殿的外宫殿区,但是没有发现围墙;其东侧是以听政殿为主殿的内朝宫殿区,听政殿以北是后宫,听政殿以南隔数道宫门布置中央官署。[4] 宫殿区以西,被厩门内大道分隔的区域是禁苑(铜爵园)和库厩,已探明 4 座建筑基址。邺城南垣正中的中阳门大道向北正对外朝宫殿区的止车门、端门和主殿文昌殿,形成全城的南北中轴线。另外,在西城墙中段稍北构建有铜爵台、金虎台、冰井台(见图 6

〔1〕中国社会科学院考古研究所、河北省文物研究所邺城考古工作队:《河北临漳邺北城遗址勘探发掘简报》,载《考古》1990 年第 7 期,第 596 页。

〔2〕《文选》卷 6"魏都赋",上海古籍出版社 1986 年版,第 279 页。

〔3〕顾炎武在《历代宅京记》中曾根据文献对曹魏邺城的布局进行了复原,具体参见顾炎武:《历代宅京记》卷 12"邺下"条,中华书局 1984 年版,第 174 页。

〔4〕关于曹魏邺城的官署布局可以参见郭济桥:《曹魏邺城中央官署布局初释》,载《殷都学刊》2002 年第 2 期,第 34 页。

－7、6 － 8）。

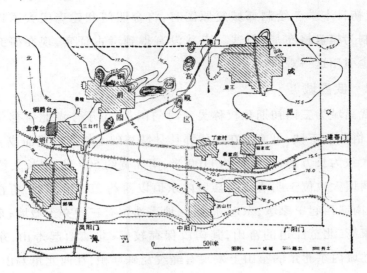

图 6 － 7　邺北城遗址实测图[1]

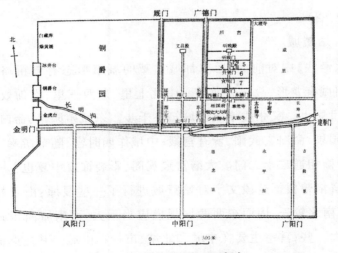

图 6 － 8　曹魏邺城复原图[2]

　　[1]中国社会科学院考古研究所、河北省文物研究所邺城考古工作队:《河北临漳邺北城遗址勘探发掘简报》,载《考古》1990 年第 7 期,第 596 页。
　　[2]徐光冀:《曹魏邺城的平面复原研究》,载《中国考古学论丛》,科学出版社 1995 年版。

193

学界近年来对曹魏邺城的布局没有太大的争议,但需要注意的是,最初日本学者绘制邺城复原图时,将金明门和建春门大道以南地区绘制为棋盘格布局,但这一点并没有得到考古证实,现在研究者一般很少引用这一观点。

6.2.2　武昌城[1]

武昌城为三国初期孙权称吴王时的国都,位于今湖北省鄂州市鄂城区,俗称吴王城,可能是在汉代鄂县县城基础上加固改建而成。城址平面大致为长方形,东西长约 1100 米,南北宽约 500 米,周长大约 3300米。西垣大致位于明清武昌县城内东垣以西约 200 米,西北角在寿山高地;南墙西起王家墩,东迄陈家湾,地表遗留有三段夯土城墙;东墙南起陈家湾,北至江边的窑山,其南段保存较好;北墙西起寿山,东迄窑山。在城内东北角的窑山上发现有绳纹瓦砾堆积,在西北角寿山、东南角以及西南角的王家墩都发现有夯土建筑基址,其中东南角和西北角的面积较大。西南角和东南角外城壕附近发现有铜炼渣和烧土堆积(见图 6-9)。

6.2.3　姑臧城

《水经注》中对前凉、后凉都城姑臧的城市形态有着粗略的描述,即"凉州城有龙形,故曰卧龙城。南北七里,东西三里,本匈奴所筑,乃张氏之世居也。又张骏增筑四城箱各千步。东城殖园果,命曰讲武场,北城殖园果,命曰玄武圃,皆有宫殿;中城作四时宫,随节游幸。并旧城为五,街衢相通二十二门。大缮宫殿观阁,彩装饰拟中夏也"[2]

陈寅恪曾根据这段文字对姑臧城进行了一些复原:由于姑臧城东西狭长,南北较长,因而东西两城规模应当不大,而南城面积则更可能会比较大一些;宫室主要在中城和北城,市场在南城。其复原似乎存在

---

〔1〕蒋赞初、熊海堂、贺中香:《湖北鄂城六朝考古的主要收获》,载《中国考古学会第四次年会论文集》,文物出版社 1985 年版,第 285 页;蒋赞初、熊海堂、贺中香:《六朝武昌城初探》,载《中国考古学会第五次年会论文集》,文物出版社 1988 年版,第 98 页;曲英杰:《古代城市》,第 142 页。

〔2〕郦道元注,杨守敬、熊会贞疏,段熙仲点校,陈桥驿复校:《水经注疏》卷 40,江苏古籍出版社 1989 年版,第 3355 页。

问题,毕竟文献中明确记载了4个城厢的规模,即"增筑四城箱(厢)各千步",大小应当大致相同,并不能排除市场位于其他城厢以及中城的可能。

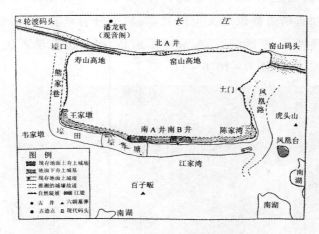

图6-9　六朝武昌城平面示意图[1]

6.2.4　代来城[2]

代来城位于陕西省榆林市巴拉素镇白城台村,即白城台遗址。《晋书·赫连勃勃载记》:"苻坚以[刘]卫辰(赫连勃勃之父)为西单于,督摄河西诸部,屯代来城",[3]即为此地,宋、金、西夏均沿用该城。

代来城遗址坐落在硬地梁河(白城河)东岸台地上,沙层深厚。城址平面呈方形,北垣方向120度。城垣夯筑,呈灰白色,与统万城近似。东、西、南、北垣分别长485米、480米、470米、465米。四墙正中各辟1门并筑瓮城,瓮城内约20平方米见方。城四角有角楼墩台,各墙建有马面,北墙有马道一条。城内被流沙覆盖,因此具体布局并不清楚。

〔1〕蒋赞初、熊海堂、贺中香:《六朝武昌城初探》,载《中国考古学会第四次年会论文集》,第98页。
〔2〕戴应新:《赫连勃勃与统万城》,载《代来城故址考古记》,陕西人民出版社1990年版,第61页;《中国文物地图集·陕西分册》,西安地图出版社1998年版,第623页。
〔3〕《晋书》卷130《赫连勃勃载记》。

6.2.5　统万城[1]

统万城是匈奴族赫连勃勃建立的夏国的国都,是在汉代奢延城基础上改建的,始建于413年,建成于419年,427年被北魏占领。其遗址位于今陕西省靖边县以北无定河北岸,城址分为外郭城、东城和西城。外郭城破坏严重,断断续续,轮廓并不清楚,同时也有学者认为统万城并没有外郭城(见图6-10、6-11)。

图6-10　GE统万城航空照片

〔1〕陕西省文物管理委员会:《统万城城址勘测记》,载《考古》1981年第3期,第225页;王刚等:《"统万城"复原图考》,载《文物世界》2004年第6期,第26页;姚勤镇、吕达:《统万城的历史演变及其建筑特点探析》,载《延安大学学报(社会科学版)》2004年第2期,第126页;吴宏岐:《关于大夏国都统万城的城市形态与布局问题》,载《中国历史地理论丛》2004年第3期,第129页;邓辉等:《利用彩红外航空影像对统万城的再研究》,载《考古》2003年第1期,第71页;戴应新:《赫连勃勃与统万城》,载《代来城故址考古记》,陕西人民出版社1990年版,第61页。

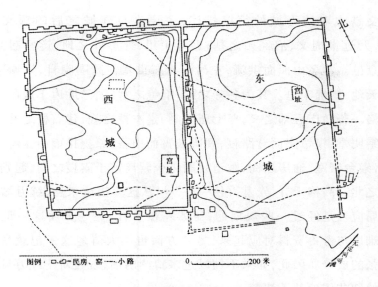

图 6 - 11　统万城遗址实测图[1]

西城周长 2470 米,北墙长 557,东墙长 692 米,南墙长 500 米,西墙长 721 米,略有曲折。按照文献记载,西城四面各有 1 门,南门名为朝宋门、西门名曰服凉门、北门名为平朔门,东门名为招魏门。西城南部正中有一长方形台基,附近地下发现有很厚的瓦砾层,似乎是大型建筑的遗迹。此外,在东门内偏南,距离东墙 21 米,有一坐北面南的大型建筑基址,南向开门,夯土围墙长 80 米,宽 60 米,一般认为是宫殿区;也有学者认为统万城的宫城位于西城西部和西南部。[2]

东城周长 2566 米,北墙长 504 米,东墙长 737 米,南墙长 551 米,西墙即西城的东墙,但略有延长,保存状况不如西城,只在东墙上发现一个门道。在东部稍偏北,存在一大型建筑基址,比周围地面高出两米,可能是宫殿基址。

根据钻探资料,现在一般认为在统万城建城之初这里就已经存在黄沙。城内发现的文物上至汉晋,下迄唐宋。

---

〔1〕陕西省文物管理委员会:《统万城城址勘测记》,载《考古》1981 年第 3 期,第 226 页。

〔2〕参见吴宏岐:《关于大夏国都统万城的城市形态与布局问题》,载《中国历史地理论丛》2004 年第 3 期,第 129 页;邓辉等:《利用彩红外航空影像对统万城的再研究》,载《考古》2003 年第 1 期,第 71 页。

·欧·亚·历·史·文·化·文·库·

文献中对统万城的简略描述,主要来自建城之后的颂文,即:"……乃远惟周文,启经始之基;近详山川,究形胜之地,遂营起都城,开建京邑。背名山而面洪流,左河津而右重塞。高隅隐日,崇墉际云,石郭天池,周绵千里。其为独守之形,险绝之状,固已远迈于咸阳,超美于周洛。若乃广五郊之义,尊七庙之制,崇左社之规,建右稷之礼,御太一以缮明堂,模帝座而营路寝,闾阖披霄而山亭,象魏排虚而岳峙,华林灵沼,崇台密室,通房连阁,驰道苑囿……营离宫于露寝之南,起别殿于永安之北。高构千寻,崇基万仞……"[1]从这段描述来看,统万城的城市布局应当是经过一些规划的,比如左祖右社,但一方面这一记载现在还难以与考古资料对应起来,另一方面也不太清楚这一记载是否具有夸张的成分。因此,如果不加以过多猜测的话,现在对于统万城城市布局的细节依然并不清楚。

6.2.6　北魏平城[2]

北魏平城的修建是一个漫长的过程,直至孝文帝迁都前依然在进行建造,主要的修建有:

"[天兴元年,398]秋七月,迁都平城。始营宫室,建宗庙,立社稷。"[3]同年"八月,诏有司正封畿,制郊甸,端径术,标道里"[4]。

"[天兴二年春二月,399],以所获高车众起鹿苑,南因台阴,北距长城,东包白登,属之西山……[秋七月]起天华殿……[八月]增启京师十二门,作西武库……冬十月,太庙成……[十二月]天华殿成"[5]。

〔1〕《晋书》卷 130《赫连勃勃载记》。

〔2〕宿白:《盛乐、平城一带的拓跋鲜卑——北魏遗迹——鲜卑遗迹辑录之二》,载《文物》1977 年第 11 期,第 38 页;赵淑贞:《北魏平城考》,载《山西大学师范学院学报》1999 年第 2 期,第 68 页;张增光:《平城遗址浅析》,载《晋阳学刊》1988 年第 1 期,第 108 页;要子瑾:《魏都平城遗址试探》,载《中国历史地理论丛》1992 年第 3 期,第 215 页;刘淑芬:《中古都城坊制初探》,载《元朝的城市与社会》,第 353 页;杨宽:《中国古代都城制度研究》,第 140 页;李孝聪:《历史城市地理》,第 117 页;〔日〕前田正名:《平城历史地理学研究》,书目文献出版社 1994 年版,第 95 页。

〔3〕《魏书》卷 2《太祖本纪》。

〔4〕《魏书》卷 2《太祖本纪》。

〔5〕《魏书》卷 2《太祖本纪》。

"〔天赐元年冬十月,404〕,筑西宫"[1]。

天赐三年(406)"发八部人,自五百里内缮修都城,魏于是始有邑居之制度"[2]。

"〔天赐四年秋七月,407〕筑北宫垣,三旬而罢"[3]。

"〔神瑞元年春二月乙卯,414〕起丰宫于平城东北"[4]。

"〔神瑞二年春二月甲辰,415〕立太祖庙于白登之西"[5]。

"〔泰常六年春三月,421〕发京师六千余人筑苑,起自旧苑,东包白登,周回三十余里"[6]。

"〔七年秋九月辛亥,422〕筑平城外郭,周回三十二里"[7]。

"〔八年,423〕冬十月癸卯,广西宫,起外垣墙,周回二十里"[8]。

"〔始光二年春三月,425〕庚申,营故东宫为万寿宫,起永安、乐安二殿,临望观、九华堂。秋九月,永安、乐安二殿成"[9]。

"〔始光三年,426〕春二月,起太学于城东"[10]。

"〔延和元年秋七月,432〕筑东宫"[11]。

"〔太平真君十一年春二月,450〕大修宫室,皇太子居于北宫"[12]。

"〔太和十二年,488〕闰十月甲子,帝观筑圆丘于南郊"[13]。

"〔十五年夏四月,491〕己卯,经始明堂,改太庙……〔冬十月〕,明堂、太庙成……十二月壬辰,迁社于内城之西"[14]。

对于北魏平城的修建过程,还可以参见前田正名《平城历史地理

〔1〕《魏书》卷2《太祖本纪》。
〔2〕《魏书》卷105《天象志》。
〔3〕《魏书》卷2《太祖本纪》。
〔4〕《魏书》卷3《太宗本纪》。
〔5〕《魏书》卷3《太宗本纪》。
〔6〕《北史》卷1《魏本纪一》。
〔7〕《魏书》卷3《太宗本纪》。
〔8〕《魏书》卷3《太宗本纪》。
〔9〕《魏书》卷4上《世祖本纪上》。
〔10〕《魏书》卷4上《世祖本纪上》。
〔11〕《魏书》卷4上《世祖本纪上》。
〔12〕《北史》卷2《魏本纪二》。
〔13〕《北史》卷3《魏本纪三》。
〔14〕《魏书》卷7《高祖本纪下》。

学研究》。[1]

由于北魏平城大部分都位于现在大同市地下,虽然已经发掘出一些北魏时期的遗迹和遗物,但是对于平城的整体布局以及一些主要建筑的位置依然存在争论。但根据文献并结合考古材料,很多学者已经对北魏平城的布局进行了推测,其中最为详细的当属要子瑾的《魏都平城遗址试探》[2]一文。其中所附的《北魏平城想象地图》,虽然可能在具体位置上尚存在争议,但大体上符合文献对北魏平城的描述。其中存在的比较大的问题,就是现在并没有文献可以证明北魏平城存在棋盘格布局的里坊。虽然有学者以"规立外城,方二十里,分置市里,经涂洞达"[3]为据说明平城中存在整齐的棋盘格的里坊街道布局,但从前田正名的研究来看,这里所说的外城是灅南宫的外城,而不是平城的外城。此外"经涂洞达"至多是说明街道笔直、坊的形态较为规整,且从"坊大者容四五百家,小者六七十家"[4]来看,坊的大小可能并不一致,因此其中的街道布局至少不像隋唐长安、洛阳那样整齐。[5]

从上述北魏平城的修建过程和复原图可以得出两点结论:第一,北魏平城的修建一直断断续续,尤其是宫殿的修建,直至魏孝文帝迁都之前依然还在不断的改建和兴建;第二,可能不存在曹魏邺城那样规整、单一的宫殿集中区。

---

〔1〕〔日〕前田正名:《平城历史地理学研究》,第 95 页。

〔2〕要子瑾:《魏都平城遗址试探》,载《中国历史地理论丛》1992 年第 3 期,第 215 页。

〔3〕《魏书》卷2《太祖本纪》。如要子瑾:《魏都平城遗址试探》,载《中国历史地理论丛》1992 年第 3 期,第 234 页的复原图。

〔4〕《南齐书》卷 57《魏虏传》。

〔5〕刘淑芬也持类似的观点,参见刘淑芬:《六朝的城市与社会·中古都城坊制初探》,第 419 页。

6.2.7 北魏洛阳[1]

北魏洛阳的营建分为两个阶段：

一是迁都，修建宫室：孝文帝"[太和十七年冬十月，493]征司空穆亮与尚书李冲、将作大匠董爵，经始洛京"。[2]

二是筑坊：景明二年（501）"九月，丁酉，发畿内夫五万人，筑京师三百二十三坊，四旬而罢"；[3]"嘉表请于京四面筑坊三百二十，各周一千二百步，乞发三正复丁以充兹役。虽有暂劳，奸盗永止。诏从之"。[4]

汉魏故城东西北三面的城垣保存较好，西垣残长4290米，北垣全长3700米，东垣残长3895米。其中西垣上发现城门5座，北垣上城门两座，东垣上城门3座（见图6-12、6-13）。

---

〔1〕劳干：《北魏洛阳城图的复原》，载《"国立中央"研究院历史语言研究所集刊》第20本（上），1948年，第299页；阎文儒：《洛阳汉魏隋唐城址勘查记》，载《考古学报》第9册，1955年，第117页；中国科学院考古研究所洛阳工作队：《汉魏洛阳故城初步勘查》，载《考古》1973年第4期，第198页；孟凡人：《北魏洛阳城外郭城形制初探》，载《中国历史博物馆馆刊》1982年第4期，第41页；段鹏琦：《汉魏故城的调查与发掘》，载《新中国的考古发现和研究》，文物出版社1984年版，第516页；段鹏琦：《汉魏洛阳城的几个问题》，载《中国考古学研究——夏鼐先生考古五十年纪念论文集》，文物出版社1986年版，第244页；中国社会科学院考古研究所洛阳汉魏工作队：《洛阳汉魏故城北魏外廓城内丛葬墓发掘》，载《考古》1992年第1期，第22页；中国社会科学院考古研究所汉魏城工作队：《北魏洛阳外郭和水道的勘查》，载《考古》1993年第7期，第602页；中国社会科学院考古研究所汉魏城工作队：《汉魏洛阳城城垣试掘》，载《考古》1998年第3期，第361页；中国社会科学院考古研究所汉魏城工作队：《汉魏洛阳故城金镛城址发掘简报》，载《考古》1999年第3期，第1页；洛阳市文物局、洛阳市白马寺汉魏故城文物局保管所：《汉魏洛阳故城研究》，科学出版社2000年版；张中印：《东汉——北魏时期洛阳城市形态与内部空间结构演变》，陕西师范大学2003年研究生学位论文；洛阳师范学院河洛文化国际研究中心编著：《洛阳考古集成·秦汉魏晋南北朝卷》，北京图书馆出版社2007年版，书中收录了一些与汉魏洛阳城有关的考古资料和研究论文。

〔2〕《魏书》卷7《高祖本纪下》。

〔3〕《魏书》卷8《世宗本纪》。

〔4〕《魏书》卷18《广阳王嘉传》。

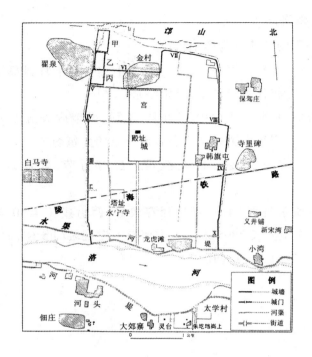

图 6 - 12　汉魏洛阳城平面实测图[1]

　　共发现东西大街 4 条,南北大街 4 条。第一条横道"横一道",从西垣的 I 号城门至东垣的 X 号城门;第二条横道"横二道",从西垣的 III 号城门至东垣的 IX 号城门;第三条横道"横三道",从西垣的 IV 号城门至东垣的 VIII 号城门;第四条横道"横四道",由西垣 V 号城门向东,直达宫城北侧。第一条南北大街,位于最东部,从北段东 VIII 号门内的"横三街"起,向南与"横二道"、"横一道"相交,直达洛河北岸;第二条南北大街,位于大城东部,由北垣 VII 号城门,南行 430 米,然后东行 245 米,然后再向南,先后与"横三道"、"横二道"、"横一道"相交,直抵洛河岸边;第三条南北大道,位于大城中部南侧,由宫城南门起南行与"横二道"、"横一道"相交,直抵洛河北岸;第四条南北大街,位于大城西部,由北垣 VI 号城门南行 320 米,与"横四道"相交,然后西行 300

　　[1]中国科学院考古研究所洛阳工作队:《汉魏洛阳故城初步勘查》,载《考古》1973 年第 4 期,第 199 页。

米,再折向南与"横三道"、"横二道"、"横一道"相交后,直抵洛河北岸。

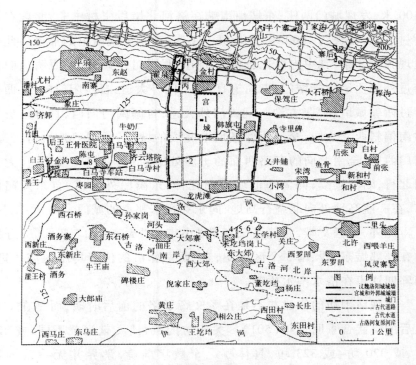

图6-13 汉魏洛阳城遗址以及地形图[1]

宫城位于城中北部,位置适中略偏西,呈南北长的矩形,位于"横二街"与"横四道"之间,南北长约1398米,东西宽约660米。南墙偏西处发现门址1处,西墙上发现门址两处,东墙上发现门址1处。此外在宫城中还发现一道南北向的夯土墙,将宫城分为东西两部分。在宫城内发现夯土台基约二三十处。

金镛城位于洛阳城西北角,北靠邙山,南依大城,经勘查发现了3座小城。3座小城彼此相连,平面略呈"目"字形。

北魏洛阳城的外郭城现在也已经发现了遗迹,其中北垣修建于邙

〔1〕中国社会科学院考古研究所汉魏城工作队:《北魏洛阳外郭和水道的勘查》,载《考古》1993年第7期,第602页。

山南坡最高处,残长 1300 米;西城垣位于金沟村西南的"张方沟"以东,顺着水沟的走向,略呈西北至东南方向的折拐修筑,残存长度约 4400 米,发现城门两座;东城垣南端在洛河北岸后张村中断,北段在石桥村东北,残长约 1800 米,发现城门 1 座;尚未发现南垣的痕迹。此外发现大道 9 条,其中走向比较清晰的有:西明门外大道,从西明门向西穿过外郭西垣南端城门,走向笔直;西阳门外大道,自西阳门向西,西行穿过西郭城垣和"张方沟";阊阖门外大道,自阊阖门向西,直行至象庄村南偏斜西北方向,穿过西郭城垣上北段的城门;承明门外大道,自承明门西行,至南北向的车路西面的土崖处中断;大夏门外大道,自大夏门北行,断断续续,向孟津旧城方向延伸;东阳门外大道,自东阳门向东,在一座高地处向北绕行高地,向东穿行东郭上的城门。[1]

此外,根据文献,北魏洛阳城的"小市"、"大市"和"四通市"分别设在外郭城东、西、南 3 个区域中,东、西两郭市的位置均距内城 3 里,南郭四通市在洛水南永桥畔。

北魏洛阳坊的修建并不是在孝文帝迁洛的前后时期,而是在 7 年之后的宣武帝景明二年(501)。关于坊的数目,文献记载不同,或 220 坊、或 320 坊、或 323 坊,具体哪一个数字准确,学界并无一致的观点。[2] 外郭城城墙兴建的时间也无记载。

6.2.8 伏俟城[3]

伏俟城为吐谷浑都城,位于今青海省共和县青海湖西岸布哈河下游的谷地南侧。城址东西长 220 米,南北宽 200 米,只有东门。自城门向西有一条大道,道路两旁存在房屋基址,在道路西端依城墙建有一座方形院落,东西长 66 米,南北宽 70 米。此外还有一条南北向道路与东西向大道垂直相交。此外在城址外,还有一处规模更大的长方形外

〔1〕中国社会科学院考古研究所汉魏城工作队:《北魏洛阳外郭和水道的勘查》,载《考古》1993 年第 7 期,第 602 页。

〔2〕关于这一争论,参见本书 1.1.4.3 中的注释。

〔3〕黄盛璋、方水:《吐谷浑故都——伏俟城发现与考证》,载《考古》1962 年第 8 期,第 436页;青海省文物考古队:《青海湖环湖考古调查》,载《考古》1984 年第 3 期,第 197 页。

郭城,南部边长1400米,其余三侧毁损严重无法测量。外郭城由隔墙分为东西两城,伏俟城位于其中的西城(见图6-14)。

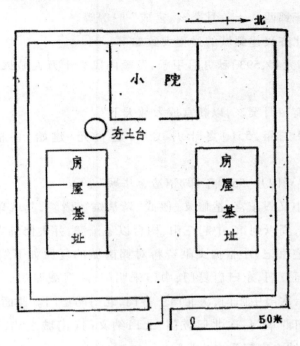

图6-14 伏俟城平面示意图[1]

6.2.9 东魏、北齐邺城[2]

在曹魏之后,邺城经历过多次修建。如"[石勒]于是令少府任汪、都水使者张渐等监营邺宫";[3]"[慕容儁]自蓟城迁于邺,缮修宫殿,

---

〔1〕青海省文物考古队:《青海湖环湖考古调查》,载《考古》1984年第3期,第200页。

〔2〕俞伟超:《邺城调查记》,载《考古》1963年第1期,第15页;河北省临漳县文物保管所:《邺城考古调查和钻探简报》,载《中原文物》1983年第4期,第9页;徐光冀:《邺城考古的新收获》,载《文物春秋》1995年第3期,第1页;中国社会科学院考古研究所、河北省文物研究所邺城考古工作队:《河北临漳邺南城朱明门遗址的发掘》,载《考古》1996年第1期,第1页;郭义孚:《邺南城朱明门复原研究》,载《考古》1996年第1期,第10页;中国社会科学院考古研究所、河北省文物研究所邺城考古工作队:《河北临漳县邺南城遗址勘探与发掘》,载《考古》1997年第3期,第27页;郭济桥:《北朝时期邺南城布局初探》,载《文物春秋》2002年第2期,第16页;牛润珍:《邺与中世纪东亚都城制系统》,载《河北学刊》2006年第5期,第105页。

〔3〕《晋书》卷105《石勒载记》。

复铜雀台"。[1] 慕容垂攻陷邺城之后"以邺城广难固,筑凤阳门大道之东为隔城";[2]"[太和十七年冬十月]癸卯,幸邺城……初,帝之南伐也,起宫殿于邺西。十一月癸亥,宫成"[3]等等。

东魏、北齐兴建邺城的过程大致如下:

"[兴和元年,593]秋九月甲子,发畿内民夫十万人城邺城,四十日罢"。[4]

"冬十有一月癸亥,以新宫成大赦天下"。[5]

"[天保二年,551]冬十月戊申,起宣光、建始、嘉福、仁寿诸殿"。[6]

"[七年夏四月,556]丁卯,诏造金华殿"。[7]

"天统中又毁东宫,造修文、偃武、隆基嫔嫱诸院,起玳瑁楼。又于游豫园穿池,周以列馆,中起三山,构台以象沧海,并大修佛寺……"[8]

《历代宅京记》中根据文献资料对邺南城的复原如下"邺都南城,十一门,南面三门,东曰启夏门,中曰朱明门,西曰载厚门。东面四门:南曰仁寿门,次曰中阳门,次北曰上春门,北曰昭德门。西面四门:南曰止秋门,次曰西华门,次北曰乾门,北曰纳义门(南城之北,即连北城,其城门以北城之南门为之)。"[9]

"南城自兴和迁都之后,四民辐辏,里闾阗溢,盖有四百余坊,然皆莫见其名,不获其分布所在。其有可见者,有东市(在东郭)、西市(在西郭)、东魏太庙(在朱明门内南街之东)、大司马府(在端门外街东,南向)、御史台(在端门外街西,台门北向,取阴杀之义也……)、尚书省卿寺(《邺中记》曰:尚书省及卿寺百司,自令仆而下,至二十八曹,并在宫

〔1〕《晋书》卷110《慕容俊载记》。
〔2〕《晋书》卷123《慕容垂载记》。
〔3〕《魏书》卷7《高祖本纪下》。
〔4〕《魏书》卷12《孝静帝本纪》。
〔5〕《魏书》卷12《孝静帝本纪》。
〔6〕《北齐书》卷4《文宣帝本纪》。
〔7〕《北齐书》卷4《文宣帝本纪》。
〔8〕《隋书》卷24《食货志》。
〔9〕顾炎武:《历代宅京记》卷12"邺下"条,第182页。

阙之南)、司州牧廨(《邺中记》曰:在北齐太庙北)、清都郡(《邺中记》曰:在仙都苑东,本魏郡)、京畿府(在城北)。"[1]

20世纪80年代以来,对邺南城进行了考古发掘,大致情况如下:

通过钻探确定了东、南、西三面城墙的位置,城址最宽处东西2800米,南北3460米,东、南、西三面城垣存在舒缓的弯曲,东南、西南城角为弧形圆角。在东墙上发现城门1座,南墙上城门3座,西墙上城门4座。

钻探到主要道路6条,南北向道路3条,东西向道路3条。3条南北向大道之间几乎平行,其中通往朱明门的大道向北直达宫城正南门;通过厚载门的大道,向北穿过两条东西向大道后在河图村东北残断;启夏门大道,从启夏门出发向北穿过一条东西向道路后,在刘太昌村西南、太平渠南残断。3条东西向大道几乎平行走向,并且与南北向大道垂直。通过乾门的大道,东达宫城西门;通过西华门的大道,向东通过宫城南墙外侧,与通过厚载门和朱明门的大道垂直相交,在倪辛庄南残断;通过上秋门的大道,向东直通东墙仁寿门。

在邺南城中央偏北发现了宫城的遗迹,东西约620米,南北约970米,四面有宫墙的遗迹,东西南三面宫墙呈直线走向,北宫墙的东段则向北偏折。在宫城内及其附近钻探出15处建筑基址,宫城内主要宫殿的中轴线将宫城分成东西两部分,[2]但是中轴线以东的部分明显大于西半部,而且导致"东宫墙北端已超出北宫墙"。

文献记载邺南城有400余坊,王仲荦先生利用资料考证出10多个里坊名称。[3] 值得一提的是:因东魏北齐时邺南、邺北两城同时存在,所以官宦宅邸在南、北两城都有。至于里坊的规划,虽然现在发现了可能是垂直相交的通往城门的街道,但即使其余所有通往城门的街道都垂直相交(最理想化的模式,没有考虑宫城),最多也就将全城分为20个区块,那么必定存在下一级的分割方式。因此,现在推断邺南城具有

---

〔1〕顾炎武:《历代宅京记》卷12"邺下"条,第184页。

〔2〕中国社会科学院考古研究所、河北省文物研究所邺城考古工作队:《河北临漳县邺南城遗址勘探与发掘》,载《考古》1997年第3期,第27页。

〔3〕王仲荦:《北周地理志》卷10"河北下",中华书局1980年版,第921页。

棋盘格的街道布局证据依然不够充分。此外,有学者引用《北史·李崇传》所记"刘家在七帝坊十字街南,东入穷巷是也",[1]认为该条资料"倒是明确指出了邺南城里坊的结构是内设十字街",[2]但也仅仅是孤证。因此,总体来看,邺南城只是存在棋盘格街道布局的可能(见图6-15)。

有学者认为邺南城与北魏洛阳一样存在外郭,[3]但一无考古证据,二无确凿的文献证据。

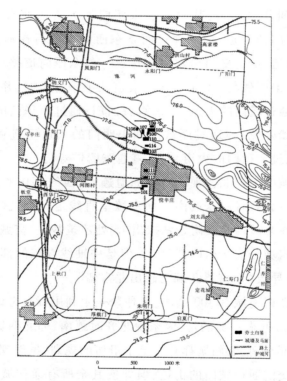

图6-15 邺南城遗址实测图[4]

〔1〕《北史》卷43《李崇传》。
〔2〕李孝聪:《历史城市地理》,第133页。
〔3〕郭济桥:《北朝时期邺南城布局初探》,载《文物春秋》2002年第2期,第16页。
〔4〕中国社会科学院考古研究所、河北省文物研究所邺城考古工作队:《河北临漳县邺南城遗址勘探与发掘》,载《考古》1997年第3期,第28页。

6.2.10 南朝建康[1]

建康城由孙权于建安十六年(211)始筑,称秣陵,建都后改称建业,西晋末避愍帝司马业之名讳改称建康。建业(康)曾作为历史上三国东吴、东晋和南朝宋、齐、梁、陈六朝的都城,其城市布局也是逐步形成的。由于在隋朝被彻底破坏,因此其布局基本上只能通过文献和少量考古资料进行复原(关于南朝建康的资料很多,但较零散,受篇幅限制,这里不再列出,可以参见本文所列的参考著作)。

最终形成的建康城布局为:全城由一条东西横街划为南北两部分。北部置宫城、苑囿;南部有御街,置官署。宫城(台城)周长8里,平面略呈正方形,原系东吴的后苑,东晋咸和五年(330)改筑为宫,南朝各代皆沿用不改。宫城以东是东宫,以北是华林园和乐游苑。中为御街("苑路"),北起宫城正门大司马门,与横街在宫城门前组成丁字型框架,御街穿过都城宣阳门,南抵淮水(今秦淮河)北岸朱雀航,总长7里,形成全城的中轴线。由于受到地形的限制,建康城的轴线并不是正南正北。御街两侧旁列百官衙署。

---

〔1〕罗宗真:《六朝考古》,南京大学出版社1994年版;刘淑芬:《六朝的城市与社会》;卢海鸣:《六朝都城》,南京出版社2002年版;朱偰:《金陵古迹图考》,中华书局2006年版。

6.2.11 隋大兴城、唐长安城[1]

按照文献记载,隋大兴城兴建于隋开皇二年(582)六月,至开皇三年(583)迁都,仅仅用了9个月的时间。与大多数都城不同,这是一座一次规划而成的都城,虽然此后也进行了一些兴废建造,但总体布局再也没有发生大的变化。

隋唐长安城已经进行了大量的考古工作,大明宫、兴庆宫、西市、外郭城以及某些坊都进行了发掘,宿白的《隋唐长安城与洛阳城》一文根据考古发现和文献材料对长安城的布局进行了复原,现摘引如下:

大兴外郭城东西广 9721 米,南北长 8651.7 米,郭城东、西、南三面

〔1〕陕西省文物管理委员会:《唐长安城地基初步探测资料》,载《人文杂志》1958 年第 1 期,第 85 页;陕西省文物管理委员会:《唐长安城地基初步探测》,载《考古学报》1958 年第 3 期,第 79 页;马得志:《唐大明宫发掘简报》,载《考古》1959 年第 6 期,第 296 页;马得志:《唐长安兴庆宫发掘记》,载《考古》1959 年第 10 期,第 549 页;中国社会科学院考古研究所西安唐城工作队:《唐长安城西市遗址发掘》,载《考古》1961 年第 5 期,第 248 页;中国科学院考古研究所西安发掘队:《唐代长安城考古纪略》,载《考古》1961 年第 11 期,第 595 页;陕西省博物馆、文管会钻探组:《唐长安城兴化坊遗址钻探简报》,载《文物》1972 年第 1 期,第 43 页;宿白:《隋唐长安城和洛阳城》,载《考古》1978 年第 6 期,第 409 页;马得志:《唐长安的调查发掘》,载《文博通讯》1982 年第 5 期,第 4 页;马正林:《唐长安总体布局的地理的特征》,载《历史地理》1983 年第 3 期,第 67 页;贺业钜:《唐宋市坊规划制度演变探讨》,载《中国古代城市规划史论集》,北京中国建筑工业出版社 1986 年版,第 200 页;马得志:《唐长安发掘新收获》,载《考古》1987 年第 4 期,第 32 页;中国社会科学院考古研究所西安唐城工作队:《唐长安城安定坊发掘记》,载《考古》1989 年第 4 期,第 319 页;尚民杰:《隋唐长安城的设计思想与隋唐政治》,载《人文杂志》1991 年第 1 期,第 90 页;赵强:《西安发现唐代坊里道路遗址》,载《中国文物报》1992 年 11 月 8 日第 1 版;常腾蛟、吕家新:《唐长安坊里建筑遗址的地理位置》,载《考古与文物》1992 年第 5 期,第 98 页;史念海:《唐长安城外郭城街道及坊里的变迁》,载《中国历史地理论丛》1994 年第 1 期,第 1 页;傅熹年:《隋唐长安洛阳规划手法的探讨》,载《文物》1995 年第 3 期,第 48 页;王维坤:《试论隋唐长安城的总体设计思想与布局——隋唐长安城研究之一》,载《考古文物研究——纪念西北大学考古专业成立四十周年文集(1956—1996 年)》,三秦出版社 1996 年版,第 403 页;王维坤:《试论隋唐长安城的总体设计思想与布局——隋唐长安城研究之二》,载《西北大学学报》1997 年第 3 期,第 69 页;陈忠凯:《唐长安外郭城区域结构之研究》,载《文博》2001 年第 1 期,第 71 页;齐东方:《魏晋隋唐城市里坊制度——考古学的印证》,载《唐研究》第 9 卷,北京大学出版社 2003 年版,第 53 页;荣新江:《关于隋唐长安研究的几点思考》,载《唐研究》第 9 卷,北京大学出版社 2003 年版,第 1 页;中国科学院考古研究所:《唐长安大明宫》,北京科学出版社 1959 年版;陈寅恪:《隋唐制度渊源略论稿》,三联书店 2001 年版;辛德勇:《隋唐两京丛考》,三秦出版社 1991 年版;杨鸿年:《隋唐两京坊里谱》,上海古籍出版社 1999 年版;姜波:《汉唐都城礼制建筑研究》,文物出版社 2003 年版;杨鸿年:《隋唐两京考》;荣新江和王静曾整理过《隋唐长安研究文献目录稿》,参见《中国唐史学会会刊》第 22 期。

各开 3 门。郭城内有南北向大街 11 条,东西向大街 14 条,其中通向南面 3 门和连通东西 6 门的"六街"是大兴城内的主要干道。除最南面通往延平门和延兴门的东西大街宽 55 外,其余 5 条大街都宽 100 米以上,特别是明德门内的南北大街——朱雀大街宽达 150 至 155 米。其他不通城门的大街宽度在 35 至 65 米之间,顺城街宽 20 至 25 米。

这 11 条南北大街和 14 条东西大街,除宫城、皇城和两市外,将郭城分为 108 坊。各坊面积大小不一:紧邻朱雀大街两侧的四列坊最小,南北长 500 至 590 米,东西宽 550 至 700 米;位于这四坊之外直至顺城街的六列坊次之,南北长度同前,东西宽则自 1020 米至 1125 米;皇城两侧的六列坊最大,南北长 600 米至 838 米,东西宽 1020 米至 1125 米。坊四周筑夯土墙。

有东西两市,分别位于皇城外东南和西南,各占两坊之地,周围夯土围墙,四面开 8 门。其中东市南北长 1000 米,东西宽 924 米;西市南北长 1031 米,东西宽 927 米。

宫城位于郭城北部正中,前靠皇城,背后是大兴苑,南北长 1492.1 米,东西宽 2820.3 米。

皇城紧靠宫城南侧,中隔横街,无北墙,东西两墙与宫城东西墙相接。南北长 1843.6 米,东西宽与宫城同。其中南墙正中的皇城正门朱雀门,北与宫城正门正阳门相对,南经朱雀大街与外郭城南墙明德门相通,其中分布着中央衙署以及附属机构。

大明宫位于东北城外,兴建于唐高宗时期,南宽北窄,西墙长 2256 米,北墙长 1125 米,东墙由东北角起向南(偏东)1260 米,东折 300 米,然后再南折 1050 米与南墙相接,南墙则利用了外郭城的北墙。在北墙之北和东西墙外侧都发现了与城墙平行的夹城。宫城四壁和北面夹城均设有城门,除南墙东部两门外,其余城门都已被发现。

唐玄宗时期依靠郭城东墙在原兴庆坊基础上修建了兴庆宫,东西宽 1080 米,南北宽 1250 米,南墙 20 米外还筑有复墙,宫城四面都设有城门。宫城以内用隔墙分为南北两部分,南部为园林区,北部为宫殿区,共发现建筑遗址 17 处。

距离外郭城东壁 23 米发现了通往曲江池的夹城,与外郭城东壁南北平行,全长达 7970 米。此外还探明了位于郭城东南隅的曲江芙蓉园,其中曲江池位于园西部,经钻探其遗迹南北长 1400 米,东西最宽处600 米(见 图 6－16)。

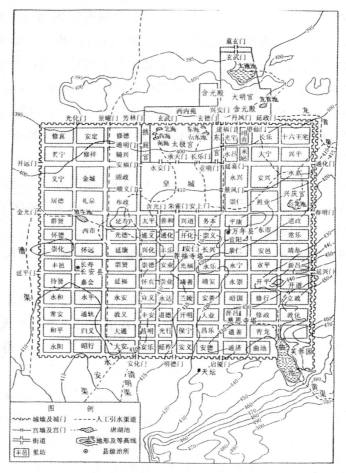

图 6－16　隋大兴、唐长安城布局复原图[1]

〔1〕曲英杰:《古代城市》,第 168 页。

6.2.12　隋唐洛阳[1]

隋洛阳城,下诏营建是在仁寿四年(604)十一月,但开始大规模兴建则是在大业元年(605)三月,至二年(606)正月修建完成,总共花费了10个月的时间。与长安城相似,此后虽有所兴废改建,但主要集中在宫殿和礼仪建筑上,总体布局基本再无大的变化。

隋唐洛阳城已经进行了大量的考古工作,现根据《"隋唐东都城址的勘查与发掘"续记》和宿白《隋唐长安城与洛阳城》并结合文献资料对隋唐洛阳城的布局简要复原如下:

洛阳城的宫城和皇城位于城市中地势最高的西北角。

宫城东西墙各长1270米,北墙长约1400米,南墙正中有南向凸出部分,长约1710米。曜仪、圆璧两城位于宫城之北。其中曜仪城,平面狭长,长2100米,宽120米;圆璧城平面呈矩形,长2100米,东端宽590米,西端宽460米。

皇城围绕宫城的东、西、南三面夯筑,西壁保存较好,长约1670米。

东城紧邻皇城之东,东西长约330米,南北长约1000米。东城之北有含嘉仓城,东西长约600余米,南北长700余米。

在宫城东北角和西北角外,还有长方形城址各1座,其中东边的城址南北长275米,东西宽520米,东面依东城之西墙,北面接宫城之北

〔1〕阎文儒:《洛阳汉魏隋唐城址勘查记》,载《考古学报》1955年第9册,第117页;中国科学院考古研究所洛阳发掘队:《隋唐东都城址的勘查和发掘》,载《考古》1961年第3期,第127页;《中国科学院考古研究所1961年田野工作的主要收获》,载《考古》1962年第5期,第272页;中国社会科学院考古研究所洛阳工作队:《"隋唐东都城址的勘查与发掘"续记》,载《考古》1978年第6期,第361页;洛阳博物馆:《洛阳发现隋唐城夹城城墙》,载《考古》1983年第11期,第1000页;洛阳市文物工作队:《1981年河南洛阳隋唐东都夹城发掘简报》,载《中原文物》1983年第2期,第48页;中国社会科学院考古研究所洛阳唐队:《唐东都武则天明堂遗址发掘简报》,载《考古》1988年第3期,第227页;中国社会科学院考古研究所洛阳唐城队:《洛阳隋唐东都1982—1986年考古工作纪要》,载《考古》1989年第3期,第234页;中国社会科学院考古研究所洛阳唐城队:《1987年隋唐东都发掘简报》,载《考古》1989年第5期,第444页;中国社会科学院考古研究所洛阳唐城队:《洛阳东都上阳宫园林遗址发掘简报》,载《考古》1998年第2期,第38页;中国社会科学院考古研究所洛阳城队:《隋唐洛阳城城垣1995—1997年发掘简报》,载《考古》2003年第3期,第47页;程存洁:《唐代城市史研究初篇》,中华书局2002年版;杨鸿年:《隋唐两京考》;洛阳师范学院河洛文化国际研究中心编:《洛阳考古集成·隋唐五代宋卷》,北京图书馆出版社2005年版。

·欧·亚·历·史·文·化·文·库·

墙,西南两面分属于宫城皇城之东北墙;西边的城址,南北长275米,东西宽180米,东面为宫城西墙,南面为皇城北墙,西北两面与皇城西墙和宫城北墙相接。两座城址之外,分别还有两座夹城,修建时间晚于宫城。

外郭城,东墙长7312米,南墙长7290米,北墙长6138米,西墙曲折长6776米。南墙和东墙上各发现有3个门道。其中南墙正中定鼎门内的大街是洛阳的主干道,最宽处为121米。此外,在洛南部分发现南北向街道12条,东西向街道6条。洛北部分由于破坏严重,仅在靠近城墙东北部探出南北向街道4条,东西向街道3条。外郭城中南面5列坊和东北隅3列坊保存较多。按照探出的街道,复原出的坊市数量符合文献记载的103坊和3市,但由于西市所在破坏严重,北市为现代建筑所叠压,现在只发掘了南市。

图6－17 隋唐洛阳城实测图[1]

---

〔1〕中国社会科学院考古研究所洛阳工作队:《"隋唐东都城址的勘查与发掘"续记》,载《考古》1978年第6期,第367页。

此外依据现有的发掘资料,隋唐洛阳城迄今发现的城垣(宫城城垣和隔城城垣)皆可以分为早晚两期(见图 6-17、6-18)[1]。

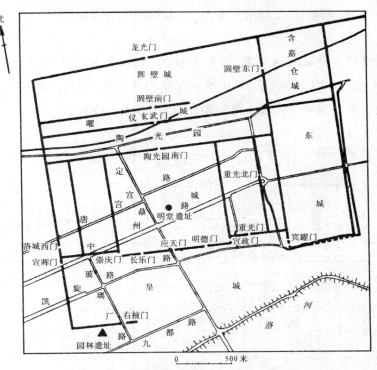

图 6-18　隋唐洛阳宫城、皇城等示意图[2]

6.2.13　渤海国上京龙泉府

渤海国是由靺鞨族于 698 年建立的地方政权,755 年迁都到今宁安县的上京龙泉府。龙泉府是仿照隋唐长安建造的,分为外城、皇城和宫城三重。

外城平面为长方形,东西宽 4400 米,南北长 3400 米,城门 10 座,其中南北门各 3 座,东西门各两座,南北向的朱雀大街将城市分为东西两部分。朱雀大街连接外城的正南门,也是全城最宽的街道。全城由

〔1〕中国社会科学院考古研究所洛阳唐城队:《隋唐洛阳城城垣 1995—1997 年发掘简报》,载《考古》2003 年第 3 期,第 47 页。

〔2〕中国社会科学院考古研究所洛阳唐城队:《洛阳东都上阳宫园林遗址发掘简报》,载《考古》1998 年第 2 期,第 38 页。

道路划分为里坊,各坊有石砌围墙。

皇城坐落在外城北部,平面呈长方形,南墙长 1045 米,东墙长 447 米,西墙长 454 米,北侧由一条宽 92 米的横街与宫城隔开,其中分布有衙署遗迹。

宫城在皇城北部中央,属于宫殿区,平面也为长方形,东西长 620 米,南北长 720 米,周长 2680 米。北墙中部设有 1 门,南墙设有 3 门。宫城中央自南而北发现 5 座宫殿基址(见图 6-19)。[1]

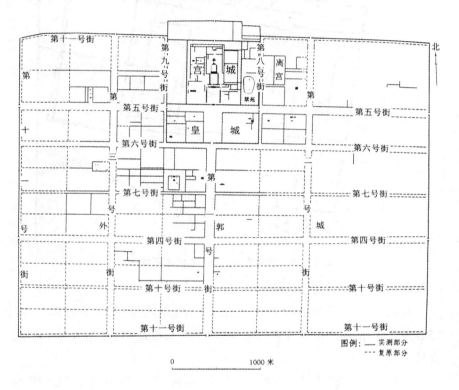

图 6-19 渤海上京龙泉府平面实测图[2]

---

〔1〕中国社会科学院考古研究所:《新中国的考古发现和研究》第 6 章"渤海上京龙泉府遗址的调查与发掘",文物出版社 1984 年版,第 622 页;黑龙江省文物考古研究所、牡丹江市文物管理站:《渤海国上京龙泉府遗址 1997 年考古发掘收获》,载《北方文物》1999 年第 4 期,第 42 页。
〔2〕曲英杰:《古代城市》,第 195 页。

6.3 对以往研究方法的评述

6.3.1 "规划"的定义以及以往研究中的相关问题

"规划"是一种有意识的行为。按照国标《城市规划基本术语标准》给出的城市规划的定义是"对一定时期内城市的经济和社会发展、土地利用、空间布局以及各项建设的综合部署、具体安排和实施管理"。美国国家资源委员会提出城市规划"是一种科学、一种艺术、一种政策活动,它设计并指导空间的和谐发展,以满足社会与经济的需要"[1] 类似的"城市规划"的定义还有很多,但其中一致的是"城市规划"是有预先目的、有意识进行的城市发展的设计,在一些著作中作者使用的"规划"一词确实也带有这样的涵义,如贺业钜在《中国古代城市规划史》前言中提到"远在公元前 11 世纪西周开国之初,我国即已初步形成世界最早的一套从城市规划概念、理论、体制、制度直至规划方法的华夏城市规划体系,用来指导当时的都邑建设……三千年来,我国古代城市基本上都是遵循这个体系传统而规划的。由此可见,体系传统的发展进程,正集中体现了我国古代城市规划的发展历程"[2]

由于"规划"是一种有意识的行为,因此一座城市是否进行过规划以及规划的程度是需要证明的,但是当前以"规划"为标题的论著以及很多关于中国古代都城个案或者综合性的研究著作中都默认其研究对象的城市形态是一次性规划的产物或者自始至终遵循着同样的规划。但除了少数都城(隋唐长安、洛阳、元大都、明中都)之外,由于文献缺失,要直接判断这些都城是否经过了规划以及规划的程度是非常困难的。在这种情况下,研究者将都城的城市形态轻易地或者具有倾向性地判定为或是经过全面规划、或是一次性规划的产物似乎过于

---

〔1〕同济大学建筑城书规划学院主编:《城市规划资料集·总论》,中国建筑工业出版社 2003 年版,第 5 页。

〔2〕贺业钜:《中国古代城市规划史》"前言",中国建筑工业出版社 1996 年版。

轻率。

在以往 3—7 世纪都城城市形态的研究中,大致存在着 3 种错误:

(1)一些研究者认为城市中存在功能分区,那么就说明这是规划的结果,因而城市形态就是规划的产物。但实际上功能分区并不一定是规划的产物,现代的一些村镇中,也可以清晰地划分出居住区、商业区,但其中很多都是顺应当地的交通、自然环境自发形成的,并不是建村之初有意规划的结果。

如贺业钜认为东晋建康城"总体规划很重视市场的建置。不仅数量多,而且分布布局也做了合理安排。吴时曾沿秦淮置有大市、东市,宫北又设北市。东晋适应形势需求,复于秣陵加置斗场市。除了这四大市外,沿淮尚有小市十余所"[1] 但这种市场布局是在秦淮河水运条件之下形成的,还是有意规划的结果,抑或两者兼而有之,并不能轻易断言。

(2)在某种意义上,只要是人为的建造,那么都是有意识的行为,但是其中一些城市功能建筑的兴建只涉及城市的局部或者至多是一种局部规划,某些都城最终的城市形态恰恰是在多次局部行为的基础上构成的。由此就整体而言,这种城市形态并不应当被视为是(一次性)有意规划的结果。

如北魏洛阳。从文献来看,孝文帝迁都洛阳时可能主要是在此前洛阳基础上的改建,而坊则是 7 年之后在广阳王嘉建议下修建的,由此来看,孝文帝迁都之初应当没有考虑外郭城中坊的规划,因此贺业钜认为北魏洛阳城是魏孝文帝规划的,显然是不正确的。[2] 南朝建康,也是如此。

(3)还有一些都城是在原有城址基础上改建的,比如曹魏邺城、北魏平城等等,对于这些城市形态中一些要素,比如宫城的位置、街道布局结构等,是受到原有建筑或者结构的影响,还是有意规划的结果,抑

---

[1]贺业钜:《中国古代城市规划史》,第 461 页。
[2]贺业钜:《中国古代城市规划史》,第 464 页。

或两者都有,也是非常难以判断的。

如以往有些研究者对曹魏邺城的评价很高,例如郭济桥在《曹魏邺城中央官署布局初释》中认为:"邺城的营建有其总体规划构思。《魏都赋》谓邺城规划览荀卿、采萧何,《荀子·王制》于规划礼仪有所发挥,萧何建长安亦开辟一新局面,说明邺城的规划效法先贤,以周、汉的都城构筑制度为底本,借鉴秦汉制度,并有所创新"[1]。从布局上来看,曹魏邺城的整体布局确实与前代都城不同,宫殿区和衙署区较为集中,没有再采取以往多个宫城(或者宫殿区)的布局。但需要注意的是,按照记载,在曹操之前,邺为袁绍所有,也就是曹魏邺城并不是新建的,而是对原有城市的改建。而且关于曹魏邺城修建的文献,其中所记载的基本上局限于宫殿和三台,此外还修缮了城隍而已。由此我们不禁要问曹魏邺城有多少是出于曹魏的规划,有多少是继承自前代?一些学者在论述中一再强调的对后世影响极大的那些布局(如中轴线,宫殿的统一布局位于城市北侧)是曹魏的有意为之,还是在原有城市布局基础上的因地制宜,而且这种布局方式在当时是否已经成为了一种通识,还是仅仅只是一种偶然的、因地制宜的方式?[2]

6.3.2 判断都城布局相似性的标准以及"相似性"在研究中的意义

对于不同阶段都城布局相似性的判断,是构成以往这一时期都城城市形态"发展史"的研究基础,因为只有判定都城城市形态之间存在相似性,才能确定它们之间存在相互影响(这在逻辑上也存在问题,参见后文)。在当前研究中对于相似性的判断基本是一种主观的认识,因此有些研究者认为两座都城布局相似或者至少主体布局相似,但是另外一些研究者则会认为两者之间并不相似或者只是某些不太重要的局部存在相似。

---

〔1〕郭济桥:《曹魏邺城中央官署布局初释》,载《殷都学刊》2002 年第 2 期,第 34 页。
〔2〕在三国和魏晋南北朝时期,很多政权都修建了自己的都城,其中著名的如夏国的统万城等等,但是这些城市的城市形态现在依然并不清楚。以往对于这一时期都城城市形态的研究多注重那些"主流"王朝的都城,而没有注意这些政权的都城,因此那些由"主流"王朝建立的都城的城市形态,虽然可能对后世都城的城市形态产生了影响,但并不一定能代表当时都城城市形态(或者布局、规划)的常态。

例如关于北魏洛阳城,学界争论的一个焦点问题就是这座都城的城市布局受到了之前哪些都城的影响。以刘淑芬为代表的一些学者认为北魏洛阳城的营造主要是受到南朝建康的影响,"洛阳的营建几乎全受建康的影响……甚至是建康的翻版"。[1] 而陈寅恪则提出了具有影响力的观点,他先否定了通常根据《南齐书·魏虏传》记载永明九年(491)营建洛阳之前,魏主曾遣蒋少游报使南齐时"密令观京师宫殿楷式……虏宫室制度,皆从其出",并因此认为北魏洛阳的规划皆出自蒋少游之手的观点,提出"但恐少游所摹拟或比较者,仅限于宫殿本身,如其量准洛阳魏晋庙殿之例,而非都城全部之计划,史言'虏宫室制度皆从此出',则言过其实",[2]进而提出"其实洛阳新都之规制悉出自李冲一人",并认为北魏洛阳都城的营造"盖皆就已成之现实增修,以摹拟他处名都之制者",其中包括有河西凉州、中原邺城、代北平城与南朝建康等数座城市。[3]

再如芮沃寿的《中国城市的宇宙论》,该书所强调的"宇宙论",实际上主要内容是《考工记》,但与同样强调《考工记》的贺业钜不同,芮沃寿接受了现在主流的观点,认为《考工记》的成书时代较晚,即"不过我却认为该书某些片段或所包含的思想,虽则可能起源较早,但其基本结构——特别是有关数字象征的地方——当起于汉武帝时期"[4]而且作者对某些城市的认识与贺业钜也存在很大的差异,如隋唐长

---

〔1〕刘淑芬:《六朝的城市与社会·六朝建康与北魏洛阳之比较》,第 186 页。

〔2〕陈寅恪:《隋唐制度渊源略论稿》附论都城建筑,三联书店 2001 年版,第 69 页。

〔3〕在这里顺带提及的是,从参与修建者的背景入手进行分析成为研究这一时期都城规划思想来源的一个重要方法,虽然这一研究视角有一定的道理,但在逻辑上并不完备。设计者的生活地、学识背景虽然会对其头脑中的都城规划产生一定的影响,但是并不等于就会应用于规划,而且影响建造者以及城市规划的因素很多。而且确实存在同样的设计者设计出风格迥异的城市布局的例子,比如都是由刘秉忠设计的元上都和元大都就有着完全不同的城市形态,无论是宫殿的位置、城门的数量都完全不同。因此对修建者背景的研究,至多只能提供一种影响都城规划的可能,而不是一种确定的结论。此外,陈寅恪所论述的北魏洛阳受到河西姑臧的影响主要是市场位于宫城之南,也就是违背了所谓传统的"面朝后市"的制度,但北魏洛阳之前的都城明确存在"后市"的只有汉长安(可能还有秦都雍城),因此谈不上存在"面朝后市"的传统,而且东汉洛阳也已经出现了"前市"(曹魏邺城可能也是如此),因此陈寅恪的这一结论并不完备。

〔4〕芮沃寿:《中国城市的宇宙观》,载施坚雅主编,叶光庭等译《中华帝国晚期的城市》,中华书局 2000 年版,第 50 页。

安,作者认为受到帝王宇宙论(基本上等同于《考工记》)的影响不大,
"帝王宇宙论对长安城的规划者虽则分明具有权威,然而这种权威却
也有限……在需要做出抉择的时候,实用主义的考虑——方便、功能
区划分、易于治安管理——就超过古制的规定",[1]但贺业钜则认为隋
唐长安是中国古代"营国制度"发展中的重要一环。

此外,一座都城的城市布局牵扯到多种要素,就当前的研究来看,
基本上包括宫城的位置、衙署(或者皇城)的位置以及与宫城的相对位
置、太庙和社稷坛的位置、各个方向城门的数量、街道布局的方式。那
么在上述这些要素中,有多少要素相同才算得上相似?抑或某些重要
的要素相同,就可以认为是相似?如果不确定一些标准的话,那么都城
之间相似性的比较永远只是一种自说自话的研究,永远也不会达成一
种共识。

但是,建立相似性的判断标准依然不能彻底解决这一问题,因为
单纯的相似性的比较并没有实质上的意义,理由是:一方面,相似的事
物其内涵、产生的原因并不一定相同;另一方面,相似的事物也存在着
各自起源的可能,因此两个事物之间存在相似性并不等于两者之间存
在关联或者存在相互影响,而至多只能说两者之间"可能"存在联系。

如,北魏洛阳城的市场位于城市南部,陈寅恪认为这是受到姑臧
的影响;同时陈寅恪也认为可能是受到交通因素的制约。那么,洛阳城
与姑臧市场位置的这种相似性,其原因到底是什么呢?显然,姑臧的
"影响"至多只是可能性之一。隋唐长安城的市场位于城市南侧,其位
置也与北魏洛阳城相同,但这种布局很可能是受到地形制约将宫城修
建在北侧高坡上而市场不得不位于南侧的结果。因此,相似性所阐释
的并不是一种必然的影响和联系。

再如,孟凡人在《试论北魏洛阳城的形制与中亚古城形制的关

〔1〕芮沃寿:《中国城市的宇宙观》,载施坚雅主编,叶光庭等译:《中华帝国晚期的城市》,第
64页。

系——兼谈丝路沿线城市的重要性》[1]一文中提出北魏洛阳城的城市布局与中亚一些古城的布局存在一定的相似性,然后又通过文献和考古资料认为曹魏和北魏时期中原与中亚存在着密切的联系,从而提出这一时期中国城市的布局受到了中亚的影响。从该文提出的考古资料来看,北魏洛阳与中亚的一些古城在城市布局上确实存在相似之处,而且从汉代以来中原与中亚交流之频繁也是学术界的共识,但如同上文所述,这种表面上相似性的比较所论述的只是一种"可能"而已。

不仅如此,即使内涵和产生原因相同的两个相似事物之间,也并不一定存在影响或者联系。因为,一方面存在各自单独起源的可能,另一方面也许两者的相似产生于一种更大范围的背景、习惯或传统。

如以往的研究认为至少从北魏洛阳开始就存在棋盘格的街道布局,从而影响了邺南城以及隋唐长安城和洛阳城的街道布局。先抛开北魏洛阳城的棋盘格布局现在只是一种可能,即使北魏洛阳城存在棋盘格街道布局,也不能说隋唐长安城和洛阳城的棋盘格布局是在北魏洛阳的影响下产生的。因为正如本书3.3所述,在世界城市史上,棋盘格布局是采用最为普遍的一种城市规划方式,出现于印度河流域、埃及、希腊、罗马、文艺复兴时期的欧洲、西班牙统治下的美洲直至近现代,在中国也是如此,至少在成书于汉代(也有学者认为是战国时期)的《考工记》中就出现了用棋盘格规划城市的方式。此外,如本书所述一些唐代建造的地方城市、明代大量的卫所城市和清代的满城都具有棋盘格规划的方式。从世界城市史来看,这种规划的好处就是建造便捷,往往能在短时间内完成建造工程,多使用于新建造的城市或者老城附近新的规划扩展区域。因此,这一时期棋盘格规划的都城,很可能并不存在先后影响的问题,而是基于一种普遍存在的城市规划方式。

总体来看,以往作为这一时期都城城市形态研究基础的相似性比

---

〔1〕孟凡人:《试论北魏洛阳城的形制与中亚古城形制的关系》,载《汉唐与边疆考古研究》第1辑,科学出版社1994年版,第97页。

较不仅缺乏统一的标准,而且仅仅是形式上的比较并不能说明问题,甚至从内涵或者起源角度进行的比较研究,阐释的也仅仅是一种相互影响的"可能"。由于中国古代文献中相关史料的缺乏,这方面的研究非常困难,所以今后一方面要探索新的研究方法,另一方面在研究中要时刻意识到"相似性比较"方法的局限。

6.3.3　过度阐释

进行历史研究,无论是基于文献还是基于考古材料,都需要在资料的基础上进行阐释,也就是需要进行主观的判断和解释,因此必定带有一定的主观性。但是这种"主观"要符合基本的逻辑,而且研究者自身必须要意识到其所进行的研究是一种主观的研究,这种主观研究的结果在逻辑上是一种可能,而不是确定的结论。而且更为重要的是要意识到,建立在各种可能性基础上的层层推进的研究(基本上所有研究都是如此),最初的可能性越小,那么随着研究的推进,最终结论的可能性也就越小。如果是建立在多种小概率可能性基础上的研究,那么其结论的可信度就非常值得质疑。如果没有意识到这点,那么对于最终结论的确信必然会就成为一种过度阐释。

而且,如上文所述,以往构建这一时期都城形态发展史的基础就是不同都城形态之间的比较研究,由于几乎所有研究者都倾向于认为这种发展史是成立的,因此在比较时都刻意寻找相似性(且不说没有考虑到内涵),有时过度夸大考古和文献资料所能提供的信息,也构成了典型的过度阐释(因为对任何事物进行比较,只要主观上认为具有相似性,都可以刻意找到相似的方面,所以以往某些相似性比较的研究也带有过度阐释的成分)。下面举一些例子进行说明:

以往研究中对都城中棋盘格布局的认定是过度阐释的典型例证。日本学者最初在复原曹魏邺城时,认为在城的南侧存在棋盘格的布局,这点现在学界已经意识到没有考古资料的支持(参见前文)。北魏平城棋盘格布局的问题,可以参见前文。现在认为北魏洛阳城中存在整齐的棋盘格布局的观点,在学术界占据了主流,并以此为基础提出了一些这一时期都城城市形态发展的观点。但是就现在的考古资料

·欧·亚·历·史·文·化·文·库·

来看,在外郭中发现大道 9 条,其中走向基本笔直的大道两条;带有倾斜和曲折的大道两条;其余几条道路或者断断续续或者走向并不清晰(参见前文对北魏洛阳的描述),仅从考古资料难以得出北魏洛阳存在整齐的棋盘格街道布局的结论。现在提出北魏洛阳存在整齐的里坊(棋盘格街道布局)主要是依据文献资料,最有影响力的是宿白提出的"规整的一里见方的里坊,最为突出。《洛阳伽蓝记》卷 5 记'方三百步为一里,里开四门,门置里正二人,吏四人,门士八人'。里坊的划分,是中原城乡旧制,但这样大面积整齐统一的部署和对里坊这样严格的管理,则为以前所未见"。[1] 但孟凡人对此已经提出了异议,他认为:"里坊除比较规整的一里见方者外,亦有大小不同的里坊并存";"(北魏洛阳城)是在利用、改造魏晋'九六'城基础上兴建起来的,虽然在增筑外郭城时似有整体规划,但它受旧城规范的制约,很难完全按规划进行。比如北魏洛阳城的街道,从钻探实测图来看,远不如隋唐长安城规整。这样从整体上看,里坊的排列就失去了整齐划一的前提……此外,还有很多因素影响里坊的整齐排列……在此情况下,很难想象北魏洛阳外郭城的里坊在整体上能像隋唐长安城那样规整,更不用说排满一里见方的里坊,能如棋盘格一样整齐"。[2] 因此,虽然并不能排除北魏洛阳存在棋盘格布局的可能,但就目前的研究来看,也至多是一种"可能",建立在其上的研究,则是"可能"之上的"可能"。

在关于统万城的研究中,邓辉等根据清末何柄勋的考察记、彩红外照片和少量文献判断宫城位于西城的西部。上述三者其实都存在一定问题:何柄勋的报告中关于城墙的记录"其地有土城,周围三重,俱用土筑。渡无定河,西行二里许,进头道城,又西半里,进二道城,又西数十武,进三道城"。这一记载无论如何都与现代的调查不能吻合。如果头道城是外郭城,二道城是东城的东墙,三道城是西城的东墙的

---

〔1〕宿白:《北魏洛阳城和北邙陵墓——鲜卑遗迹辑录之三》,载《文物》1978 年第 7 期,第 44 页。

〔2〕孟凡人:《北魏洛阳外郭城形制初探》,载《中国历史博物馆馆刊》1982 年第 4 期,第 41 页。

话,后两者之间距离过近;而如果头道城是东城的东墙,二道城是西城的东墙,两者之间"半里"也与实际情况相差很大,因此将三道城作为西城以内的宫城,似乎也就存在疑问;按照邓文的"西城的西半部为一流沙所覆盖的高地,仔细辨认尚可隐隐看出一些规则的城墙痕迹"的行文来看,将这些痕迹认定为是宫城的遗迹是出于猜测,而且统万城在赫连夏之后依然在使用,即使存在墙体,也不能肯定其修建的时间;仅据文献中记载的"昌败与数十骑退走入城,门未及闭。内三郎豆代田率众乘胜入宫,焚其西门。宫门闭,代田逾宫门而出",[1]并不能确证西宫紧靠西城城墙修建。不过,将这三条证据叠加在一起之后,将宫城定位于西城的西侧紧靠城墙修建,确有一定的可能。此外,如前文所引用的统万城建城后的颂文,虽然有一定的夸张,但也可以大致说明统万城存在一些受到汉族文化影响的建筑和建筑布局,如左祖右社。但邓文对统万城的规划设计特点的描述"可见统万城的建造,是充分考虑到它作为帝都的地位,并参照了一些中原地区的都城规划制度来加以设计的。航空影像上看到的外郭城的东门、内城的东门和宫城的东门恰好都位于一条接近东西向的直线上,这应该就是统万城规划的轴线……成为统万城内各部分建筑布局的轴心。宫殿、路寝、左社、右稷当是沿着这条轴线依次布置的。这种沿轴线规划城市的做法常见于古代中原地区都城的规划设计中……"[2]这些描述,无论是在前文的论述,还是考古、文献资料都没有确实的佐证,至多是多种可能的汇集,已经超出了文献、考古资料所能提供的解释。此外,作者还认为统万城内城西墙的曲折是对北斗七星的模仿,但无论从航片还是复原图上来看,这一曲折是非常小的,而且两者从形状上也并不是很像,当然正如上文所述,相似与否的判断带有很强的主观性。

　　总体来看,以往 3—7 世纪都城城市形态(规划、布局)的研究在研究方法上存在很大问题,尤其是采用相似性比较的方法作为研究这一

---

〔1〕《十六国春秋》卷 67《赫连昌传》。

〔2〕邓辉等:《利用彩红外航空影像对统万城的再研究》,载《考古》2003 年第 1 期,第 74 页。

时期都城城市形态发展史的基础,令人怀疑以往研究结论的可靠性。

而且以往对于这一时期都城形态史的研究基本上都在寻求前后都城之间的相互联系和影响,但实际上这种出发点本身就存在问题。

（1）前后相继的事物之间不一定存在相互影响或者具有继承关系。比如一般认为隋唐长安城的棋盘格规划是受到北魏洛阳（当然如上文所述,其是否存在棋盘格布局也是有疑问的）的影响,但正如前文所述在世界城市史上棋盘格布局是一种常见的城市规划方式,由此隋唐长安城的这种规划也可能来自于一种常用的规划方式,不一定是受到北魏洛阳的影响。

（2）都城作为一种特殊的城市,其最显著的特点之一就是数量少,那么各种偶然的、特殊的因素很容易打断这种相互联系和影响。客观而言,这一时期都城的城市形态史,既可能是一种"相互联系和影响的历史",也可能是一种"由个案构成的历史",当然更可能是两者的结合（与都城不同,地方城市由于数量众多,因此可以在很大程度上排除偶然因素的干扰）。

此外,我们现在所研究的这一时期的都城只是当时都城的一小部分,表6-1也仅仅只是列出了十六国时期的都城,但其中现在进行过研究的也只是统万城、姑臧而已,远远谈不上对这一时期都城城市形态的了解,更不清楚当时的都城形态（规划、布局）是否存在某些模式。这一问题在今后的研究中值得深入分析。

表6-1　十六国国都简表[1]

国　名	京　城
汉、前赵	平阳、长安
前凉	姑臧
成汉	成都
后赵	襄国
冉魏	邺
前燕	龙城、邺

---

〔1〕参考了戴应新:《赫连勃勃与统万城》,陕西人民出版社1990年版,第13页。

国　名	京　城
前秦	长安
后秦	长安
西燕	长子
后燕	中山
夏	统万城
北燕	龙城
南燕	广固
西秦	宛川
后凉	姑臧
南凉	西平
西凉	敦煌
北凉	张掖

结合到当前的研究,如前文所述,由于以往研究中对于都城城市形态的成因刻意归结于"规划"、对形态"相似"判断上的随意性和对"相似性"内涵的忽视,以及在缺乏文献资料和考古资料下的过度阐释,其本质都是希望将这一时期都城的形态史归结于是一种"相互联系和影响的历史",即使现在还不能彻底否认这种研究方法,但至少在今后的研究中都应当尽量避免这种主观性。

6.4　总结

下面大致从 5 个方面总结一下这一时期都城城市形态的变化:

第一,街道格局

正如前文所述,即使北魏平城、北魏洛阳存在棋盘格街道格局,那么也不能说由此影响了隋唐长安和洛阳的街道格局。而且从此后的都城来看,基本上那些新建的都城采取的都是这种街道布局方式,如元大都,[1]明中都,可能还有开封,[2]而南宋临安和明南京的街道都不太规整。不过,由于3—7世纪重要的都城大都是新建的,因此都城的街道布局基本上以棋盘格为主。虽然前文中对北魏洛阳和邺南城存在棋盘格布局提出了疑问,但这种疑问针对的是以往的研究方法,即以往的研究方法对于这两座都城中棋盘格街道布局的认定过于草率,或者说论证的并不充分。就本人的观点而言,由于这两座都城都是新建的,因此有可能存在类似于棋盘格的街道布局,当然这还有待于今后进一步的研究。

---

〔1〕如以往的研究大都认为隋唐至宋元是中国古代都城布局的一大变革时期,其中重要的一点就是之前棋盘格的街道布局被长巷式街道布局所取代,从各种复原图中也确实能看出这种变化。不过,我们需要了解,棋盘格的城市街道布局方式,在世界城市史上非常普遍,绝大多数使用在新建城市或者老城市的新的拓展区域上,是划分土地的一种方式,优点在于能很便捷快速地建造一座城市。在中国古代都城中(以及很多地方城市中),棋盘格的规划基本上用于那些新建的都城,例如隋唐长安、洛阳,可能还包括北魏洛阳、明中都。作为长巷式街道布局代表的元大都,实际上几乎所有主要街道和胡同都是垂直相交的,而且这种划分方式在很大程度上是为了划分土地,《元史·世祖本纪》载:"至元二十二年二月,壬戌,诏旧城居民之迁望城者,以资高及居职者为先,仍定制以地八亩为一分。其或地过八亩及力不能成室者,皆不得冒据,听民作室",赵正之在《元大都平面规划复原的研究》一文中计算"胡同与胡同之间的距离为50步,合77米,但这是根据从第一条胡同的路中心至次一条胡同的路中心来计算的。如果去掉胡同本身6步的宽度,则两条胡同之间实际占用的距离是44步,合63.36米,这与北京内城现存的平行胡同之间的距离是符合的。如以两条胡同之间实占距离44步长为准,宽亦截为44步,那么这一方块中,约占地8亩"(赵正之:《元大都平面规划复原的研究》,引自侯仁之《元大都》,载《侯仁之文集》,北京大学出版社1998年版,第62页)。侯仁之则进一步认为"8亩一份的住宅用地,根据两条标准胡同之间的面积来计算,可以大致求得其分布情况。例如自东四(牌楼)三条胡同与四条胡同之间,从西口到东口正好占地80亩,适可分配住户十家"(侯仁之:《元大都》,载《侯仁之文集》,北京大学出版社1998年版,第62页)。因此,隋唐长安城和洛阳城的棋盘格与元大都的长巷式街道,虽然在外观上并不相似,但却有着相同的内涵。

〔2〕现在的研究者一般都认为北宋开封城中不再存在与隋唐长安和洛阳相似的棋盘格的布局,而是街巷式布局。但是由于北宋开封城深埋在地下,现在关于其街道走向的考古资料非常缺乏,因此实际上这一观点并没有确实的考古资料。对北宋开封城街道布局的推断,主要依据就是文献中记载了开封城存在大量的商业活动。杨宽是少数依据文献进行过一些开封城街道复原的学者之一,其结论是"从此大街和小巷联结的交通网逐渐形成。东西向的大街,两侧有若干南北向的小巷;南北向的大街,两侧有若干东西向的小巷。居民众多的小巷不再是局限于'坊'内的通道,而直通大街,于是原来作为封闭式的许多'坊'中间的'街',成为通向许多小巷的大道,从此'街巷'的结构就代替了原来的'街坊'结构"。依照杨宽的复原,抛开坊的问题,垂直相交的大街与垂直交错的小巷,所构成的很可能就是一种棋盘格或者至少是整齐布局的街道模式(坊与棋盘格之间并无直接联系)。那么这种街巷式布局与原来的棋盘格布局之间到底存在什么差别,这种差别是否巨大到可以作为重要发展阶段的划分? 因此,在缺乏进一步论证的情况下,以往对于这一问题的研究带有一定过度阐释的成分。

第二,宫殿的位置

这一时期都城中宫殿(宫城)的位置并不固定,曹魏邺城、北魏平城、隋唐长安位于北侧;北魏洛阳位于城中偏北;六朝建康位于中部;隋唐洛阳位于西北;统万城和伏俟城则可能都位于西侧。各个都城中宫城选址的原因,现有研究存在多种观点。如朴汉济认为北魏平城和洛阳的宫城位于北侧和偏北侧,并在其北侧建有范围广大的苑囿,可能与安全有关;隋唐大兴城的宫城建于城北侧,一般认为是出于将宫殿建在城中较高的位置或者与占据风水中六爻的位置有关,等等。当然,由于缺乏文献,因此对于这些观点的对错难以进行判断,但也有可能这些观点都有些道理,即每座都城宫城(宫殿)位置的选择都有着各自的原因,并不存在某种一以贯之的观念。而且,这一时期都城中的宫殿似乎也并没有完全完成从秦汉及其之前的多宫制向一座宫城的彻底转型。因为,不仅从文献和某些复原图来看,北魏平城中就存在多座宫城,而且长安城中在唐代也先后兴建了大明宫和兴庆宫,由此也构成了多个宫殿区。

第三,衙署的位置

这一时期确实延续了从东汉洛阳以来的趋势,即都城中的主要衙署逐渐集中在宫殿南侧街道两旁,直至到了隋唐长安城环绕宫城前的衙署修建了皇城,并且隋文帝时将当时混杂在其中的居民全部迁出,从而可能形成了一个纯粹的只有衙署的城。不过这也算不上是中国都城布局中划时代的革命,因为这种将衙署集中于皇城之中的形式并没有被后世所延续,如元大都、明南京和北京都不是完全如此。

第四,左祖右社

这一布局方式基本被这一时期的都城所尊崇,甚至赫连勃勃修建的统万城可能也是如此。

第五,市场

在可以确定市场位置的都城中,市场基本位于宫城或者整个城市的南部。但是这种布局方式,很可能是出于各个城市的交通、地理条件,至少难以肯定是一种在这一时期被遵从的规划方式。

·欧·亚·历·史·文·化·文·库·

通过上面几条的分析可以看出,这一时期各个都城的城市布局之间的联系性并不是很强,衙署的位置、左祖右社,都延续了自东汉洛阳以来的布局,可能也确实是被这一时期都城建设所遵从的布局方式。而宫城的位置和街道格局,各个都城之间的联系并不紧密。

不可否认的是,这一时期的很多都城或者是由来自亚洲内陆各族的统治者修建,或者是由来自这些民族的设计者设计布局的。[1] 而且,这一时期那些占据主导地位的民族的都城以及统一的隋唐王朝的都城,在城市布局上都有着一些鲜明的特色,尤其是隋唐长安和洛阳,宏大的城市规模、整齐的街道布局,格局分明的建筑分区,都是中国古代都城中的典范。就中国古代都城形态史而言,3—7 世纪的都城形态在某些方面是承前启后的,最为典型的是将原来分散的衙署集中在宫城的南侧,虽然隋唐长安用来集中衙署的皇城没有被后代所延续,但是这一时期出现的衙署布局方式基本被后代的都城继承下来。另外,虽然在隋唐长安城中存在多个宫殿区,但就其最初的规划而言确实只有一个宫殿区,只是后来又增建了一些,而且这一时代之后的历代都城中基本上只有一个宫殿区。只是这些变化是来自内陆亚洲各族的推动,还是经由他们传入的其他地域的建城方式,抑或是中原地区原有传统的发展?从现有的研究来看,对于这些问题现在还难以做出回答。

---

[1]关于北魏洛阳的设计者,参见陈寅恪:《隋唐制度渊源略论稿》附论都城建筑,第69页;关于隋唐长安、洛阳的设计者,参见辛德勇:《隋东西两京修建工程诸主事人》,载《隋唐两京丛考》,第1页。

7 结论

本书在前面的章节中主要论述了 3—7 世纪中国城市发生的一些重要变化,在这里进行一些简要的总结:

经过持续不断的动荡,7 世纪末的城市分布已经完全不同于东汉末年,只有大约 1/3 的城市来源于汉代及其之前,其中新建的城市并没有完全集中在长江中下游及其以南地区,同时迁建的城市大多集中在北方地区。因此,虽然这一时期北方废弃了大量城市,但同时北方传统的中原地带依然新建和迁建了大量城市。此外,在分布上,汉代之前城市分布密集的山东、河南等地城市数量减少的最多,而增加数量最多的是边缘地区的四川。这一时期城市分布变化的原因非常复杂,并不能完全归结于江南地区经济开发的结果。

地方城市的城市形态在这一时期出现了巨大的变化。如果说汉代,至少在北方地区广泛筑城的话,那么从魏晋南北朝开始已经出现了很多不修筑城墙的城市;到了唐代,和平时期内地已经不再大规模修筑城墙。如果说汉代的中国是"都市国家",到处遍布着有墙聚落的话,那么到了唐代,这种景观已经不复存在。另外一个重要的变化就是城市中出现了通常居于较高位置的子城,并且一些城市围绕子城不断发展,在唐末修筑罗城后,构成了内外重城的格局。子城产生的原因较为复杂,但总体而言,与这一时期某些城市作为军事戍守据点和保护这一时期城市中构成复杂的人员中占据主导地位的居民有关。这一时期,由于偶然因素,城市中出现了"坊",但与秦汉时期的"里"在功能上并没有本质区别,其产生可能是一种历史的偶然。就形态而言,坊虽然最初可能是方正的,但在地方城市中实行时,不一定遵循方正的形态,只是很可能保持了封闭的特点。不过由于这一时期的很多城市都

·欧·亚·历·史·文·化·文·库·

是新建的,因此有条件修建形态方正的"坊"。与此相关联的是,这一时期虽然大量城市出现了棋盘格的街道格局,但其原因是"新建",而不是"坊"。棋盘格在世界城市史中是最为常见的用于新建城市的街道布局方式,这一点中国也不例外。当然,由于3—7世纪的特殊性,即出现了大量新建和迁建城市,因此这一时期棋盘格布局的城市在数量上可能要远远多于之前和之后的历史时期。

这一时期的都城从表面上来看,在城市规划上似乎发生了根本性的变化,比如从随意布局转向具有事先规划,街道呈现出了棋盘格布局,宫殿也由分散趋向于集中,出现了容纳衙署的皇城等等,但由于都城数量极少而具有特殊性,如果将这一时期的都城放置于整个都城城市形态史的脉络中分析,这些变化并不能构成一种趋势,而具有很强的偶然性。当然不可否认,这一时期出现的隋唐长安和洛阳这种经过全面规划的都城与西汉长安和东汉洛阳的松散布局相比,确实形成了巨大的反差,但是这种反差来源于一次性规划,而不是所谓的都城规划的发展。

总体来说,经过3—7世纪的演变,无论是城市地理空间分布还是城市内部的空间结构都发生了巨大的变化。当然,其中一些变化虽然并不能认为是这一时期形成的独有的特点,但却在这一时期表现得非常充分和突出,例如棋盘格街道布局。

至于3—7世纪中国城市发生如此巨大变化的推动力,当然与这一时期内陆亚洲各个民族涌入内地有关。虽然历史不可假设,但试想如果没有这些民族的扰动,城市的地理分布虽然必定也会发生变化,但这种变化很可能是缓慢、渐近的;虽然在和平时期,筑城的数量和频度会逐渐下降,但原有的城居的形式,很可能也不会发生彻底的变化;由于新建或迁建的城市不会着意强调军事戍守职能,城市中居民之间的差异也不会变得巨大,那么子城很可能不会在中国历史上出现;同时,基于偶然原因出现的坊可能不会产生,秦汉时期的里制很可能会延续下来;最后,由于新建城市在数量上不会突然爆发性的增加,使用棋盘格街道布局的城市数量也不会如此众多,大多数城市的街道布局很可能是有机生长的结果。

不仅如此,将我们的目光投向欧亚大陆的另一端,那里的城市在大致相同的时期经历了蛮族入侵之后,也发生了巨大的变化。原有的罗马时期兴建的城市被大量放弃,虽然其中一些在后来的城市复兴时期被再次利用。但在城市再次兴起之后,不仅空间分布发生了巨大的变化,而且在城市形态的某些方面也发生了一些根本性的改变。这一时期欧洲的很多城市起源自修建于高处的城堡或者防御坚固的教堂。此后随着商业的复兴和贸易的复苏,环绕二者,城市发展起来;新建的城市中有很多是人为规划的,并以棋盘格街道作为城市规划的基础。这些与3—7世纪中国的城市极为相似。

上述现象不仅从另外一个侧面论证了来自欧亚内陆的各个民族对这一时期城市变化的推动作用,而且也提示了我们以往中国古代城市研究中存在着一个问题,即虽然以往也存在一些中西城市的比较研究,但一直以来缺少将中国古代城市放置在世界城市发展史背景下的讨论,由此造成了两个问题:

(1)在一些著名的世界城市史的著作中,具有悠久历史的中国城市所占的篇幅通常都极少,往往是一笔带过,内容上也游离于世界城市发展的主干之外。这虽然在一定程度上是受到欧洲中心论的影响,但不可否认的是以往中国古代城市的研究缺乏对世界城市史的关注,中国古代城市的研究难以对世界城市史研究中的关键问题进行回应,也难以对世界城市史的研究从中国古代城市的角度进行修正、补充以及提出新的观点。因此,使得这些学者难以从我们的研究中汲取可资利用的研究成果。

(2)或者使得我们将一些世界城市史中的普遍现象认为是中国城市某一时期的特殊现象,如棋盘格;或者使我们忽视了世界城市史中非常重要的内容,例如子城(城堡)。

因此,今后中国古代城市的研究非常有必要放置在世界城市史,尤其是欧亚城市史的背景下进行。

回到本书所涉及的内容。本书前面各章节讨论的都是一些在这

·欧·亚·历·史·文·化·文·库·

一时期发生了变化的内容,当然这一时期依然存在一些不变的内容,这些内容在前面的各章节中极少提及。作为一部探讨某一时期历史城市地理的著作,除了交待"变"之外,还必须对"不变"的内容有所讨论。当然全面的讨论是不太可行的,在这里只涉及一些以往研究中比较重视或者在城市史中具有一定重要性的内容:

(1)市。以往的研究通常认为自汉代至唐代,城市中的商业活动都必须集中在城市中政府开设的市中,直至唐末这一制度才逐渐松弛。不过本书作者认为这一时期城市中的商业活动并不需要集中在"市"中进行。[1] 如果说有其特殊性的话,就是这一时期城市中的"市"与后期相比有着特定的职能,可能直至宋代才发生转变,不过这一问题比较复杂,需要从秦汉至宋代进行长时段的研究,这已经远远超出了本书所涵盖的时段,容今后另撰文叙述。不过,毋庸置疑的是,这一时期无论是都城还是地方城市中都开设有政府管理的"市"。

(2)衙署。自秦汉以来,地方行政层级虽然有所演变,如由郡县两级逐渐演变为州郡县三级制。地方官员的选拔、任命、监察等方面也出现了一些变化,据严耕望先生在《魏晋南北朝地方行政制度》分析,魏晋南北朝时期,地方官吏有两套系统,一套是属于州刺史的地方行政官员,这部分官员与汉代类似,大部分是由刺史自己辟除的;另一套系统是属于军府系统的官员,这些官员名义上由中央派出,但实际上大部分都是由地方长官自己辟除,只不过可能需要得到中央的认可而已。隋代鉴于魏晋南北朝时期地方权力过大,为了防止地方割据,加强中央集权,逐渐限制地方权力,如开皇十四年(594)十一月壬戌规定:"州县佐吏,三年一代,不得重任"[2]等等。但总体而言,地方城市中行政机构的数量并没有太大的增减,因此这一时期地方城市中的衙署基本上都以地方最高长官为核心集中布置,这种情况直至北宋时期才开始逐渐发生变化。

---

[1]参见成一农:《"中世纪城市革命"的再思考》,载《古代城市形态研究新探》,第66页。
[2]《隋书》卷2《高祖本纪》。

此外,还需要对这一时期城市发生的变化进行一些定性,在以往中国古代城市的研究中,"中世纪城市革命"无疑具有较大的影响力。这一理论的奠基者是伊懋可,他在斯波义信等人研究的基础上提出了中国城市"中世纪在市场结构和城市化上的革命"。[1] 此后施坚雅以此为基础总结了加藤繁、崔瑞德以及斯波义信等人的研究,提出了"中世纪城市革命"的5点特征,即"(1)放松了每县一市,市须设在县城的限制;(2)官市组织衰替,终至瓦解;(3)坊市分隔制度消灭,而代之以'自由得多的街道规划,可在城内或四郊各处进行买卖交易';(4)有的城市在迅速扩大,城外商业郊区蓬勃发展;(5)出现具有重要经济职能的'大批中小市镇'"。[2] 对于这一理论已经有学者提出了质疑。[3] 总体而言,这一理论对于"市"、"坊"和城外商业郊区的出现存在认识上的错误,因此很可能并不成立。与"中世纪城市革命"相对应的是,根据本书的分析,3—7世纪或者说自汉末至唐代前期,中国城市无论是在地理分布还是城市形态上都发生了一些重要的变化,虽然是否能定性为一场"革命"依然有待于今后的研究,不过毋庸置疑的是,如果仅从城市分布空间和城市形态上来看,这一时期变化的剧烈程度必然要超过唐宋时期或者所谓的"中世纪"。

在本书的结尾,还需要说明本书存在的一些局限和问题:

第一,受到篇幅和材料的局限,在很多内容上与前后时段的联系不够充分。如第一章对于城市空间分布的分析,如果能探讨这一时期所奠定的城市空间分布格局对于后代的影响,当对我们理解这一时期变化的性质具有价值;对于里坊的分析,如果能在时段下延至宋代,分析里坊制向坊制的过渡,这样对于这一问题的分析才算完整;子城的研究也存在类似的问题。以往中国古代城市的研究多注重横向的断

〔1〕Mark Elvin, "The revolution in market structure and urbanization", *The Pattern of the Chinese Past*, Stanford University Press, 1973, p. 162.

〔2〕施坚雅:《导言:中华帝国的城市发展》,引自施坚雅主编,叶光庭等译,《中华帝国晚期的城市》,第24页。

〔3〕参见成一农:《"中世纪城市革命"的再思考》,载《古代城市形态研究方法新探》,第66页。

代研究,今后应当更注重某些因素的纵向的长时段的分析。

第二,缺乏对区域的关注。即使简单地进行分割,至少也应当分为南北两个区域,而且根据现有的一些线索,有些因素南北两个地区确实存在区域上的差异,比如里坊之间的转化,本书中其实主要讨论的是北方地区的变化过程,坊如何以及何时从北方拓展到南方,受到材料的限制,本书中只是稍有提及。此外,第一章对城市分布的变化,虽然提及了区域间的差异,但受到篇幅的限制,并没有展开讨论不同区域发展差异的原因和区域特点。中国地域广大,尤其是在这一分裂割据时期,各个地区的历史发展脉络、影响因素必然千差万别,城市的发展当然也会受到影响而存在区域性的差异。

附表 1 魏晋南北朝隋墓志所见里坊名称[1]

墓志名称	去世时间	下葬时间	籍贯	去世地点（或居所）	葬地	用字	出处
律猛妻马氏墓志		无年月	大原大陵都乡建昌里部			里	汉魏南北朝,[2] 506
晋故中书侍郎颍川颍阴荀君之墓	元康五年	元康八年	晋故东莱庐乡新乐里			里	汉魏南北朝,6
石□墓志	永嘉元年	永嘉二年	厌次都乡清明里			里	汉魏南北朝,15
石定墓志	永嘉元年	永嘉二年	厌次都乡清明里			里	汉魏南北朝,17
温峤墓志	咸和四年		并州太原祁县都乡仁义里			里	新出,[3] 11
王兴之墓志	咸康六年　永和四年	咸康七年　永和四年	琅耶临沂都乡南仁里　西河界休都乡吉迁里			里	汉魏南北朝,18
王闽之墓志	升平二年	升平二年	琅耶临沂都乡南仁里			里	汉魏南北朝,19

〔1〕其中列出了墓志中所记墓主的籍贯、去世地点和葬地,表中重点收录的是籍贯和去世地点,不过正如正文中提及的,仅仅依据"乡＋里",我们并不能判断是在城内还是城外,当然"都乡＋里"应当是在城内。表中之所以列出了一些葬地,是因为在扬州的墓志中出现了葬地在坊中的情况。排列顺序按照埋葬时间,因为墓志大致是在这一时间之前写成的,墓志中所记的里坊应当更接近于撰写墓志时的情况,而不是去世时的情况,但这点是否成立并不能完全肯定,可能需要综合考虑。当然本表并不全面,还有未收的墓志以及其他文献资料中的里坊名称,希望今后能制作一个里坊名称的数据库。

〔2〕赵超:《汉魏南北朝墓志汇编》,天津古籍出版社1992年版。后面的数字代表页码。

〔3〕即罗新、叶炜著:《新出魏晋南北朝墓志疏证》,中华书局2005年版。后面的数字代表页码。

墓志名称	去世时间	下葬时间	籍 贯	去世地点（或居所）	葬 地	用字	出 处
王企之墓志	太和二年	太和三年	琅耶临沂都乡南仁里			里	新出,18
王建之墓志	太和六年	咸安二年	琅耶临沂县都乡南仁里			里	新出,22
□琰墓志		太元廿一年	豫州陈郡阳夏县都乡吉迁里			里	汉魏南北朝,20
谢温墓志	义熙二年	义熙二年	县都乡吉迁里			里	新出,31
谢珫墓志	永初二年	永初二年	豫州陈郡阳夏县都乡吉迁里		丹杨郡江宁县赖乡石泉里	里	新出,34
宋乞墓志		元嘉二年	扬州丹建康都乡中黄里领豫陈郡阳夏县都乡扶乐里		江宁泉里	里	新出,41
刘府君墓志铭	大明七年	大明八年	青州平原郡平原县都乡古迁里			里	汉魏南北朝,22
钦文姬之铭		延兴四年	汉内温县倍乡孝敬里			里	汉魏南北朝,35
司马金龙之铭		太和八年	代故河内郡温县肥乡孝敬里			里	汉魏南北朝,35
刘府君墓志铭	永明五年	永明五年	南徐州东莞郡莒县都乡长贵里			里	汉魏南北朝,24
齐郡王姓元讳简墓志	太和廿三年	太和廿三年	司州河南郡洛阳县都乡洛阳里			里	汉魏南北朝,37
员标墓志	景明三年		泾州平凉郡阴槃县武都里			里	新出,55

墓志 名称	去世 时间	下葬 时间	籍　贯	去世地点 (或居所)	葬　地	用 字	出　处
李伯钦 墓志	太和六年	景明三年	秦州陇西郡 狄道县都乡 和风里		邺城西 南豹寺 东原吉 迁里	里	新出,58
萧融墓 志铭	永元三年	天监元年	兰陵郡兰陵 县都乡中都里			里	汉魏南北 朝,25
元诱命 妇冯氏 志铭	景明三年	景明四年		谷水里		里	汉魏南北 朝,42
张君墓 志铭	景明四年	景明四年	并州上党郡 刈陵县东路 乡吉迁里			里	汉魏南北 朝,43
李简子 墓志铭	正始二年	正始二年	陇西郡狄道县 都乡和风里	洛阳之 城东里		里	汉魏南北 朝,48
寇君墓 志铭	正始三年	正始三年	燕州上谷郡 俎阳县都乡 孝里	洛阳承 华里		里	汉魏南北 朝,49
扬州刺 史高平 刚侯之 墓志	正始四年	正始四年	司州河南 洛阳文始里			里	汉魏南北 朝,52
元飀 墓志	永平元年	永平元年	司州河南洛阳 都乡光睦里			里	汉魏南北 朝,54
元融妃穆 氏墓志	永平二年			洛阳之 绥武里		里	新出,64
穆循墓志	永平二年			洛阳承 华里		里	新出,66

239

墓志名称	去世时间	下葬时间	籍贯	去世地点（或居所）	葬地	用字	出处
司马悦墓志	永平元年	永平四年	司州河内温县都乡孝敬里			里	汉魏南北朝,57
魏故太尉府参军元君之墓志铭	永平四年	永平四年	洛阳都乡安武里			里	汉魏南北朝,60
杨范字僧敏墓志铭	景明元年	永平四年	弘农华阴潼乡习仙里			里	汉魏南北朝,61
魏故华州别驾杨府君墓志铭	永平四年	永平四年	弘农华阴潼乡习仙里	京师依仁里第		里第	汉魏南北朝,61
魏故中散杨君墓志铭	太和八年	永平四年	弘农华阴潼乡习仙里			里	汉魏南北朝,62
鄐使君墓铭	永平五年	延昌元年	司州河南洛阳洛滨里			里	汉魏南北朝,66
崔府君墓志铭	永平四年	延昌元年		洛阳晖文里		里	汉魏南北朝,66
魏故奉朝请封君墓志	永平五年	永平五年	河南洛阳安武里	河南洛阳安武里		里	汉魏南北朝,64
魏故处士元君墓志	延昌二年	延昌二年		宣化里		里	汉魏南北朝,68
元演墓志	延昌二年	延昌二年	司州河南洛阳穆族里			里	汉魏南北朝,68

墓志 名称	去世 时间	下葬 时间	籍 贯	去世地点 (或居所)	葬 地	用 字	出 处
魏故贵华恭 夫人墓志铭	延昌二年	延昌二年	徐州琅耶郡 临沂县都乡 南仁里		洛阳西 乡里	里	汉魏南北 朝,69
高琨墓志	延昌三年		條县崇仁乡 孝义里			里	新出,72
梁桂阳 国太妃 墓志铭	天监 十三年	天监 十三年	南徐州琅琊 郡临沂县都 乡南仁里			里	汉魏南北 朝,26
长孙瑱 墓志	延昌元年	延昌三年	司州河南洛 阳永乐里			里	汉魏南北 朝,74
元使君 墓志铭	延昌三年	延昌三年	司州河南郡 洛阳县敷 义里			里	汉魏南北 朝,75
邢府君 墓志	延昌三年	延昌四年		洛阳永 和里	武垣县 永贵乡 崇仁里	里	汉魏南北 朝,78
魏故鹰 扬将军 太子屯 骑校尉 山君墓 志铭		延昌四年	河阴修仁里			里	汉魏南北 朝,79
晋阳男王 君墓志铭	延昌三年	延昌四年		洛阳永 康里		里	汉魏南北 朝,80
皇甫君 墓志铭		延昌四年			鄠县申 乡洪涝 里	里	汉魏南北 朝,80
王使君 墓志序	延昌四年	延昌四年	徐州琅耶郡 临沂县都乡 南仁里		洛阳西 乡里	里	汉魏南北 朝,82

·欧·亚·历·史·文·化·文·库·

墓志名称	去世时间	下葬时间	籍贯	去世地点（或居所）	葬地	用字	出处
王君墓志	延昌四年	熙平元年	太原祁县高贵乡吉千里			里	汉魏南北朝,84
故妃冯墓志铭		熙平元年		（岐州）中乡谷城里		里	汉魏南北朝,84
庄伯墓志铭	延昌二年	熙平元年	司州恒农郡华阴县潼乡习仙里	洛阳县依仁里		里	汉魏南北朝,86
刘府君之铭		熙平元年	中山蒲阴永安乡光贤里			里	汉魏南北朝,88
王元君墓志铭	熙平元年	熙平元年	河南洛阳都乡光穆里			里	汉魏南北朝,88
穆公墓志铭	熙平元年	熙平元年	恒农华阴潼乡习仙里			里	汉魏南北朝,90
元睿墓志	延昌三年	熙平元年		洛阳永和里		里	新出,75
皮演墓志	延昌三年	熙平元年	下邳郡下邳县都乡永吉里	洛阳县安武里		里	新出,83
羊祉墓志	熙平元年	熙平元年		洛阳徽文里		里	新出,78
王遥墓志	熙平二年	熙平二年	河南洛阳孝弟里			里	汉魏南北朝,93
王元墓志	熙平二年	熙平二年	河南洛阳乘轩里			里	汉魏南北朝,92

墓志 名称	去世 时间	下葬 时间	籍 贯	去世地点 (或居所)	葬 地	用 字	出 处
王诵妻元 氏志铭	熙平二年	熙平二年	徐州琅耶郡 临沂县都乡 南仁里	洛阳学里		里	汉魏南北 朝,92
杨君墓 志铭	延昌四年	熙平二年	恒农华阴潼 乡习仙里	洛阳县 依仁里		里	汉魏南北 朝,94
刁遵墓志	熙平元年	熙平二年			饶安城 西南孝 义里	里	汉魏南北 朝,96
杨君墓 志铭	熙平二年	熙平三年	弘农郡华阴 县同乡习仙里			里	汉魏南北 朝,101
杨无醜 墓志	熙平三年	熙平三年	潼乡习仙里		定城里	里	新出,87
李夫人 墓志	太和 廿一年	神龟元年	冀州勃海郡 條县广乐乡 新安里	新安里	洛阳北 芒山阳 乐氏里	里	汉魏南北 朝,102
高道悦 墓志	太和廿年	神龟二年	辽东新昌安 乡北里		崇仁乡 孝义里	里	汉魏南北 朝,104
穆夫人 墓志铭	神龟二年	神龟二年		河阴遵 让里		里	汉魏南北 朝,109
齐郡王 墓志铭	神龟二年	神龟二年	河南洛阳都 乡照乐里			里	汉魏南北 朝107
元腾墓 志铭	正始四年	神龟三年	司州河南嘉 平里			里	汉魏南北 朝,110
尉太妃 墓志铭	神龟二年	神龟三年		洛阳安 贵里		里	汉魏南北 朝,112

·欧·亚·历·史·文·化·文·库·

墓志名称	去世时间	下葬时间	籍贯	去世地点（或居所）	葬地	用字	出处
故永阳敬太妃墓志铭	普通元年	普通元年			琅耶临沂县长干里	里	汉魏南北朝,29
魏故元氏赵夫人墓志铭	正光元年	正光元年	阳苑县都乡白水里	永康里		里	汉魏南北朝,113
邵君墓志铭		正光元年			明堂北乡永贵里	里	汉魏南北朝,115
元君墓志铭	神龟三年	正光元年	河南洛阳笃恭里			里	汉魏南北朝,116
李壁墓志	神龟二年	正光元年	勃海條县广乐乡吉迁里			里	汉魏南北朝,118
穆君墓志铭	正光二年	正光二年		京师宜年里宅		里宅	汉魏南北朝,121
元氏墓志	正光三年	正光三年	河南郡洛阳县崇恩里			里	汉魏南北朝,128
郑道忠墓志	正光三年	正光三年		洛阳安业里		里	汉魏南北朝,130
元使君墓志铭	正光三年	正光四年	河南洛阳都乡孝悌里			里	汉魏南北朝,131
常氏墓志铭	正光三年	正光四年		洛阳照洛里		里	汉魏南北朝,132
元君墓志铭	太和廿一年	正光四年	司州河南郡洛阳县都乡照明里	洛阳照明里		里	汉魏南北朝,134

墓志 名称	去世 时间	下葬 时间	籍　贯	去世地点 （或居所）	葬　地	用 字	出　处
元公墓 志铭	太和 廿四年	正光四年		洛阳 静顺里		里	汉魏南北 朝,135
元使君墓 志序铭	正光三年	正光四年	河南洛阳安 众乡崇让里			里	汉魏南北 朝,137
王君墓 志铭	正光三年	正光四年		洛阳 永康里		里	汉魏南北 朝,138
元君墓志 铭并序	正光四年	正光四年		崇让里		里	汉魏南北 朝,140
奚君墓 志铭		正光四年	河阴中练里			里	汉魏南北 朝,142
杨顺妻吕 氏墓志	正光四年	正光四年			本邑华 阴潼乡 习仙里	里	新出,100
席盛墓志		正光四年			恒农胡 城县胡 城乡胡 城里	里	新出,97
李氏墓志铭	正光五年	正光五年	陇西狄道县 都乡和风里			里	汉魏南北 朝,148
元公墓 志铭	正光五年	正光五年	河南洛阳都 乡光里			里	汉魏南北 朝,150
元璨墓志	正光五年	正光五年	河南洛阳都 乡敷义里			里	汉魏南北 朝,152
高氏墓铭	正光四年	正光五年		洛阳 延寿里		里	汉魏南北 朝,153

墓志名称	去世时间	下葬时间	籍贯	去世地点（或居所）	葬地	用字	出处
郭显墓志铭	正光四年	正光五年		河南洛阳都乡受安里		里	汉魏南北朝,157
檀府君墓志铭	正光五年	正光五年	兖州高平平阳县都乡箱陵里			里	汉魏南北朝,158
侯掌墓志	正光五年	正光五年	上谷郡居庸县崇仁乡修义里	洛阳延寿宅		里	新出,104
李君墓志铭	正光五年	正光六年	秦州陇西郡狄道县都乡华风里	洛阳县永年里		里	汉魏南北朝,160
元君墓志铭	正光六年	正光六年	河南洛阳都乡光穆里			里	汉魏南北朝,163
李使君墓志	正光五年	正光六年		洛阳显德里		里	汉魏南北朝,164
金城郡君墓志铭	孝昌元年	孝昌元年	河南洛阳嘉平里			里	汉魏南北朝,165
元公墓志铭	正光六年	孝昌元年		宣化里		里	汉魏南北朝,166
殷伯姜墓志	正光六年	孝昌元年		洛阳泽泉里		里	新出,108
羊祉妻崔神妃墓志	正光六年	孝昌元年		洛阳徽文里		里	新出,110
封□妻长孙氏墓志	孝昌元年	孝昌元年		安武里		里	新出,112

墓志 名称	去世 时间	下葬 时间	籍　贯	去世地点 (或居所)	葬　地	用 字	出　　处
大魏故 介休县 令李明 府墓志	正光四年	孝昌二年		洛阳 显中里	齐郡 安平县 黄山里	里	汉魏南北 朝,178
吴君墓志	正始元年	孝昌二年	徐州琅琊郡 治下里			里	汉魏南北 朝,178
崔文贞侯 墓志铭	孝昌元年	孝昌二年		洛阳 仁信里		里	汉魏南北 朝,185
侯君墓志	孝昌二年	孝昌二年		洛阳 中练里		里	汉魏南北 朝,188
元君墓 志铭	孝昌二年	孝昌二年		遵让里		里	汉魏南北 朝,190
杨公墓志		孝昌二年		洛阳 中练里	中源乡 仁信里	里	汉魏南北 朝,192
元公墓 志铭	正光六年	孝昌二年		宣化里		里	汉魏南北 朝,194
于公墓 志铭	孝昌二年	孝昌二年		都乡 谷阳里		里	汉魏南北 朝,196
于君墓 志铭	孝昌二年	孝昌二年		洛阳 谷阳里		里	汉魏南北 朝,200
高猛妻元 瑛墓志	孝昌元年	孝昌二年		洛阳 寿安里		里	新出,118
韦彧墓志	孝昌元年	孝昌二年	山北县洪固 乡畴贵里	长安城 永贵里		里	新出,128

墓志名称	去世时间	下葬时间	籍　贯	去世地点（或居所）	葬　地	用字	出　处
董伟墓志	正光四年	孝昌三年		洛阳咸安乡安明里		里	汉魏南北朝,204
章武武庄王墓志铭		孝昌三年	河南洛阳宽仁里			里	汉魏南北朝,204
和君墓志铭	孝昌二年	孝昌三年		京师修民里		里	汉魏南北朝,207
于君墓志铭	孝昌三年	孝昌三年	河南郡河阴县景泰乡熙宁里	洛阳城永康里		里	汉魏南北朝,208
薛夫人墓志铭	武泰元年	武泰元年		澄海乡绥武里舍		里	汉魏南北朝,214
元举墓志铭	孝昌三年	武泰元年		京师澄海乡绥武里		里	汉魏南北朝,215
元君墓志铭	建义元年	建义元年	司州河南洛阳都乡照文里			里	汉魏南北朝,237
元使君墓志铭	建义元年	建义元年	河南洛阳宽仁里			里	汉魏南北朝,239
元懿公墓志铭	建义元年	建义元年	河南洛阳光睦里			里	汉魏南北朝,243
宣恭王墓志铭	建义元年	建义元年	河南洛阳光睦里			里	汉魏南北朝,244
吐谷浑氏墓志铭	建义元年	建义元年		崇让里		里	汉魏南北朝,245

248

墓志名称	去世时间	下葬时间	籍贯	去世地点（或居所）	葬地	用字	出处
王使君墓志	永安元年	永安二年	徐州琅耶郡临沂县都乡南仁里		洛阳西乡里	里	汉魏南北朝,253
元君墓志	建义元年	永安二年	河南洛阳崇让里			里	汉魏南北朝,256
山君墓铭	永安二年	永安二年		洛阳笃恭里		里	汉魏南北朝,262
元君墓志铭	永安二年	永安二年		崇仁乡嘉平里		里	汉魏南北朝,266
元公墓志铭	建义元年	永安三年		洛阳孝弟里		里	汉魏南北朝,269
陆孟晖墓志铭	永安三年	永安三年		善正乡嘉平里		里	汉魏南北朝,271
杨穆墓志	普泰元年		潼乡习仙里			里	新出,156
元弼墓志	永安二年	普泰元年		孝义里		里	汉魏南北朝,279
张府君墓志	太和十七年	普泰元年		蒲阪城建中乡孝义里		里	汉魏南北朝,280
穆公墓志铭	普泰元年	普泰元年		洛阳修政乡文华里		里	汉魏南北朝,282
侯忻墓志	普泰二年	普泰二年		延寿里		里	新出,132

墓志 名称	去世 时间	下葬 时间	籍　贯	去世地点 （或居所）	葬　地	用 字	出　处
文宣元王 墓志铭	中大通 二年	太昌元年	河南洛阳熙 宁里			里	汉魏南北 朝,286
李彰墓志		太昌元年	司州河南郡 洛阳县澄风 乡显德里领 秦州陇西郡 狄道县都乡 和风里			里	汉魏南北 朝,293
和夫人 墓志铭	太昌元年	太昌元年	谷阳里			里	汉魏南北 朝,293
宋府君 墓志铭	建明元年	太昌元年	安义里			里	汉魏南北 朝,294
杨侃墓志	普泰元年	太昌元年	弘农华阴潼 乡习仙里			里	新出,144
杨昱墓志	普泰元年	太昌元年	弘农华阴潼 乡习仙里	习仙里		里	新出,147
杨顺墓志 杨仲宣墓志 杨遁墓志	普泰元年	太昌元年	弘农华阴潼 乡习仙里	洛阳 依仁里		里	新出,150
王温墓志	普泰二年	太昌元年		昭明里		里	新出,134
宋氏墓志	永兴二年	永兴二年		洛阳 永和里		里	汉魏南北 朝,301
张宁墓志	永熙二年	永熙二年		上京 修睦里		里	汉魏南北 朝,305
石使君 戴夫人 墓志铭	永熙二年	永熙二年		河阴 延沽里		里	汉魏南北 朝,306

墓志 名称	去世 时间	下葬 时间	籍 贯	去世地点 （或居所）	葬 地	用 字	出 处
张君墓 志铭	天平元年	天平元年		中和里		里	汉魏南北 朝,314
元君墓 志铭	天平二年	天平二年		洛阳 正始里		里	汉魏南北 朝,315
司马使君 之墓志铭	天平二年	天平二年	河内温县孝 敬里			里	汉魏南北 朝,316
赵氏姜夫 人墓志铭	普泰二年	天平二年		洛阳城 休里		里	汉魏南北 朝,317
公孙氏 墓志铭	天平四年	天平四年		魏郡邺县 敷教里		里	汉魏南北 朝,321
高雅墓志	天平四年	天平四年			孝义里	里	汉魏南北 朝,322
崔氏之 墓志铭	武泰元年	天平五年			历城县 荣山乡 石沟里	里	汉魏南北 朝,325
公孙公 墓志铭	元象二年	元象二年		邺城 嵩宁里		里	汉魏南北 朝,333
刘君墓 志铭	兴和元年	兴和二年			肆卢乡 孝义里	里	汉魏南北 朝,335
妻元氏 墓铭	永安二年	兴和三年			范阳遒 县崇仁 乡贞侯里	里	汉魏南北 朝,339
华山王 墓志铭	兴和三年	兴和三年	司州河南郡 洛阳县天邑 乡灵泉里			里	汉魏南北 朝,342

墓志 名称	去世 时间	下葬 时间	籍 贯	去世地点 （或居所）	葬 地	用 字	出 处
封公墓 志铭	兴和二年	兴和三年			广乐乡 新安里	里	汉魏南北 朝,344
封仲灵第 三息妻毕 墓志铭	兴和三年	兴和三年		辛安里		里	汉魏南北 朝,346
侯义墓志		大统十年			石安县 孝义乡 崇仁里	里	新出,231
叔孙公墓 志之铭		武定二年		德游里		里	汉魏南北 朝,365
羊深妻崔 元容墓志	武定二年	武定二年		卢乡沥里		里	新出,158
宗使君 墓志铭	武定三年	武定三年		邺都 崇仁里		里	汉魏南北 朝,367
魏故咨议 封府君墓 志铭并序	武定二年	武定四年		广乐乡 新安里		里	汉魏南北 朝,369
东安王太 妃墓志铭	武定五年	武定五年		邺城 修正里		里	汉魏南北 朝,375
安丰主妃 冯氏墓铭		武定六年		义里	风义里	里	汉魏南北 朝,376
韦彧妻柳 敬怜墓志	大统 十五年	大统 十五年			杜陵旧 兆洪固 乡畴贵 里	里	新出,234

墓志 名称	去世 时间	下葬 时间	籍　贯	去世地点 （或居所）	葬　地	用 字	出　处
司马文□ □墓志铭	天保三年	天保四年		邺都 中坛里		里	汉魏南北 朝,389
君讳弘字 法雅墓志		天保四年	崇仁乡孝 义里			里	汉魏南北 朝,393
长君娄氏 墓志铭	天保五年	天保六年		邺都 允忠里		里	汉魏南北 朝,397
元子邃 墓志铭	天保六年	天保六年		邺城 西□里		里	汉魏南北 朝,401
库狄氏 尉郡君 墓志铭	天保十年	天保十年		晋阳之里		里	汉魏南北 朝,407
独孤浑 贞墓志	武成二年	武成二年	桑干郡桑干 县侯头乡随 厥里			里	新出,241
贺娄悦 墓志	．	皇建元年		邺之 崇义里		里	新出,170
齐故大都 督是连公 妻邢夫人 墓志铭		皇建二年		邺城西 宣平行 土台坊		坊	汉魏南北 朝,411
崔氏墓志铭	永安元年	河清元年		荥阳郑里		里	汉魏南北 朝,416
周故开府 仪同贺屯 公墓志	保定三年	保定四年		薨于坊		坊	汉魏南北 朝,480

·欧·亚·历·史·文·化·文·库·

墓志名称	去世时间	下葬时间	籍贯	去世地点（或居所）	葬地	用字	出处
拓跋虎墓志	保定四年	保定四年		长安平定乡永贵里		里	新出,251
斛律氏墓志铭	河清二年	河清三年		邺县永康里		里	汉魏南北朝,419
梁君墓志铭	河清元年	河清四年		宣平行里		里	汉魏南北朝,422
齐故荥阳太守薛君铭	河清二年	河清四年		成安县修仁里		里	汉魏南北朝,425
崔德墓志	河清四年	天统元年		五仿里		里	汉魏南北朝,427
刁主簿墓志铭	孝昌三年	天统元年	勃海饶安西乡东安里			里	汉魏南北朝,430
周阤墓志	河清三年	天统元年	齐郡益都县都乡营丘里	营丘里		里	汉魏南北朝,430
赵征兴墓志		天统元年		邺都里舍	徐州彭城南十五里□山前里	里舍	新出,179
夫人讳修娥墓志	天保二年	天统二年		邺县修人里舍		里舍	汉魏南北朝,432
崔公墓志之铭	天统元年	天统二年		邺都之遵明里舍		里舍	汉魏南北朝,433
尧公墓志铭	天统二年	天统三年		临漳县永福里		里	汉魏南北朝,437

墓志 名称	去世 时间	下葬 时间	籍 贯	去世地点 (或居所)	葬 地	用 字	出 处
吐谷浑 墓志铭	天统元年	天统三年		京师永 福里第		里第	汉魏南北 朝,439
张忻墓志	天保十年	天统三年	河内轵县南 乡济涧里			里	新出,184
郑术墓志	天和四年	天和四年			长安之 阿傍畼 陂里	里	新出,261
高殷妻李 难胜墓志	武平元年	武平元年	赵郡柏仁永 宁乡阴灌里			里	新出,194
常文贵墓志		武平二年	沧州浮阳郡 高城县崇仁 乡修义里			里	汉魏南北 朝,448
梁公墓 志之铭	武平二年	武平二年		东明里		里	汉魏南北 朝,451
君讳忻 墓志	武平元年	武平二年		邺城北 信义里		里	汉魏南北 朝,452
独孤氏 墓志铭	武平二年	武平二年		临漳 香夏里		里	汉魏南北 朝,454
裴良墓志		武平二年	河东闻憙桐 乡高阳里			里	新出,197
徐君志铭	武平三年	武平三年		清风里		里	汉魏南北 朝,455
崔博墓志	武平四年	武平四年		潏水里		里	汉魏南北 朝,459

255

・欧・亚・历・史・文・化・文・库・

墓志名称	去世时间	下葬时间	籍贯	去世地点（或居所）	葬地	用字	出处
齐故金明郡君墓志铭	武平四年	武平四年		修义里		里	汉魏南北朝,460
和绍隆妻元华墓志	武平四年	武平四年		邺城宣风行广宁里		里	新出,212
李功曹墓铭	武平二年	武平五年		孝德里		里	汉魏南北朝,465
君讳昌墓铭	武平五年	武平五年	吉迁里			里	汉魏南北朝,467
大齐魏翊军墓志铭	武平五年	武平五年		清风里		里	汉魏南北朝,467
李祖牧妻宋灵媛墓志	皇建二年	武平五年		邺城宣化里		里	新出,216
李祖牧墓志	天统五年	武平五年		邺城宣化之里舍		里舍	新出,219
李君颖墓志	武平四年	武平五年		宣化里		里	新出,223
范公墓志	武平六年	武平六年		邺都天官坊		坊	汉魏南北朝,469
太妃傅华墓志	武平七年	武平七年		邺城宣化里		里	汉魏南北朝,473
崔太姬墓志铭	武平六年	武平七年		邺之道政里		里	汉魏南北朝,475

墓志名称	去世时间	下葬时间	籍贯	去世地点（或居所）	葬地	用字	出处
南阳张君妻郝夫人志		建德六年			广都里漳河之北四里	里	汉魏南北朝,487
若干云墓志	宣政元年			万年县东乡里		里	新出,288
宇文俭墓志	建德七年	建德七年			雍州泾阳县西乡始义里	里	新出,285
宇文瓘墓志	建德六年	宣政元年			万年县洪固乡寿贵里	里	新出,291
独孤藏墓志	宣政元年	宣政元年		长安大司马坊		坊	新出,295
尉迟运墓志	大成元年	大成元年			咸阳郡泾阳洪渎乡永贵里	里	新出,304
梁嗣鼎墓志	大象二年	大象二年			洛阳里	里	汉魏南北朝,490
李义雄铭志		大象二年	赵国柏仁县阴灌里			里	汉魏南北朝,493
韦孝宽墓志	大象二年	大象三年			万年之寿贵里	里	新出,313
刘鉴墓志	开皇二年	开皇二年	徐州彭城郡彭城县丛亭里			里	新出,341
封子绘妻王楚英墓志	开皇元年	开皇三年			勃海脩县新安里第	里	新出,335

墓志名称	去世时间	下葬时间	籍贯	去世地点（或居所）	葬地	用字	出处
徐之范墓志	开皇四年	开皇四年			金乡县都乡节义里英山之西	里	新出，355
崔仲方妻李丽仪墓志	天和六年	开皇五年			零寿县修仁里	里	新出，366
李敬族墓志	武定五年	开皇六年			旧里，改葬于饶阳县城东五里敬信乡	里	新出，374
李敬族妻赵兰姿墓志	武平二年	开皇六年			安厝旧里	里	新出，379
□遵墓志	开皇三年	开皇六年		洛阳修仁里		里	新出，384
韩邕墓志	开皇七年	开皇八年			环璬乡清化里	里	新出，386
裴子通墓志	开皇十年	开皇十一年		阳城乡丰义里		里	新出，408
赵龄墓志	天保九年	开皇十二年			洛阳县北邙山信义乡信义里	里	新出，414
羊烈妻长孙敬颜墓志	开皇十一年	开皇十二年		兖州太阳里		里	新出，417
李椿墓志	开皇十三年	开皇十三年		京师之永吉里	孝义里	里	新出，432

墓志名称	去世时间	下葬时间	籍贯	去世地点（或居所）	葬地	用字	出处
段威及妻刘妙容墓志	建德四年	开皇十五年			洪渎川奉贤乡大和里	里	新出,449
谢岳墓志	开皇三年	开皇十五年		胡公里		里	新出,447
罗达墓志		开皇十六年			大兴县浐川乡长乐里白鹿原	里	新出,454
赵长述墓志		开皇十七年	长安县修仁乡	□远坊		坊	新出,461
独孤罗墓志	开皇十九年	开皇二十年			雍州泾阳县洪渎原奉贤乡静民里	里	新出,474
杨钦墓志	开皇十九年	开皇二十年		长安县醴成乡仁训里宅	华州华阴县潼关乡通灵里	里	新出,478
成公蒙及妻李世晖墓志	开皇四年	仁寿元年			姑臧县显美乡药水里	里	新出,485
王基及妻刘氏墓志	武平七年,开皇四年	仁寿元年			义方乡文简里	里	新出,488
尉迟运妻贺拔毗沙墓志	开皇十九年	仁寿元年			雍州泾阳县奉贤乡静民里	里	新出,491
杨士贵墓志		仁寿元年	长安县礼成乡洽恩里	居德坊		坊、里	新出,484

259

墓志名称	去世时间	下葬时间	籍贯	去世地点（或居所）	葬地	用字	出处
李虎墓志	建德六年	大业二年			秦州清水县内莎乡□□里	里	新出,510
董敬墓志	大业二年	大业二年		洛阳县惟新乡怀仁里		里	新出,512
秘丹墓志	大业二年	大业二年		望亭乡龙阳里		里	新出,514
杨敷妻萧妙瑜墓志	仁寿三年	大业三年		长安之道兴里		里	新出,526
王钊墓志	大业元年	大业三年		东京洛阳县崇业乡建宁里		里	新出,530
高六奇墓志	大业二年	大业三年		长乐乡汎爱里		里	新出,532
成恶仁墓志		大业三年		郜城县甘露乡吴音里		里	新出,516
陈氏妻王氏墓志	大业三年	大业三年		南海杨仁坊		坊	新出,517
杨素墓志	大业二年	大业三年		豫州飞山里第	华阴东原通零里	里第	新出,519
李静训墓志	大业四年	大业四年			京兆长安县休祥里	里	新出,547
元世斌墓志	大业五年	大业五年		隆政里	大兴城西龙首乡隆安里	里	新出,550

墓志 名称	去世 时间	下葬 时间	籍 贯	去世地点 (或居所)	葬 地	用 字	出 处
陈宣帝 夫人施 氏墓志	大业五年	大业五年		颁政里		里	新出,552
刘士安 墓志	开皇九年	大业六年			周城乡 吉迁里	里	新出,562
史射勿 墓志	大业五年	大业六年			平凉 郡之 咸阳 乡贤 良里	里	新出,565
王逊墓志	大业六年	大业六年		永丰里		里	新出,568
韦圆照 妻杨静 徽墓志	大业六年	大业六年		宣平里第	鸿固乡 畴贵里	里	新出,575
阎静墓志	永安二年	大业六年			泛济乡 爱民里	里	新出,579
王德墓志	大业七年	大业七年		敬业里第		里	新出,585
刘宾及 妻王氏 墓志	大业七年	大业七年		邺城西 孝义里	常平乡 永安里	里	新出,597
张妙芬 墓志	大业八年	大业八年		雒阳□ 善里		里	新出,593
衒君妻王 氏墓志	大业九年			河南郡 南县灵 泉乡华 阳里		里	新出,610
杨矩墓志	大业四年	大业九年			华阴县 留名乡 归正里	里	新出,607

墓志名称	去世时间	下葬时间	籍　贯	去世地点（或居所）	葬　地	用字	出　处
牛谅及妻乔氏墓志		大业九年		殖业里		里	新出,617
尹家故人妇女王墓志		大业十一年	大兴县永宁乡	安邑里		里	新出,619
张善敬墓志		大业十二年	通泽县昌乐乡雕龙里			里	新出,624

262

附表 2　唐代前中期墓志所见里坊名称[1]

墓志名称	去世时间	下葬时间	籍　贯	去世地点（或居所）	葬　地	用字	出　处
崔长先墓志	武德八年	武德九年			东都故城北十里千金乡安善里		汇编,[2]3
赵府君墓志铭	武德九年	武德九年		雍州万年县崇义坊		坊	续集,[3]3
元氏墓志	开明元年	开明元年			城北千金乡安川里		汇编,5
郑故大将军虞公之铭	大业十三年	开明二年			洛阳县凤台乡谷阳里		汇编,6
大唐故关君墓志之铭	武德九年	贞观元年			千金里邙山		汇编,9
崔君墓志	开皇二十年	贞观元年			洛阳北邙山之阳清风里		汇编,10
张夫人志	贞观二年	贞观二年			洛阳县清风乡张方里		汇编,13

〔1〕为了能更全面地说明问题,所收录的墓志的下限延伸到了天宝末年。除了去世地之外,还收录了一些葬地和籍贯,按照埋葬的时间排列。当然收录的肯定并不全面。

〔2〕周绍良主编:《唐代墓志汇编》,上海古籍出版社 1992 年版。

〔3〕周绍良、赵超主编:《唐代墓志汇编续集》,上海古籍出版社 2001 年版。

墓志 名称	去世 时间	下葬 时间	籍　贯	去世地点 （或居所）	葬　地	用 字	出　处
屈突府君 墓志铭	贞观二年	贞观二年			洛州 河南 县千 金乡 玄门里		汇编,13
胡君墓志	大业五年	贞观二年			洛阳 千金里		汇编,15
郭通墓志	大业十年	贞观二年			北邙山 河南县 千金里		汇编,16
谭氏之志	贞观三年	贞观三年			邙山 之阳 千金里		汇编,17
蒋国夫 人墓志	贞观三年	贞观三年			洛州 河南 县千 金乡 玄明里		汇编,18
安定胡公 墓志铭	贞观四年	贞观四年			河南县 千金里		汇编,18
李君墓 志铭	贞观四年	贞观四年			北邙 山之 阳千 金乡		汇编,19
故毛府君 墓志铭	贞观四年	贞观四年			姑臧县 方亭里		汇编,19
李君墓铭	贞观四年	贞观四年			北邙山 千金里		汇编,20
李君墓 志铭	贞观五年	贞观五年		永兴 里第		里第	续集,9

墓志 名称	去世 时间	下葬 时间	籍 贯	去世地点 (或居所)	葬 地	用 字	出 处
淮安靖王 墓志铭	贞观四年	贞观五年		京城 延福里		里	汇编,24
张君墓志	贞观六年	贞观六年			河南之 洛阳里		汇编,28
张君墓 志铭	贞观六年	贞观七年			北邙山 千金里		汇编,28
韩远墓志	贞观七年	贞观七年			洛阳 千金里		汇编,32
郭君墓 志铭	贞观七年	贞观八年			河南县 千金里		汇编,32
李君墓 志铭	贞观八年	贞观八年			邙山 之原 清风 乡千 金里		汇编,35
清淇公 墓志铭	贞观七年	贞观八年			洛州 洛阳 县清 风乡 崇德里		汇编,36
张夫人 墓志	贞观七年	贞观八年			洛阳 清风里		汇编,37
长孙府 君墓志	贞观九年	贞观九年		雍州光 德里		里	汇编,40
彭府君 墓志铭	贞观九年	贞观十年		雍州万 年县务 本坊		坊	续集,15

·欧·亚·历·史·文·化·文·库·

墓志名称	去世时间	下葬时间	籍贯	去世地点（或居所）	葬地	用字	出处
王夫人墓志铭	贞观十年	贞观十年		时邕里		里	汇编,43
刘夫人墓志	贞观十一年	贞观十一年		洛阳县余庆乡里第		里第	汇编,45
长孙府君并夫人陆氏墓志	武德四年 贞观十一年	贞观十一年		雍州光德里		里	汇编,47
赵君墓志铭		贞观十二年		京师常乐里		里	续集,21
柳氏墓志铭	贞观十二年	贞观十二年			洛州河南县千金乡千金里北邙山		汇编,48
段府君墓志铭	贞观十三年	贞观十三年			雍州万年县长乐乡纯化里		汇编,51
张君之墓铭	贞观十三年	贞观十三年		河南县思恭里		里	汇编,51
陈君之枢		贞观十四年	雍州长安县礼泉乡承嗣里汾州隰城县				续集,24

墓志 名称	去世 时间	下葬 时间	籍　贯	去世地点 （或居所）	葬　地	用字	出　处
秦氏之铭	贞观 十四年	贞观 十四年			千金 乡之里	里	汇编,52
雷氏墓 志铭	贞观 十四年	贞观 十四年		敦厚里	洛阳宫 城东北 五里	里	汇编,53
潘孝长 墓志	义宁二年 贞观 十四年	贞观 十四年			洛阳县 清风里		汇编,55
薄夫人铭	贞观 十五年	贞观 十五年		洛阳县 嘉善里		里	汇编,57
梁君墓 志铭	贞观 十五年	贞观 十五年		景行里	北邙山 千金里	里	汇编,58
李君墓 志铭	贞观 十三年	贞观 十五年			洛州 河南 县千 金里		汇编,59
杜府君 墓志	贞观 十五年	贞观 十五年		时邕里		里	汇编,60
李君墓 志铭	贞观 十六年	贞观 十六年		雍州万 年县安 兴里	长乐 乡长 乐里	里	续集,27
刘府君 墓志铭	贞观 十六年	贞观 十六年		洛阳县 淳俗里		里	汇编,62
张君墓志	贞观 十六年	贞观 十六年		扬州江 阳城东 育贤村	育贤村 西嘉禾 乡之原	村	汇编,63
刘君墓志	贞观六年	贞观 十六年		阳城县 颖曲里		里	汇编,64

墓志名称	去世时间	下葬时间	籍贯	去世地点（或居所）	葬地	用字	出处
姚君墓志铭	贞观十七年	贞观十七年		洛阳敦厚之里第		里第	汇编,66
冯信墓志	贞观十八年	贞观十八年		洛阳景行之间乡私第	北邙之南原千金之里	乡	汇编,70
霍君墓志	贞观十八年	贞观十八年		河南县清化里		里	汇编,71
杨夫人墓志铭	贞观十八年	贞观十九年		长安太平里第		里第	续集,31
董夫人墓志	贞观十九年	贞观十九年		景行里		里	汇编,78
杨君墓志铭	贞观十九年	贞观十九年		敦厚里		里	汇编,80
班夫人墓志铭	贞观二十年	贞观二十年		清化里		里	汇编,81
杨君墓志铭	贞观二十年	贞观二十年		洛阳敦俗里		里	汇编,83
李君墓铭	贞观二十年	贞观二十年		洛阳立行里		里	汇编,85
杨君墓志	贞观二十年	贞观二十年			河南县平乐乡安川里邙山之阳翟村		汇编,86
余君墓志铭	贞观二十年	贞观二十年		思恭里		里	汇编,87

268

墓志名称	去世时间	下葬时间	籍贯	去世地点（或居所）	葬地	用字	出处
李君墓志铭	贞观二十年	贞观二十年		洛阳敦厚里第		里第	汇编,93
李君墓志铭	贞观二十一年	贞观二十一年		居德里第		里第	续集,38
乐君墓志铭	贞观二十一年	贞观二十一年		荆州石首县归义里	河南县平乐乡安川里	里	汇编,96
莘安公窦府君墓志铭	开元二十二年	开元二十二年		辅兴里第		里第	续集,43
张君墓志铭	贞观二十二年	贞观二十二年		清化里	芒山之阳平乐里	里	汇编,99
张君墓志	大业十一年 贞观二十二年	贞观二十二年		瀍涧里 思顺里		里	汇编,99
大唐故文安县主墓志铭并序	贞观二十二年	贞观二十二年		长安颁政里		里	汇编,101
范雅及妻宋氏合葬志	贞观二十二年	贞观二十二年		洛阳思顺坊		坊	汇编,103
大唐张君墓志	贞观十五年 贞观二十二年	贞观二十二年		从善里	清风里	里	汇编,104
司马公墓志铭	贞观二十三年	贞观二十三年		安兴里第		里第	续集,45

墓志名称	去世时间	下葬时间	籍　贯	去世地点（或居所）	葬　地	用字	出　处
阿史那公墓志	贞观二十三年	贞观二十三年		宣阳里第		里第	续集,47
杨君墓志	贞观二十三年	贞观二十三年		思恭里		里	汇编,113
张君墓志铭	贞观二十三年	贞观二十三年		思顺里		里	汇编,118
周府君墓志铭	贞观二十三年	贞观二十三年			洛阳县积润里		汇编,120
侯府君墓志	贞观二十三年	贞观二十三年		瀍左里		里	汇编,121
故康莫量息阿达墓志铭		贞观			安乐里	里	汇编,124
李君之碑		贞观二十三年		长安崇仁坊		坊	李子春《唐李憨碑考证》,《文物》1963年3期,41页
王氏墓志	永徽元年	永徽元年	雍州长安县龙首乡兴台里				续集,55
张君墓志铭	永徽元年	永徽元年		洛阳敦厚坊		坊	汇编,136
牛君墓志铭	永徽二年	永徽二年		洛阳时邕里第		里第	续集,56

墓志 名称	去世 时间	下葬 时间	籍　贯	去世地点 (或居所)	葬　地	用 字	出　处
苏君墓志	永徽二年	永徽二年		毓财里第		里第	续集,56
琅琊公墓志	永徽二年	永徽二年		雍州万 年县宣 阳里		里	续集,58
段氏墓 志铭	永徽二年	永徽二年		长安县 颁政 里第		里第	续集,59
汤府君 妻伤氏 墓志铭	永徽二年	永徽二年		醴泉里第		里第	汇编,139
许君墓 志铭	永徽二年	永徽二年		履顺里		里	汇编,142
韩君□夫 人墓志铭	永徽二年	永徽二年		□□里		里	汇编,144
仇君夫人 袁墓志铭	贞观五年	永徽二年		洛阳 张方里		里	汇编,145
	永徽元年			殖业坊		坊	
李君墓 志铭	永徽二年	永徽二年		洛阳 立行坊		坊	汇编,146
张君墓志	永徽二年	永徽二年		时邕里		里	汇编,148
孙君墓志	永徽二年	永徽二年		思恭里第		里第	汇编,149
杨府君 墓志铭	大业	永徽二年		清化里		里	汇编,150

·欧·亚·历·史·文·化·文·库·

墓志名称	去世时间	下葬时间	籍贯	去世地点（或居所）	葬地	用字	出处
杨君墓志铭	贞观二十三年	永徽二年			邙山谷阳乡金谷里		汇编,151
杨基墓志	贞观二十二年	永徽二年			洛州河南县谷阳乡金谷里		汇编,152
赵君夫人姚氏墓志铭	永徽二年	永徽二年		洛阳瀍涧乡重光里		里	汇编,153
唐故马君墓志铭	贞观七年	永徽二年		洛阳道德里		里	汇编,155
	永徽二年			洛阳道德里			
刘氏妻墓志铭	永徽三年	永徽三年		长安永昌坊		坊	续集,64
牛君夫人申氏墓志	永徽三年	永徽三年		福善里		里	汇编,157
吴君墓志	贞观十六年	永徽三年		嘉善里		里	汇编,159
	永徽三年			洛阳嘉善里		里	汇编,159
李处士墓志铭	永徽三年	永徽三年		景行里第		里第	汇编,160
郑氏墓志铭	永徽三年	永徽三年		洛州清化里		里第	汇编,160
皇甫君墓志铭	永徽三年	永徽三年		景行里第		里第	汇编,161
唐故盖夫人墓志	永徽三年	永徽三年		思恭里第		里第	汇编,164

墓志名称	去世时间	下葬时间	籍贯	去世地点（或居所）	葬地	用字	出处
郑君墓志	贞观三年 永徽三年	永徽三年		清化里		里	汇编,166
颜府君墓志铭	永徽三年	永徽三年		洛州洛阳县章善里		里	汇编,167
夫人索氏墓志铭	永徽三年	永徽三年		嘉善第		第	汇编,172
处士张君墓志	永徽三年	永徽四年		洛邑里		里	汇编,174
刘君墓志铭	永徽四年	永徽四年		洛阳县章善里		里	汇编,176
王公墓志铭	永徽四年	永徽四年		洛阳立行里		里	汇编,177
安府君墓志铭	永徽四年	永徽四年		弘敬里		里	汇编,180
姚君墓志铭	永徽四年	永徽四年		立行坊		坊	汇编,182
甘君墓志铭	永徽四年	永徽四年		洛阳殖业坊		坊	汇编,182
杨君墓志铭	永徽四年	永徽四年		清化里		里	汇编,183
刘君墓志铭	永徽四年	永徽四年		脩善里		里	汇编,186

273

墓志 名称	去世 时间	下葬 时间	籍　贯	去世地点 （或居所）	葬　地	用字	出　处
杨夫人 墓志铭	永徽四年	永徽四年		洛阳 清化坊		坊	汇编，188
张夫人 墓志铭	永徽四年	永徽四年		时邕里		里	汇编，191
夫人郭 氏之志	永徽四年	永徽五年		洛阳 时邕坊		坊	汇编，193
李府君 墓志铭	永徽五年	永徽五年		德懋里		里	汇编，197
颜君墓 志铭	永徽五年	永徽五年		立行里		里	汇编，198
祖夫人 讳陇墓志	永徽五年	永徽五年		殖业之第	北邙之 清风里	第	汇编，199
□君墓 志铭	永徽五年	永徽五年			洛阳县 清风乡		汇编，200
苻君墓 志铭	永徽五年	永徽五年		清化里第		里第	汇编，201
杨君墓 志铭	永徽五年	永徽五年		脩义里		里	汇编，205
金君墓 志铭	永徽五年	永徽五年		景行里		里	汇编，207
张氏墓 志铭	永徽五年	永徽六年		京安众 里隆 政第	雍州礼 泉县神 迹乡常 丰里昭陵	里	续集，73

墓志名称	去世时间	下葬时间	籍贯	去世地点（或居所）	葬地	用字	出处
君讳润墓志	永徽四年	永徽六年		长安安仁坊		坊	续集,75
劝夫人墓志铭	永徽六年	永徽六年		立德里		里	汇编,209
沈府君墓志铭	永徽六年	永徽六年		通利之第		第	汇编,210
元府君墓志铭	永徽六年	永徽六年		景行里第		里第	汇编,212
赵君墓志铭	永徽六年	永徽六年		毓财里第		里第	汇编,213
张氏墓志	永徽六年	永徽六年		长安义城里		里	汇编,214
王君并夫人孙氏墓志	永徽六年	永徽六年		洛阳敦厚坊		坊	汇编,214
陈氏王夫人墓志铭	永徽六年	永徽六年		怀德里		里	汇编,216
河东解氏墓志	永徽六年	永徽六年		嘉善第		第	汇编,220
姚府君墓□□	永徽六年	永徽六年		洛阳思恭坊		坊	汇编,221
崔君墓志铭	贞观十年	永徽六年			洛州河南县平乐乡华邑里		汇编,222

墓志名称	去世时间	下葬时间	籍贯	去世地点（或居所）	葬地	用字	出处
徐君墓志铭	永徽六年	永徽六年			洛之北邙清风里		汇编,227
索处士墓志铭	永徽六年	永徽六年		隆政里		里	续集,76
□□□墓志铭	贞观十五年 永徽六年	永徽六年		景行坊积善里		坊、里	续集,78
皇甫府君墓志铭	永徽四年	永徽六年		怀州济源之故里		里	续集,78
姬氏墓志铭	永徽六年	永徽六年		隆政里		里	续集,82
长孙白泽墓志铭	贞观九年	显庆元年		京师崇贤里第		里第	续集,85
田夫人墓志铭	显庆元年	显庆元年		嘉善坊		坊	续集,86
唐君墓志	显庆元年	显庆元年		安仁里第		里第	续集,88
吕夫人墓志	显庆元年	显庆元年		立行里		里	续集,90
张府君墓志铭	显庆元年	显庆元年			洛北邙千金里		汇编,232
赵君墓志铭	显庆元年	显庆元年		清化里		里	汇编,233

276

墓志 名称	去世 时间	下葬 时间	籍 贯	去世地点 （或居所）	葬 地	用 字	出 处
孟氏墓志	显庆元年	显庆元年		福善里		里	汇编,235
张氏墓 志铭	显庆元年	显庆元年		洛阳 彰善坊		坊	汇编,235
车君墓 志铭	显庆元年	显庆元年		景行里		里	汇编,238
张氏墓 志铭	显庆元年	显庆元年		思顺里第		里第	汇编,239
赵府君 墓志铭	显庆元年	显庆元年		景行里第		里第	汇编,240
可那氏 墓志	显庆元年	显庆元年		景行私第		第	汇编,240
程君墓 志铭	显庆元年	显庆元年			洛城北 河南县 平乐乡 缠佐里 王晏村		汇编,241
张君墓 志铭	显庆元年	显庆元年		富教里		里	汇编,242
乐君墓 志铭	贞观五年	显庆元年		景行里		里	汇编,243
成公君 墓志	显庆元年	显庆元年		章善里		里	汇编,246
张君墓 志铭	显庆二年	显庆二年		福善里		里	续集,93

墓志名称	去世时间	下葬时间	籍贯	去世地点（或居所）	葬地	用字	出处
张君墓志铭	显庆二年	显庆二年		河南忠顺里		里	汇编,247
张君墓志铭	显庆二年	显庆二年		洛州洛阳县时邕里		里	汇编,247
张夫人墓志铭	显庆二年	显庆二年		敦厚里第		里第	汇编,249
段君墓志铭	贞观十二年	显庆二年		清化里		里	汇编,251
吴府君墓志铭	显庆二年	显庆二年		嘉善里第	河南洛阳县清风乡崇德里	里第	汇编,251
张君墓志铭	显庆二年	显庆二年		殖业里		里	汇编,252
王君墓志铭	显庆二年	显庆二年		延福里舍		里舍	汇编,253
张君墓志铭	显庆二年	显庆二年		福善里		里	汇编,254
张夫人墓志铭	显庆二年	显庆二年		思恭里第		里第	汇编,256
□□墓志铭	显庆二年	显庆二年		履顺□□			汇编,259
韩君墓志铭	显庆二年　永徽五年			思顺里　景行里		里	汇编,261

墓志名称	去世时间	下葬时间	籍贯	去世地点（或居所）	葬地	用字	出处
李氏墓志铭	显庆二年	显庆二年		河南县永丰坊		坊	汇编,262
张公墓志铭	显庆二年	显庆二年		河南县显义里		里	汇编,263
安君墓志铭	显庆二年显庆二年				北邙平乐乡安善里		汇编,267
赵君墓志铭		显庆二年	显庆二年	洛州洛阳县余庆乡通远里		里	汇编,268
河南县君元氏墓志铭	显庆二年	显庆三年		安仁里第		里第	续集,95
成君墓志铭	显庆三年	显庆三年	洛州河南县	伊阳里		里	续集,98
长孙氏墓志铭	贞观十年	显庆三年		雍州万年县永兴里		里	续集,102
张府君墓志铭	显庆三年	显庆三年		德懋里		里	续集,100
慕容夫人墓志铭	显庆二年	显庆三年		思顺里第		里第	汇编,270
丁氏墓志铭	显庆三年	显庆三年		思顺里		里	汇编,271
韩君墓志铭	显庆三年	显庆三年		思顺之私第		私第	汇编,275

·欧·亚·历·史·文·化·文·库·

墓志名称	去世时间	下葬时间	籍 贯	去世地点（或居所）	葬 地	用字	出 处
刘君墓志铭	显庆三年	显庆三年		丰财坊		坊	汇编,276
张氏墓志铭	显庆三年	显庆三年		清化里		里	汇编,278
杨君墓志铭	显庆三年	显庆三年		立行里		里	汇编,280
王夫人墓志铭	显庆三年	显庆三年		延福里		里	汇编,280
宋君墓志铭	贞观十六年 显庆元年	显庆三年		景行里 景行里第		里 里第	汇编,281
张氏墓志铭	显庆四年	显庆四年		长安县光德坊		坊	续集,105
刘君墓志	显庆四年	显庆四年		立德里		里	续集,105
李君墓志铭	显庆四年	显庆四年		万年县平康里第		里第	续集,106
王君墓志	显庆四年	显庆四年		河南县忠顺坊		坊	续集,106
陶君墓志	显庆四年	显庆四年		隆政坊		坊	续集,108
李夫人墓志铭	显庆三年	显庆四年		景行坊		坊	汇编,285

墓志名称	去世时间	下葬时间	籍贯	去世地点（或居所）	葬地	用字	出处
成君墓志铭	显庆四年	显庆四年		洛阳立德坊		坊	汇编,286
成君墓志	显庆四年	显庆四年		思恭里第		里第	汇编,287
苏氏墓志铭	大业九年	显庆四年		马邑郡平城乡京畿里		里	汇编,288
戴氏墓志铭	显庆四年	显庆四年		长安县弘安乡嘉会坊		坊	汇编,290
尉迟君墓志	显庆三年	显庆四年		隆政里		里	汇编,290
张君墓志铭	显庆四年	显庆四年		立行坊		坊	汇编,296
息豆卢君墓志铭	显庆四年	显庆四年		雍州万年县长乐里第		里第	汇编,298
杨氏墓志铭	显庆四年	显庆四年		思顺里第		里第	汇编,299
王君墓志	显庆四年	显庆四年		河南县思顺坊		坊	汇编,300
范处士墓志铭	显庆四年	显庆四年		洛阳敦厚里		里	汇编,301
皇甫君墓志铭	显庆四年	显庆四年		休祥坊	龙首原隆安里	坊	汇编,301

墓志名称	去世时间	下葬时间	籍贯	去世地点（或居所）	葬地	用字	出处
路夫人墓志铭	显庆四年	显庆四年		章善里		里	汇编,302
尉安君墓志铭	显庆四年	显庆四年		敦厚之第		第	汇编,303
张夫人墓志铭	显庆四年	显庆四年		景行里		里	汇编,304
段夫人墓志铭	显庆四年	显庆四年		章善里		里	汇编,304
孟君墓志铭	显庆四年	显庆四年			洛州洛阳县清风乡月城里		汇编,305
翟君墓志铭	显庆四年	显庆四年		绥福里		里	汇编,306
王君墓志铭	显庆四年	显庆四年		福善坊		坊	汇编,307
王君墓志铭	显庆三年	显庆五年		嘉善里		里	续集,108
刘氏墓志铭	显庆五年	显庆五年		兴道里		里	续集,111
七品官人墓志铭	显庆五年	显庆五年		患坊		患坊	续集,113
纥干公墓志	显庆元年	显庆五年		番禺里第		里第	汇编,310

墓志 名称	去世 时间	下葬 时间	籍　贯	去世地点 (或居所)	葬　地	用 字	出　处
樊居墓志		显庆五年			故钱坊		汇编,311
张府君 墓志铭	显庆五年	显庆五年		洛阳县从 善里第		里第	汇编,312
刘君墓 志铭	显庆四年	显庆五年		乐城里		里	汇编,313
良颜子 之铭	显庆五年	显庆五年		章善里		里	汇编,314
王郎将君 墓志铭	贞观八年 显庆五年	显庆五年		思恭坊 通利坊		坊	汇编,317
张君墓 志铭	显庆五年	显庆五年		陶化里		里	汇编,317
桓君墓 志铭	显庆五年	显庆五年		嘉善里第		里第	汇编,318
解氏墓志	永徽六年	显庆五年			洛阳邙 山张 方里		汇编,318
任君墓 志铭	贞观 十七年 显庆五年	显庆五年		毓财里 敦厚坊		里 坊	汇编,319
唐故二 品官墓 志铭		显庆五年		坊所		坊所	汇编,319
韩氏墓 志铭	显庆五年	显庆五年		河南县 立德坊		坊	汇编,321

283

墓志名称	去世时间	下葬时间	籍贯	去世地点（或居所）	葬地	用字	出处
许府君墓志		显庆五年			平乐里		汇编，327
祖君夫人墓志铭	显庆五年	显庆五年		殖业之里第		里第	汇编，328
许府君墓志铭		显庆五年			北邙山平乐里		汇编，329
董夫人墓志铭	显庆六年	显庆六年		雍州万年胜业里		里	续集，114
郭府君墓志铭	武德七年	显庆六年		开化里第		里第	续集，116
□□君墓铭	显庆六年	显庆六年		洛阳县遵化里		里	汇编，333
王君墓志铭		显庆六年		洛阳敦厚里第		里第	汇编，335
闻喜县主墓志铭	龙朔元年	龙朔元年		长安居德坊第		坊第	续集，121
王君墓志	显庆六年	龙朔元年		巖阙里第		里第	汇编，338
□君墓志铭	龙朔元年	龙朔元年		洛阳县丰财里		里	汇编，339
王君墓志	永徽六年 龙朔元年	龙朔元年		景行里第 景行里第		里第	汇编，339

墓志名称	去世时间	下葬时间	籍贯	去世地点（或居所）	葬地	用字	出处
唐故七品墓志铭	龙朔元年	龙朔元年		坊所		坊所	汇编,341
王君墓志铭	龙朔元年	龙朔元年		邻德里		里	汇编,341
斛斯府君墓志铭	贞观二十四年	龙朔元年		嘉善里第		里第	汇编,343
吴君墓志	龙朔元年	龙朔元年		□新里		里	汇编,345
□君墓志铭	龙朔元年	龙朔元年		清化里		里	汇编,346
乔氏墓志铭	龙朔元年	龙朔元年		永泰里第		里第	汇编,353
李府君墓志铭	显庆五年	龙朔元年		陇西里第		里第	汇编,354
王君墓志铭	龙朔元年	龙朔元年		思顺里		里	汇编,355
吴君墓志铭	龙朔元年	龙朔元年		通利里		里	汇编,356
徐府君墓志	龙朔元年	龙朔二年		嘉善之私第		私第	汇编,356
王君墓志	龙朔二年	龙朔二年		东都嘉善坊		坊	汇编,357

墓志名称	去世时间	下葬时间	籍贯	去世地点（或居所）	葬地	用字	出处
冯夫人墓志	龙朔二年	龙朔二年		思顺里第		里第	汇编,359
窦夫人之铭	龙朔二年	龙朔二年		乐城里		里	汇编,359
董夫人墓志铭	龙朔二年	龙朔二年		河南旌善里		里	汇编,360
田君墓志铭	龙朔二年	龙朔二年		（洛阳）立行坊		坊	汇编,360
索君墓志铭	龙朔二年	龙朔二年		时邕里		里	汇编,362
王君墓志铭	龙朔二年	龙朔二年		清化坊		坊	汇编,365
桓君墓志铭	龙朔二年	龙朔二年		章善坊之里第		坊	汇编,367
袁君墓志铭	龙朔二年	龙朔二年		脩义坊		坊	汇编,368
司马辛君墓志铭	显庆四年	龙朔二年		道化里		里	汇编,369
王君墓志	龙朔三年	龙朔三年		隆政坊		坊	续集,134
裴君志铭	龙朔三年	龙朔三年		西京安兴里第		里第	续集,135

墓志 名称	去世 时间	下葬 时间	籍　贯	去世地点 （或居所）	葬　地	用 字	出　处
杜君墓 志铭	贞观八年	龙朔三年		长安县 安乐里		里	续集，137
路君墓 志铭	龙朔三年	龙朔三年		毓财里		里	续集，139
秦君之志	龙朔二年	龙朔三年		立德坊		坊	汇编，371
周君墓 志铭	永徽二年 龙朔三年	龙朔二年		河南县 福善里 延福里		里	汇编，372
宋夫人 墓志铭	龙朔三年	龙朔三年		从善里		里	汇编，373
路君墓 志铭	龙朔三年	龙朔三年		毓财里		里	汇编，374
郭氏墓 志铭	龙朔三年	龙朔三年		永泰里		里	汇编，375
魏君墓 志铭	龙朔三年	龙朔三年		敦厚里舍		里舍	汇编，376
冯府君 墓志铭	龙朔三年	龙朔三年		从善里		里	汇编，378
唐府君 墓志铭	龙朔三年	龙朔三年		景行坊		坊	汇编，378
宗夫人 墓志铭	龙朔三年	龙朔三年		时邕坊		坊	汇编，379

·欧·亚·历·史·文·化·文·库·

墓志名称	去世时间	下葬时间	籍贯	去世地点（或居所）	葬地	用字	出处
女□漫低墓志	龙朔三年	龙朔三年		行脩坊		坊	汇编,379
独孤公墓志铭	龙朔三年	龙朔三年		毓德坊		坊	汇编,380
安君墓志铭	龙朔三年	龙朔三年		嘉善里第		里第	汇编,384
张夫人墓志铭	龙朔三年	龙朔三年		洛州河南县永□乡宣风里		里	汇编,387
曹太夫人墓志铭	龙朔三年	龙朔三年		洛阳县丰财里		里	汇编,390
李君墓志铭	龙朔三年	龙朔三年		延福坊		坊	汇编,392
刘夫人墓志铭	龙朔三年	龙朔三年		嘉善里		里	汇编,392
邓君墓志铭	龙朔□年	龙朔□年		修义里		里	汇编,394
张氏墓志	龙朔□年	龙朔□年		景行坊里第		坊	汇编,395
王氏墓志	麟德元年	麟德元年		京师通轨里第		里第	续集,145
张君墓志	显庆二年	麟德元年		定□里		里	续集,146

288

墓志 名称	去世 时间	下葬 时间	籍　贯	去世地点 （或居所）	葬　地	用 字	出　处
焦君墓 志铭	麟德元年	麟德元年		章善坊		坊	汇编,397
边君墓 志铭	龙朔三年	麟德元年		毓财坊		坊	汇编,399
秦君墓 志铭	麟德元年	麟德元年		立□里		里	汇编,400
□□□ 志铭	麟德元年	麟德元年		通利坊		坊	汇编,402
宋君墓 志铭	永徽四年 麟德元年	麟德元年		殖业坊 绥福里第		坊 里第	汇编,403
皇甫君 墓志铭	麟德元年	麟德元年		思恭坊		坊	汇编,404
张君墓 志铭	贞观六年	麟德元年		清化里		里	汇编,405
梁君墓 志铭	显庆四年	麟德元年		从善里		里	汇编,408
王君墓 志铭	麟德元年	麟德元年		景行坊		坊	汇编,411
王府君 墓志铭	麟德元年	麟德元年		嘉善里第		里第	汇编,414
成氏墓志	麟德元年	麟德元年		隆政里第		里第	汇编,414

墓志名称	去世时间	下葬时间	籍贯	去世地点（或居所）	葬地	用字	出处
程使君墓志	麟德二年 贞观二年	麟德二年		怀德里第 怀德里第		里第	续集,151
邢君墓志铭	麟德元年	麟德二年		福善里		里	汇编,416
夫人讳尚墓志	麟德元年	麟德二年		立行里		里	汇编,416
李君墓志铭	贞观十六年 麟德元年	麟德二年		景行邑私第 章善坊		坊	汇编,418
赵处士墓志铭	麟德二年	麟德二年		□德坊		坊	汇编,418
李君墓志铭	麟德二年	麟德二年		魏封里		里	汇编,419
房君墓志	麟德二年	麟德二年		洛州河南县永泰乡行脩里		里	汇编,420
权公墓志铭	麟德二年	麟德二年		立德之里第		里第	汇编,421
杨君墓志铭	开皇五年	麟德二年		安善里第		里第	汇编,422
侯君墓志铭	麟德二年	麟德二年		尊贤里第		里第	汇编,423
宫人墓志铭	麟德二年	麟德二年		坊所		坊所	汇编,424

墓志 名称	去世 时间	下葬 时间	籍 贯	去世地点 (或居所)	葬 地	用 字	出 处
宫人墓 志铭	麟德二年	麟德二年		坊所		坊所	汇编,425
史君墓 志铭	麟德二年	麟德二年		福善坊		坊	汇编,426
张处士 墓志铭	麟德二年 贞观 十九年	麟德二年		嘉善里第 延福里		里第 里	汇编,427
亡宫九品 墓志铭	麟德二年	麟德二年		坊所		坊所	汇编,428
杜氏墓 志铭	麟德二年	麟德二年		道德之 里第		里第	汇编,428
索君墓 志铭	麟德二年	麟德二年		清化之 里第		里第	汇编,431
宇文夫 人铭	麟德二年	麟德二年		洛阳 清化坊		坊	汇编,432
支君墓志	麟德二年	麟德二年		时邕里		里	汇编,433
杨君墓 志铭	麟德二年	麟德二年		殖业里第		里第	汇编,434
马君墓 志铭	麟德二年	麟德二年		福善里		里	汇编,434
赵府君 墓志铭	麟德二年	麟德二年		清化坊		坊	汇编,435

墓志名称	去世时间	下葬时间	籍　贯	去世地点（或居所）	葬　地	用字	出　处
王君墓志铭	麟德二年	麟德二年		敦厚里		里	汇编，436
周夫人之铭	麟德二年	麟德二年		洛阳毓财坊		坊	汇编，437
田夫人墓志铭	麟德二年	麟德二年		永泰里		里	汇编，438
刘夫人墓志铭	麟德二年	麟德二年		乐城里		里	汇编，438
冯君墓志铭	麟德二年	麟德二年		河南县思恭坊		坊	汇编，439
张府君墓志铭	麟德二年	麟德三年		立行里		里	汇编，440
宋君墓志铭	贞观二十二年 龙朔三年	麟德		景行坊 静恭里		坊 里	续集，156
田君墓志	麟德二年	乾封元年		东都河南里		里	续集，160
韦氏墓志	麟德二年	乾封元年		河南敦行里		里	续集，162
董府君墓志铭	麟德二年	乾封元年		洛阳从善里		里	汇编，442
王君墓志铭	乾封元年	乾封元年		脩善里第		里第	汇编，443

墓志 名称	去世 时间	下葬 时间	籍　贯	去世地点 （或居所）	葬　地	用 字	出　处
桑氏墓 志铭	龙朔三年	乾封元年		福善里		里	汇编,444
张氏墓 志铭	永徽五年	乾封元年		思恭里		里	汇编,444
□墓志铭	永徽二年	乾封元年		河南县 履顺坊		坊	汇编,450
梁氏墓 志铭	乾封元年	乾封元年		思顺里第		里第	汇编,452
张君墓 志铭		乾封二年		福善坊		坊	续集,164
张君墓 志铭	乾封二年	乾封二年		延福坊		坊	续集,165
张先生 墓志铭	乾封二年	乾封二年		洛阳县 敦厚里		里	汇编,458
杨君墓 志铭	乾封二年	乾封二年		清化里		里	汇编,459
李君墓 志铭	乾封二年	乾封二年		永泰里		里	汇编,460
陈君墓 志铭	乾封二年	乾封二年		洛阳县 德懋里		里	汇编,462
靳氏墓 志铭	乾封二年	乾封二年		时邕里		里	汇编,462

293

墓志名称	去世时间	下葬时间	籍　贯	去世地点（或居所）	葬　地	用字	出　处
张君墓志铭	乾封二年	乾封二年		福善里		里	汇编,463
张君墓志铭		乾封二年		福善坊		坊	汇编,465
袁夫人墓志铭	乾封二年	乾封二年		敦厚里		里	汇编,467
王君墓志铭	贞观十三年	乾封二年		积德坊		坊	汇编,468
张君墓志铭		乾封二年		时邕坊		坊	汇编,470
孙氏墓志铭	乾封二年	乾封二年		洛阳县景行里第		里第	汇编,472
李夫人墓志铭	乾封二年	乾封二年		脩善之里第		里第	汇编,472
许君墓志铭	乾封二年	乾封二年		毓财坊		坊	汇编,474
杜君墓志铭	乾封二年	乾封二年		立行坊		坊	汇编,478
张君墓志铭	贞观九年 乾封二年	乾封二年		清化里 清化坊		里 坊	汇编,478
韦府君铭	乾封三年	乾封三年		洛州温柔里第		里第	续集,170

墓志名称	去世时间	下葬时间	籍贯	去世地点（或居所）	葬地	用字	出处
唐君墓志	乾封三年	乾封三年		恭俭里第		里第	续集,170
张君墓志铭	乾封二年	乾封三年		洛阳县敦厚坊		坊	汇编,480
靖君夫人墓志铭	贞观十六年 乾封二年	乾封三年		立行里 嘉猷里		里	汇编,481
宋夫人墓志铭	总章元年	总章元年		思恭坊		坊	汇编,485
张君墓志铭	总章元年	总章元年	今寄贯洛阳淳俗乡上春里	敦厚坊		坊	汇编,486
王君墓志铭	总章元年	总章元年	今编贯洛阳县□□乡□春里	思恭坊		坊	汇编,490
梁君墓志铭	总章元年	总章元年	今贯属河南县瀍涧乡思城里	洛阳县□善坊		坊	汇编,491
徐君墓志铭	总章二年	总章二年		陶化之里第		里第	汇编,496
王公墓志铭	总章元年	总章二年		敦厚里		里	汇编,497
范君墓志铭	总章二年	总章二年		洛阳县敦厚坊		坊	汇编,498

墓志名称	去世时间	下葬时间	籍贯	去世地点（或居所）	葬地	用字	出处
斛斯氏□□□	总章二年	总章二年		□仁坊		坊	汇编,501
朱氏墓志铭	总章二年	总章二年		弘敬里		里	汇编,502
康君墓志铭	总章二年	总章二年		河南思顺里		里	汇编,503
杨府君墓志铭	总章元年	总章二年		虔州之部里第		里第	汇编,503
曹君墓志铭	总章二年	总章二年	今贯河南洺汭乡兴化里	毓财坊		坊	汇编,504
赵君墓志铭	乾封二年	总章二年		尊贤坊		坊	汇编,505
杜夫人墓志铭	总章二年	总章二年		弘教坊		坊	汇编,505
兰君墓志	总章二年	总章二年		洛阳县章善坊		坊	汇编,507
刘氏墓志铭	总章二年	总章三年		雍州崇贤里第		里第	续集,177
刘氏墓志铭	咸亨元年	咸亨元年		福善坊		坊	汇编,511
刘君墓志铭	总章二年	咸亨元年		陶化里		里	汇编,511

墓志 名称	去世 时间	下葬 时间	籍　贯	去世地点 （或居所）	葬　地	用 字	出　处
刘君墓 志铭	咸亨元年	咸亨元年		嘉善坊		坊	汇编,512
申处士志	咸亨元年	咸亨元年		思恭里第		里第	汇编,513
杨君墓 志铭	咸亨元年	咸亨元年		陶化里第		里第	汇编,514
乐府君 墓志铭	咸亨元年	咸亨元年		章善坊		坊	汇编,515
索君墓 志铭	咸亨元年	咸亨元年		时邕坊		坊	汇编,516
库狄君 墓志铭	咸亨元年	咸亨元年	河南县永泰 乡	道化坊		坊	汇编,517
赵夫人 墓志铭	咸亨元年	咸亨元年		归仁坊		坊	汇编,517
□□墓 志铭	总章二年	咸亨元年		乐成里		里	汇编,520
王君墓 志铭	咸亨元年	咸亨元年		思顺坊		坊	汇编,521
赵府君夫 人墓志铭	咸亨元年	咸亨元年		道化坊		坊	汇编,522
朱君墓 志铭	贞观 廿三年	咸亨元年		惠和里第		里第	汇编,524
乐君墓 志铭	永徽三年 总章三年	咸亨元年		思恭里第 时邕里		里第 里	汇编,525

·欧·亚·历·史·文·化·文·库·

墓志名称	去世时间	下葬时间	籍贯	去世地点（或居所）	葬地	用字	出处
王氏墓志铭	咸亨元年	咸亨元年		万年县永昌里第		里第	汇编,528
康敬本墓志铭		咸亨元年		□善里第		里第	汇编,530
李氏墓志铭	咸亨二年	咸亨二年		延寿坊		坊	续集,191
韩府君墓志铭	咸亨二年	咸亨二年		东都章善里		里	汇编,532
张处□□志		咸亨二年		洛川里		里	汇编,532
奇府君墓志铭	咸亨二年	咸亨二年		丰财坊		坊	汇编,534
郑氏墓志铭	咸亨二年	咸亨二年		毓德里第		里第	汇编,535
谢君墓志	咸亨二年	咸亨二年		雍县建安里舍		里舍	汇编,536
张君夫人王墓志铭	咸亨二年	咸亨二年		殖业里第		里第	汇编,537
李氏墓志铭	咸亨二年	咸亨二年		尊贤坊		坊	汇编,538
刘君墓志铭	咸亨二年	咸亨三年		景行里		里	汇编,540

墓志名称	去世时间	下葬时间	籍 贯	去世地点（或居所）	葬 地	用字	出 处
王君墓志铭	咸亨三年	咸亨三年		章善里		里	汇编,541
康君墓志铭	咸亨三年	咸亨三年		利仁坊		坊	汇编,545
路夫人墓志铭	咸亨三年	咸亨三年		福善里		里	汇编,546
尹君墓志铭	咸亨三年	咸亨三年		时邕里第		里第	汇编,549
何处士墓志铭	咸亨三年	咸亨三年		长安义宁里		里	汇编,552
燕氏墓志铭	咸亨三年	咸亨三年		植业里		里	汇编,553
杨君墓志铭	咸亨三年	咸亨三年		清化里		里	汇编,554
韩府□□□铭	咸亨三年	咸亨三年		东都□□里第		里第	汇编,555
孙公墓志铭		咸亨三年		河南县□□坊		坊	汇编,557
李君墓志铭	咸亨三年	咸亨三年		从善坊		坊	汇编,560
费府君墓志铭	咸亨三年	咸亨三年		河南里第		里第	汇编,561

墓志名称	去世时间	下葬时间	籍贯	去世地点(或居所)	葬地	用字	出处
毕君墓志铭	咸亨三年	咸亨三年		教业坊		坊	汇编,563
王府君墓志铭	咸亨三年	咸亨四年		恭俭里第		里第	续集,202
慕容君墓志	总章元年	咸亨四年		宣阳里		里	汇编,566
王夫人墓志铭	咸亨四年	咸亨四年		洛州温柔坊		坊	汇编,570
张处士墓志铭		咸亨四年		惟新里		里	汇编,570
康君墓志		咸亨四年		陶化里		里	汇编,571
成夫人墓志铭	咸亨四年	咸亨四年		延福里第		里第	汇编,572
韩君墓志铭	咸亨四年 咸亨二年	咸亨四年		章善里第 章善里第		里第 里第	汇编,573
杨君墓志铭	显庆四年	咸亨四年		东都积德里		里	汇编,576
董君墓志铭	咸亨四年	咸亨四年		洛州洛阳县章善里		里	汇编,579
严府君墓志铭	咸亨五年	咸亨五年		永□里		里	续集,206

墓志 名称	去世 时间	下葬 时间	籍　贯	去世地点 （或居所）	葬　地	用 字	出　处
王君墓 志铭	贞观 十五年	咸亨五年		时邕坊		坊	汇编,582
史氏墓志	咸亨五年	咸亨五年		嘉善里		里	汇编,584
何氏墓 志铭	咸亨五年	咸亨五年		嘉善里		里	汇编,585
黄府君 墓志铭	咸亨五年	咸亨五年		景行坊		坊	汇编,586
张君墓 志铭	显庆四年 咸亨五年	咸亨五年		时邕里 尊贤里		里	汇编,588
刘君墓 志铭	咸亨五年	咸亨五年		崇仁里第		里第	汇编,589
刘君墓 志铭	咸亨五年	咸亨五年		思恭里第		里第	汇编,590
王府君 墓志铭	咸亨五年	咸亨五年		清化里		里	汇编,591
关夫人 墓志铭	咸亨□年	咸亨□年		思恭里		里	汇编,592
李氏志铭	上元元年	上元元年		河南县 安全里		里	集成,209
程君墓 志铭	贞观 廿二年	上元元年		修义里		里	汇编,593

·欧·亚·历·史·文·化·文·库·

墓志名称	去世时间	下葬时间	籍贯	去世地点（或居所）	葬地	用字	出处
王君夫人墓志铭	上元元年	上元元年		醴泉里第		里第	汇编,594
董君墓志铭	咸亨二年 上元元年	上元元年		思顺里 思顺里		里	汇编,594
虢庄王墓志	上元元年	上元二年		东都怀仁里第		里第	续集,214
许君墓志铭	上元二年	上二元年		洛阳弘教里		里	汇编,596
柳氏墓志铭	总章二年 上元二年	上二元年		敦厚里 敦厚里		里	汇编,599
阿史那贞公墓志铭	上元二年	上元二年		尚善里		里	汇编,600
杨君墓志铭	上元二年	上元二年		洛阳教业里		里	汇编,604
张君墓志铭	上元二年	上元二年		敦厚里		里	汇编,605
韩□□墓志	上元二年	上元二年		章善里		里	汇编,608
刘氏墓志铭	上元二年	上元二年		洛州洛阳县延福里		里	汇编,609
张君墓志		上元三年		洛阳殖业里		里	续集,219

墓志 名称	去世 时间	下葬 时间	籍　贯	去世地点 (或居所)	葬　地	用 字	出　处
姬府君 墓志铭	上元二年	上元三年		永安里第		里第	续集,219
□□君 墓志铭	上元二年	上元三年		洛阳积 德里第		里第	汇编,610
柳氏墓 志铭	总章二年 上元三年	上元三年		敦厚里 敦厚里		里	续集,225
赵夫人 墓志铭	上元二年	上元三年		洛州河 南县福 善里		里	汇编,612
马君墓 志铭	上元三年	上元三年		福善里		里	汇编,613
乐君墓 志铭	上元三年	上元三年		从善里第		里第	汇编,614
宋氏夫 人墓志	上元三年	上元三年		金城坊		坊	汇编,615
朱府君 墓志	上元三年	上元三年		东都 修业坊		坊	汇编,618
孙君墓志	上元三年	上元三年			洛州洛 阳县清 风乡张 方里		汇编,619
翟君墓 志铭	上元三年	上元三年		洛州洛 阳县陶 化里,洛 州洛阳 县敦 厚里		里	汇编,620

·欧·亚·历·史·文·化·文·库·

墓志 名称	去世 时间	下葬 时间	籍　贯	去世地点 （或居所）	葬　地	用 字	出　处
封君墓 志铭	上元三年	上元三年		殖业坊		坊	汇编，621
柳夫人 墓志		上元三年			河南县 平乐乡 安善里		汇编，623
岐府君 墓志铭	乾封元年	仪凤元年		长安龙 首里第		里第	续集，230
宋氏夫 人墓志	仪凤元年	仪凤元年		金城坊		坊	续集，229
董君墓志	仪凤元年	仪凤元年		洛州 弘教里		里	汇编，626
蔡君墓 志铭	仪凤二年	仪凤二年		绥福里		里	汇编，628
赵君墓 志铭	仪凤二年	仪凤二年		景行里		里	汇编，632
王君墓 志铭	仪凤二年	仪凤二年		尊贤里		里	汇编，632
王夫人 墓志铭	仪凤二年	仪凤二年		思恭里		里	汇编，634
史府君 墓志	仪凤三年	仪凤三年		原州平高 县招远里		里	续集，238
梁表墓 志铭	仪凤三年	仪凤三年		睦仁里		里	续集，237

墓志名称	去世时间	下葬时间	籍贯	去世地点（或居所）	葬地	用字	出处
王君墓志铭	仪凤三年	仪凤三年		洛州河南思恭里		里	续集,236
王君墓志铭	仪凤三年	仪凤三年		教业里第		里第	汇编,640
张府君墓志铭	仪凤三年	仪凤四年		雍州之胜业里		里	汇编,644
乐君墓志铭	仪凤四年	仪凤四年		温柔里		里	汇编,646
乐府君墓志铭	显庆四年	仪凤四年		善护乡顺德里		里	汇编,646
王处士墓志铭	仪凤四年	仪凤四年		福善里		里	汇编,650
李府君墓志铭	调露元年	调露元年		洛阳德懋坊		坊	汇编,653
曹参军□□□志铭	调露元年	调露元年		洛阳县慈惠坊		坊	汇编,655
元府君墓志铭	调露元年	调露元年			洛州河南县金谷乡石城里		汇编,656
罗府君墓志铭	仪凤二年	调露二年		章善里宅		里宅	汇编,662
颜府君墓志铭	调露元年	调露元年		东都惠和里		里	汇编,666

305

墓志名称	去世时间	下葬时间	籍贯	去世地点（或居所）	葬地	用字	出　处
安君墓志铭	调露二年	调露二年		嘉善里		里	汇编,669
何君墓志铭	调露二年	调露二年		洛阳界嘉善之私第		私第	汇编,670
索君墓志铭	永隆元年	永隆元年		时邕之里第		里第	汇编,672
张氏墓志	永隆元年	永隆二年		长安弘化里		里	续集,247
王府君墓志铭	永隆元年	永隆二年		崇贤里		里	汇编,673
禄氏墓志铭	永隆元年	永隆二年		崇贤里		里	汇编,674
邢府君墓志铭	永隆二年	永隆二年		河南福善里		里	汇编,674
李君墓志铭	永隆二年	永隆二年		洛阳县章善里		里	汇编,676
王君墓志	永隆二年	永隆二年		福善坊		坊	汇编,679
韦氏墓志铭	永隆二年	永隆二年		永宁里		里	汇编,681
刘府君墓志铭	调露二年	开耀元年		东都敬业坊		坊	续集,251

墓志 名称	去世 时间	下葬 时间	籍　贯	去世地点 (或居所)	葬　地	用 字	出　处
张君墓 志铭	开耀元年	开耀元年		平州慈 邑之里		里	汇编,683
张氏墓志	永隆二年	永淳元年		雍州万年 县□宁里 馆舍		里	续集,254
宋府君 墓志铭	永淳元年	永淳元年		道政坊		坊	续集,255
张君墓 志铭	永淳元年	永淳元年		丰财里		里	汇编,686
裴氏墓 志铭	永淳元年	永淳元年		善和里第		里第	汇编,687
李府君 墓志铭	永淳元年	永淳元年		乾封县 待贤坊		坊	汇编,689
程夫人 墓志铭	永淳元年	永淳元年		章善里		里	汇编,689
李君墓 志铭	永淳元年	永淳元年		洛阳 殖业里		里	汇编,690
兰君墓 志铭	永淳元年	永淳元年		□善里		里	汇编,692
胡府君 墓志铭	永淳元年	永淳元年		□德里		里	汇编,693
皇甫府君 墓志铭	永淳元年	永淳元年		□□里		里	汇编,695

墓志名称	去世时间	下葬时间	籍贯	去世地点(或居所)	葬地	用字	出处
张君墓志铭	永淳元年	永淳元年		思顺里		里	汇编,697
张君墓志铭	永淳元年	永淳元年		洛阳时邕里		里	汇编,698
燕君墓志铭	永淳元年	永淳元年		脩义坊	邙山安善里	坊	汇编,699
赵君墓志铭	调露二年	永淳元年		东都脩善里		里	汇编,701
王扶余君墓志		永淳元年			北邙清善里		汇编,702
张君墓志铭		永淳二年		延康斯里		里	汇编,705
赵君墓志铭	永淳二年	永淳二年		殖业坊		坊	汇编,706
麻夫人铭	永淳二年	永淳二年		寿善里		里	汇编,707
刘君墓志铭	永淳二年	弘道元年		陶化里		里	汇编,709
王府君墓志铭	嗣圣元年	嗣圣元年		洛阳县上东乡毓财里		里	汇编,712
郭府君石志铭	文明元年	文明元年		洛阳脩义里第		里第	续集,267
朱府君墓志	龙朔三年　文明元年	文明元年		立行里　尊贤里		里	续集,268

墓志 名称	去世 时间	下葬 时间	籍　贯	去世地点 （或居所）	葬　地	用 字	出　处
成府君 墓志铭	文明元年	文明元年		时邕里		里	汇编,716
安府君 墓志	永淳二年	光宅元年		东都 河南里		里	续集,271
冯府君 墓志铭	永淳二年	光宅元年		贞安里第		里第	续集,270
吕府君 墓志铭	乾封二年	光宅元年		洛阳县 都会乡 喜善里		里	续集,273
王氏墓 志铭	光宅元年	光宅元年		永丰里		里	汇编,721
李氏墓 志铭	永淳二年	光宅元年		德懋里		里	汇编,725
高氏墓 志铭	文明元年	光宅元年		道化里		里	汇编,726
李夫人 墓志铭	光宅元年	光宅元年		洛阳 毓财坊		坊	汇编,727
薛公墓志	光宅元年	垂拱元年		洛阳 丰财里		里	续集,280
宗氏墓 志铭	永淳元年	垂拱元年		长寿里第		里第	续集,284
张夫人 墓志铭	垂拱元年	垂拱元年		思恭里舍		里舍	汇编,731

·欧·亚·历·史·文·化·文·库·

墓志名称	去世时间	下葬时间	籍贯	去世地点（或居所）	葬地	用字	出处
贾府君墓志铭		垂拱元年		神都时邕里		里	汇编,732
柳君墓志铭		垂拱元年		南阳县穰县里		里	汇编,733
柳君墓志铭		垂拱元年		南阳县穰县里		里	汇编,734
丁君墓志铭	上元二年	垂拱元年		思恭里舍		里舍	汇编,735
独孤府君墓志铭	垂拱元年	垂拱元年		神都尊贤里		里	汇编,737
孙于墓志铭	垂拱二年	垂拱二年		永崇里第		里第	续集,287
元氏墓志铭	垂拱二年	垂拱二年		道化里		里	汇编,742
张府君墓志铭	垂拱二年	垂拱二年		德懋里		里	汇编,742
王府君墓志铭	垂拱二年	垂拱二年		景行里		里	汇编,743
管公墓志	垂拱二年	垂拱二年		景行坊		坊	汇编,745
王府君墓志铭	垂拱二年	垂拱二年		颁政里		里	汇编,746

墓志名称	去世时间	下葬时间	籍贯	去世地点（或居所）	葬地	用字	出处
韦公墓志铭	垂拱三年	垂拱三年		神都崇政坊		坊	续集,291
郭君墓志铭	垂拱三年	垂拱三年		洛阳教业里		里	汇编,748
孙夫人墓志铭	垂拱二年	垂拱三年		神都隆化里		里	汇编,749
吉君墓志铭	垂拱三年	垂拱三年		延福里第		里第	汇编,750
司马府君墓志铭	垂拱二年	垂拱三年		□都弘教里	邙山之河阴乡瀍阳里	里	汇编,753
李道真之墓	垂拱三年	垂拱三年		神都毓财里		里	汇编,754
高府君墓志铭		垂拱三年			千金乡金谷里		汇编,755
九娘墓志铭		垂拱三年			邙山之阳金谷乡石城里		汇编,756
李夫人墓志铭	垂拱元年	垂拱三年		西京怀真里第	河南县芒山之阳金谷乡石城里	里第	汇编,757
樊君墓志铭	上元元年	垂拱三年		洛州行脩里第	邙山之原金谷乡石城里	里第	汇编,758

墓志名称	去世时间	下葬时间	籍贯	去世地点（或居所）	葬地	用字	出处
李威墓志	垂拱四年	垂拱四年		章善里		里	汇编,765
张府君墓志铭	垂拱四年	垂拱四年		思恭里		里	汇编,768
李氏墓志铭	垂拱四年	垂拱四年		洛川里第		里第	汇编,771
沈君墓志铭	垂拱四年	垂拱四年		神都尚善里第		里第	汇编,771
杨公墓志铭	上元三年	垂拱四年		洛阳县里第		里第	汇编,772
唐氏墓志铭	垂拱四年 垂拱四年	垂拱四年		长寿里第 长安怀德里第		里第	汇编,775
独孤丞长女墓铭	永昌元年	永昌元年		京永宁里		里	续集,300
郑明府君墓志铭	永昌元年	永昌元年		永昌县福善里		里	汇编,781
李君志铭		永昌元年		洛阳□城里		里	汇编,783
邢夫人墓志铭	永昌元年	永昌元年		神都尊贤里		里	汇编,785
麴氏墓志铭	垂拱四年	永昌元年		高昌县淳风里第		里第	汇编,785

墓志 名称	去世 时间	下葬 时间	籍　贯	去世地点 （或居所）	葬　地	用 字	出　处
徐府君 墓志铭	载初元年	载初元年		德懋里		里	汇编，789
公讳禄 赞墓志	垂拱四年	天授元年		□州永昌 县温柔里		里	续集，308
王氏墓 志铭	载初元年	天授元年		洛阳县 从善坊		坊	汇编，793
邢君墓志	咸亨年中	天授元年		履信坊		坊	汇编，794
孔将军 墓志铭	贞观 十九年	天授二年		时邕里		里	续集，312
杨公及 夫人丁 氏墓志	载初元年	天授二年		西京长 兴里第		里第	汇编，800
梁氏墓 志铭	天授二年	天授二年		立德里		里	续集，312
董君墓 志铭	垂拱四年	天授二年		洛州洛 阳县睦 仁里第		里第	续集，316
杨公墓 志铭	载初元年	天授二年		思顺坊		坊	汇编，803
任氏墓 志铭	天授二年	天授二年		陶化里		里	汇编，805

墓志名称	去世时间	下葬时间	籍贯	去世地点（或居所）	葬地	用字	出处
田雁门县君墓志铭	天授二年	天授二年		万年县平康坊	迁窆于城东龙首原长乐乡王柴村南一里，向南与寿春坊路通也	坊	汇编，805
樊太君墓志铭	天授二年	天授二年		洛阳城东积闰里第		里第	汇编，808
扈府君墓志铭	天授二年	天授二年		洛州永昌县通利坊		坊	汇编，809
张夫人墓志铭	天授二年	天授二年		思恭里		里	汇编，811
王府君墓志铭	咸亨二年	天授二年		神都德懋里		里	汇编，816
赵府君墓志铭	天授二年	天授二年		履道坊		坊	汇编，820
张君之铭	咸亨四年	天授三年			安养县之西相城里		汇编，822
张君墓志之铭	咸亨四年	天授三年			安养县西相城里		汇编，823
董君墓志志铭	天授三年	天授三年		洛阳县殖业坊		坊	汇编，825
朱府君墓志	天授三年	如意元年		尊贤里		里	汇编，828

墓志名称	去世时间	下葬时间	籍 贯	去世地点（或居所）	葬 地	用字	出 处
李君墓志	如意元年	如意元年		延福坊		坊	汇编,829
刘府君墓志铭	如意元年	长寿元年		永泰坊		坊	汇编,832
邢君墓志铭	如意元年	长寿元年		神都从善里		里	汇编,833
刘府君墓志铭	天授二年	长寿二年		洛阳富教里第		里第	续集,324
李氏墓志铭	如意元年	长寿二年		神都思恭坊里第		坊	汇编,834
唐夫人墓志铭	长寿二年	长寿二年		永昌县福善坊		坊	汇编,835
莫公墓志铭	长寿二年	长寿二年		尚善里		里	汇编,835
宋氏墓志铭	长寿二年	长寿二年		洛阳利仁坊		坊	汇编,839
尚府君墓志铭	长寿二年	长寿二年		尊贤里		里	汇编,843
陈使君墓志铭	仪凤三年	长寿二年		雍州来庭里第	神都洛阳县平阴乡从新里	里第	汇编,844
史氏墓志铭	永淳二年 长寿二年	长淳二年	长寿二年	思顺坊 广信坊		坊	汇编,845

·欧·亚·历·史·文·化·文·库·

墓志名称	去世时间	下葬时间	籍贯	去世地点（或居所）	葬地	用字	出　处
王府君墓志铭	长寿二年	长寿二年		清化里		里	汇编,846
杨府君墓志铭	长寿二年	长寿二年		道化里第		里第	汇编,848
刘夫人墓志铭	长寿二年	长寿二年		脩善里		里	汇编,852
窦氏墓志铭	垂拱二年	长寿三年		洛州嘉善里		里	续集,328
程先生墓志铭	长寿三年	长寿三年		群贤里		里	汇编,853
康府君墓志铭	长寿二年	长寿三年		神都日用里思顺坊		里、坊	汇编,855
张府君墓志铭	长寿三年	长寿三年	汝州梁县梁川乡丰乐里				汇编,857
孙氏墓志铭	垂拱三年	延载元年		合宫县弘教里		里	续集,334
陆氏平原郡君墓志铭	天授二年	延载元年		河南显教里		里	汇编,861
沈君墓志铭	天授二年	延载元年		群贤之第里		第里	汇编,862
李氏墓志	长寿二年	证圣元年		雍州长安县义宁里		里	续集,338

墓志名称	去世时间	下葬时间	籍贯	去世地点（或居所）	葬地	用字	出处
齐君墓志铭	证圣元年	证圣元年		南市之第		市	汇编,871
娄氏墓志		证圣元年		洛阳旌善里第		里第	汇编,871
朱处士墓志铭	证圣元年	证圣元年		道光里第		里第	汇编,872
杨府君墓志铭	证圣元年	证圣元年		立行里		里	汇编,873
贾氏墓志铭	证圣元年	证圣元年		章善里	北邙之阜翟村东南平乐里	里	汇编,873
孟夫人墓志铭	证圣元年	证圣元年		来庭县永泰坊		坊	汇编,874
李府君墓志铭	证圣元年	证圣元年			县东北长乐乡长宁里		汇编,875
封府君墓志铭	证圣元年	天册万岁元年		绥福里第		里第	汇编,880
田君志铭	万岁登封元年	万岁登封元年		奉礼坊		坊	续集,344
马夫人墓志铭	万岁登封元年	万岁登封元年		神都章善里		里	汇编,884
杨君墓志铭	万岁登封元年	万岁登封元年		立行坊		坊	汇编,885

317

墓志名称	去世时间	下葬时间	籍贯	去世地点（或居所）	葬地	用字	出处
王府君墓志铭	总章二年	万岁登封二年		雍州万年县宣阳里		里	汇编,886
郭氏墓志铭	万岁登封元年	万岁登封二年		合宫县王城乡敦信里		里	汇编,887
尹夫人墓志铭	万岁通天元年	万岁通天元年		永昌思顺里		里	续集,347
叔坚墓志	万岁通天元年	万岁通天元年		修善坊		坊	续集,348
梁君墓志铭	万岁通天元年	万岁通天元年		嘉猷里		里	汇编,890
徐夫人墓志铭	万岁通天元年	万岁通天元年		怀仁里		里	汇编,891
高氏墓志	万岁通天元年	万岁通天元年		洛州福善坊		坊	汇编,892
宋府君墓志铭	天册万岁元年	万岁通天元年		渑池千秋里		里	汇编,893
桓府君墓志	万岁通天二年	万岁通天二年		神都合宫县清化坊		坊	续集,353
王氏墓志铭	万岁通天元年	万岁通天二年		神都崇政里第		里第	续集,349
杨君墓志铭	咸亨三年	万岁通天二年		绥福里第		里第	汇编,896

墓志名称	去世时间	下葬时间	籍贯	去世地点（或居所）	葬地	用字	出处
薛氏墓志铭	万岁登封元年	万岁通天二年		洛阳尊教里		里	汇编，897
陈府君墓志铭	万岁通天二年	万岁通天二年		永昌县嘉善里		里	汇编，899
赵公墓志铭	证圣元年	万岁通天二年		洛州道政坊		坊	汇编，901
姚君墓志	万岁通天二年	万岁通天二年		洛城思顺里		里	汇编，903
刘府君墓志铭	万岁通天二年	万岁通天二年		神都脩义坊		坊	汇编，903
赵阿文墓志	万岁通天二年	万岁通天二年		福善坊		坊	汇编，906
韩府君墓志铭	万岁通天二年	万岁通天二年		章善里		里	汇编，906
赵府君墓志铭	万岁通天二年	万岁通天二年		崇政里		里	汇编，907
常府君志铭		万岁通天二年			邙山之源平乐乡老神里		汇编，909
董府君墓志铭	万岁登封元年	万岁通天二年		洛阳县教业里第		里第	汇编，910
王府君墓志铭		神功元年		洛阳县审教里		里	续集，357
	显庆二年			合宫县询善里			

墓志名称	去世时间	下葬时间	籍贯	去世地点（或居所）	葬地	用字	出处
杜府君墓志铭	垂拱二年	神功元年		感德乡殷众里		里	续集,358
呼延府君墓志铭	上元三年	神功元年		洛阳会节里第		里第	汇编,913
禄府君墓志铭	文明元年	神功元年		脩义里第		里第	汇编,914
王豫墓志铭	延载元年	神功元年		洛阳殖业里		里	汇编,917
张府君墓志铭	永隆元年　万岁通天二年	神功元年		思恭里　积德里		里	汇编,918
郭氏墓志	天授二年	神功元年		雍州乾封县嘉会坊		坊	汇编,919
盖府君墓志铭	神功元年	神功二年		神都道政里		里	汇编,921
韦府君墓志铭	圣历元年	圣历元年		神都崇业里		里	续集,361
宋夫人墓志铭	圣历元年	圣历元年		嘉庆里		里	汇编,924
傅君墓志铭	圣历元年	圣历元年		通远坊		坊	汇编,924
裴公墓志铭	圣历元年	圣历元年		隆化里		里	汇编,925

墓志名称	去世时间	下葬时间	籍贯	去世地点（或居所）	葬地	用字	出处
崔君墓志铭	武德五年	圣历二年		京亲仁里		里	续集,362
赵氏墓志铭	圣历元年	圣历二年		雍州万年县宣阳坊		坊	续集,364
崔氏武城郡君墓志铭	万岁通天二年	圣历二年		河南永丰里		里	汇编,927
牛府君墓志铭	圣历二年	圣历二年		合宫县嘉善里第		里第	汇编,928
崔君墓志铭	圣历元年	圣历二年		通远坊		坊	汇编,929
崔君墓志铭	上元元年	圣历二年		京师道政里第		里第	汇编,932
秦君墓志铭	圣历二年	圣历二年		洛阳道光里第		里第	汇编,935
王君墓志铭	圣历元年 万岁登封元年	圣历二年		相州嘉惠里之旅舍 合宫县正俗坊		里、坊	汇编,938
王府君墓志铭	圣历二年	圣历二年		遵教里		里	汇编,946
归义县君韩墓志铭	圣历二年	圣历二年		安众里第		里第	汇编,948
费氏墓志铭	上元三年	圣历二年		雍州长兴里第		里第	汇编,951

321

墓志名称	去世时间	下葬时间	籍贯	去世地点（或居所）	葬地	用字	出处
张氏墓志铭	垂拱三年	圣历二年		履信里		里	汇编,952
张府君墓志铭	圣历元年	圣历二年		洛州测景里		里	汇编,956
南君墓志铭		圣历二年		洛阳立行里		里	汇编,956
袁氏墓志	圣历二年	圣历二年		乾封县太平里第		里第	汇编,957
翟氏墓志铭	圣历元年	圣历三年		永昌县训善里第		里第	续集,373
于府君墓志铭	圣历元年	圣历三年		明堂县进昌里		里	续集,374
刘府君墓志铭	圣历二年	圣历三年		清化里第		里第	汇编,958
戴君墓志	圣历二年	圣历三年		神都修业里		里	汇编,964
淳于氏墓志铭	圣历三年	圣历三年		洛阳道化里		里	汇编,965
郑君墓志铭	调露元年	圣历三年			神都偃师县西南孝敬里		汇编,966
何府君墓志铭	久视元年	久视元年			鲁州如鲁县□□里		续集,377

墓志 名称	去世 时间	下葬 时间	籍　贯	去世地点 (或居所)	葬　地	用 字	出　处
梁君墓 志铭	久视元年	久视元年		洛阳 教业里		里	续集,378
陈府君 墓志铭	久视元年	久视元年		神都 □教里		里	续集,378
薛府君 墓志铭		久视元年		龙首里第 怀远里第		里第	汇编,967
许君墓 志铭	久视元年	久视元年		神都 进德里		里	汇编,970
建达墓志	久视元年	久视元年		洛州合宫 县宣范里		里	汇编,971
段夫人 墓志铭	垂拱二年	久视元年		旗亭里		里	汇编,974
崔府君 墓志铭	久视元年	久视元年		毓德里		里	汇编,977
马府君 墓志铭	久视元年	久视元年		乐城里		里	汇编,979
路府君志	久视元年	久视元年		从善里		里	汇编,983
岑氏墓 志铭	圣历元年	大足元年		郑州 归仁里		里	续集,386
竹氏墓 志铭	大足元年	大足元年		神都 弘敬里		里	汇编,986

·欧·亚·历·史·文·化·文·库·

墓志 名称	去世 时间	下葬 时间	籍 贯	去世地点 (或居所)	葬 地	用 字	出 处
赵府君 墓志	大足元年	大足元年		洛阳通 利里第		里第	汇编,987
元府君 墓志铭	大足元年	大足元年		崇政里第		里第	汇编,987
仵氏墓 志铭	大足元年	大足元年		来庭县 绥福里		里	汇编,988
赵府君 墓志铭	长安二年	长安二年		洛州合宫 县崇业里		里	汇编,996
娄君夫人 墓志铭	久视元年	长安二年		洛阳 劝善里		里	汇编,997
马君之志	万岁登 封三年	长安二年		神泉里		里	汇编,998
崔氏墓 志铭	永淳二年 久视二年	长安三年		长兴里第 洛州淳 风里第		里第	续集,396
霍君墓 志铭	大足二年	长安三年		弦歌里		里	续集,403
成君墓志	长安三年	长安三年		通远 里舍		里舍	汇编,1001
杨氏墓 志铭	垂拱三年	长安三年		丰安里		里	汇编,1004
贾府君 墓志铭	圣历元年	长安三年		洛阳 脩义里		里	汇编,1007

324

墓志 名称	去世 时间	下葬 时间	籍 贯	去世地点 （或居所）	葬 地	用 字	出 处
赵府君 墓志铭	圣历二年 长安二年	长安三年		神都来 庭县会 节坊 延康坊		坊	汇编,1009
张君墓志		长安三年		洛州 道训坊		坊	汇编,1011
程府君 墓志	长安三年	长安三年		洛阳县 德懋里		里	汇编,1012
息尚君 之铭		长安三年		鄠县 修德里		里	汇编,1018
张府君 墓志铭	仪凤二年	长安三年		洛阳 敦厚里		里	汇编,1018
元思亮 墓志铭	长安三年	长安三年		毓财里		里	汇编,1019
□府君 墓志铭	圣历元年	长安三年		洛州 温柔里		里	汇编,1021
王君墓 志铭	永淳二年	长安三年		洛州合宫 县陶化坊		坊	汇编,1024
仵夫人 墓志铭	长安三年	长安三年		崇政里		里	汇编,1027
董君墓 志铭	咸亨三年	长安三年		洛阳县 殖业坊		坊	汇编,1027
李君墓 志铭		长安三年		德懋里		里	汇编,1029

·欧·亚·历·史·文·化·文·库·

墓志名称	去世时间	下葬时间	籍贯	去世地点（或居所）	葬地	用字	出处
李符妻挚墓志铭	长安四年	长安四年		洛州洛阳县立行里		里	汇编,1032
邢府君墓志铭	长安四年	长安四年		从善里		里	汇编,1034
李氏墓志铭	长安四年	长安四年		洛阳敦厚里		里	汇编,1036
王君墓志□	长安四年	长安四年		合宫县立德坊		坊	汇编,1037
张君墓志铭	长安四年	长安四年		履道里		里	汇编,1040
姚府君墓志铭	长安四年	长安四年		道化里		里	汇编,1041
朱府君墓志	神龙元年	神龙元年		富教里		里	汇编,1043
安君墓志铭	长安四年	神龙元年		醴泉里		里	汇编,1045
张君墓志铭	神龙二年	神龙二年		尊贤里		里	续集,413
朱氏墓志铭	长安四年	神龙二年		洛阳毓德里		里	汇编,1056
崔府君墓志铭		神龙二年		宋城县钦贤里第		里第	汇编,1065
陈君墓志铭	显庆五年 神龙二年	神龙二年		会节里 南市旗亭里第		市	汇编,1071

墓志 名称	去世 时间	下葬 时间	籍　贯	去世地点 （或居所）	葬　地	用 字	出　处
裴氏墓 志铭	神龙三年	神龙三年		合宫 道德里		里	汇编,1072
任夫人 墓志铭	神龙三年	神龙三年		延康里		里	汇编,1073
杨府君 墓志	神龙三年	神龙三年		永昌县 章善坊		坊	汇编,1074
刘夫人 墓志铭	神龙三年	神龙三年		福善坊		坊	汇编,1075
武府君 墓志铭	神龙二年	神龙三年		长安延 寿里第		里第	续集,417
王府君 墓志铭	神龙二年	神龙三年		洛州河南 旌善里		里	续集,418
左敬节 墓志	神龙三年	神龙三年		陶化坊		坊	续集,422
韦府君 墓志铭	神龙二年	神龙三年		京师万 年县大 宁里第		里第	续集,420
任夫人 墓志铭	神龙三年	神龙三年		延康里		里	续集,422
房府君 墓志铭	神龙三年	景龙元年		延春里第		里第	续集,427
秦府君 墓志	神龙三年	景龙元年		合宫县 道光坊		坊	汇编,1077

墓志名称	去世时间	下葬时间	籍贯	去世地点（或居所）	葬地	用字	出处
崔君墓志铭	景龙二年	景龙二年		河南承义里		里	续集,429
李处士墓志铭	景龙二年	景龙二年		永泰里		里	续集,430
王孟玉塔铭	景龙二年	景龙二年		安兴坊		坊	续集,431
王府君墓志铭	神龙元年	景龙二年		毓财里第		里第	汇编,1080
独孤氏墓志	景龙二年	景龙二年		合宫县乐城坊		坊	汇编,1082
蔺夫人墓志铭	景龙二年	景龙二年		京通善里第		里第	汇编,1085
崔君墓志铭	永淳三年	景龙三年		永宁里		里	汇编,1090
邢君墓志	景龙二年	景龙三年		平华里		里	汇编,1094
王君墓志铭	神龙元年	景龙三年		脩义坊		坊	汇编,1098
王君墓志铭	永淳二年 垂拱元年	景龙三年		洛州洛阳县会节里第 会节里第		里第	汇编,1100
独孤府君墓志铭	景龙三年	景龙三年		京师醴泉里第		里第	汇编,1102

墓志 名称	去世 时间	下葬 时间	籍　贯	去世地点 （或居所）	葬　地	用 字	出　处
安君墓志	麟德元年 长安四年	景龙三年		长安金 城坊 惠和坊		坊	汇编,1105
亡宫九 品墓志	景龙三年	景龙三年		坊所		坊 所	汇编,1108
贾氏玄 堂记	景龙四年	景龙四年		万年安 兴里第		里第	续集,440
杜府君 墓志铭	景龙四年	景龙四年		雍州长 安县延 康里		里	汇编,1110
曹参军 墓志铭	景龙四年	景龙四年			雍州万 年县曲 池坊之 北一百 步		汇编,1111
朱府君 墓志铭	景龙四年	景龙四年		遵贤里		里	汇编,1112
柳府君 墓志铭	景龙四年	景龙四年		时邕里第		里第	汇编,1113
李氏墓志	景龙四年	景龙四年		从善里		里	汇编,1114
李氏墓 志铭	景云元年	景云元年		洛州 履顺里		里	汇编,1116
赵夫人 墓志铭		景云元年		德懋里		里	汇编,1118
贾氏墓 志铭	景云二年	景云二年		洛阳 立行里		里	续集,445

墓志 名称	去世 时间	下葬 时间	籍 贯	去世地点 （或居所）	葬 地	用 字	出 处
扶阳君 墓志铭	景云二年	景云二年		静安里第		里第	续集,445
萧府君 墓志铭	景云二年	景云二年		京崇化里		里	汇编,1122
曹参军 姬晏妻 阎墓志	景云二年	景云二年		毓财坊		坊	汇编,1124
沈夫人 墓志铭	景云元年	景云二年		教业里第		里第	汇编,1125
张冬墓志	咸亨二年	景云二年		陶化里		里	汇编,1127
韦氏墓 志铭	景云二年	景云二年		京兴化里		里	汇编,1130
郑氏墓 志铭	景云二年	景云二年		洛州 王屋里		里	汇编,1131
张氏墓 志铭	景云二年	景云二年		河南县 福善里		里	汇编,1132
田君墓 志铭	景云二年	景云二年		嘉庆里		里	汇编,1132
郭府君 墓志铭	景云二年	景云二年		长安 醴泉里		里	汇编,1133
张氏墓 志铭	景云二年	景云二年		洛阳县 殖业坊		坊	汇编,1134

墓志 名称	去世 时间	下葬 时间	籍　贯	去世地点 (或居所)	葬　地	用 字	出　处
孙何师 墓志铭	景云三年	景云三年	洛州河南县 元望乡怀 惠里	洛阳县 殖业坊		坊	续集,447
于府君 墓志铭	太极元年	太极元年		洛阳县 休义里		里	续集,448
邓府君 墓志铭	太极元年	延和元年		万年县安 兴里第		里第	续集,449
萧府君 墓志铭	延和元年	延和元年		洛州河 南县福 善坊		坊	汇编,1142
刘氏志铭	咸亨四年	先天元年		长安金 城里第		里第	续集,452
长孙氏 墓志铭	先天元年	先天元年		履顺坊		坊	汇编,1143
赵君墓志	先天二年	先天二年		永兴坊第		坊 第	续集,452
刘君墓 志铭	先天二年	先天二年			洛阳县 北平阴 乡安 善里		汇编,1147
荆夫人 墓志铭	开元二年	开元二年		南市官第		市	续集,455
张君墓 志铭	神龙二年	开元二年		尊贤坊		坊	汇编,1153
王氏墓 志铭	开元二年	开元二年		京兆府 万年县 安兴坊		坊	汇编,1153

·欧·亚·历·史·文·化·文·库·

墓志名称	去世时间	下葬时间	籍贯	去世地点（或居所）	葬地	用字	出处
戴府君墓志铭	开元二年	开元二年		洛阳审教里		里	汇编,1156
郑府君墓志铭	永淳二年	开元二年		京师龙首里	承平里	里	汇编,1157
武氏墓志铭	先天二年	开元三年		嘉会里		里	续集,458
邢君墓志铭	先天二年	开元三年		京兆安邑里		里	汇编,1160
孟府君墓志铭	垂拱三年	开元三年		京兆府长安里		里	汇编,1164
杨君墓志铭	开元二年	开元三年		德懋坊		坊	汇编,1167
李夫人墓志铭	开元三年	开元三年			河南府河南县金谷乡金谷里		汇编,1170
卢府君墓志铭	神龙元年	开元三年		东都隆化坊		坊	汇编,1171
薛夫人墓志铭	开元四年	开元四年			河南府洛阳县兴艺里	里	续集,461
袁府君墓志铭	开元四年	开元四年		立行里		里	汇编,1181
独孤氏墓志铭	开元四年	开元四年		平康里		里	汇编,1181

墓志 名称	去世 时间	下葬 时间	籍 贯	去世地点 (或居所)	葬 地	用 字	出 处
元府君 墓志铭	开元四年 大足元年	开元五年		河南尚 贤里第 洛阳 惠和里		里 里第	汇编,1192
董公墓 志铭	神龙八年	开元五年		河南 归义里		里	汇编,1194
郑氏墓 志铭	长安三年	开元五年		京兆府 永乐里		里	汇编,1196
赵府君 墓志	开元五年	开元五年		永丰 坊家第		坊	汇编,1197
王府君 墓志铭	开元五年	开元五年		大同里第		里第	汇编,1197
许氏墓志	开元六年	开元六年		景行里		里	续集,466
陆府君 墓志铭	开元六年	开元六年		永丰里第		里第	汇编,1200
燕府君 墓志铭		开元六年		洛阳集 贤里第		里第	汇编,1200
崔氏墓 志铭	开元六年	开元六年		政俗坊崔 家之私第		坊	汇编,1201
于氏墓 志铭	开元六年	开元六年		洛阳德懋 里家第		里	汇编,1201
韦公墓 志铭	开元四年	开元六年		京师永 宁坊		坊	汇编,1202

墓志名称	去世时间	下葬时间	籍贯	去世地点（或居所）	葬地	用字	出处
任府君墓志	开元六年	开元六年		河南县道政里		里	汇编,1204
柳墓志铭	开元六年	开元六年		洛阳县尊贤里		里	汇编,1204
马公墓志铭	开元六年	开元六年		河南毓财里第		里第	汇编,1206
王君墓志	开元六年	开元六年		河南府洛阳县思恭坊客舍		坊	汇编,1210
蒋夫人墓志铭	开元七年	开元七年		道政里		里	续集,468
倪公墓志铭	开元七年	开元七年		永嘉里		里	续集,471
贾夫人墓志铭	开元七年	开元七年		河南郡思顺里		里	汇编,1212
李君墓志铭	开元七年	开元七年		洛阳殖业里旅舍		里	汇编,1212
□府君志铭	开元七年	开元七年		洛阳毓德里		里	汇编,1213
许君墓志铭	开元七年	开元七年		河南县兴敬里		里	汇编,1214
元府君墓志铭	开元七年	开元七年		东都正俗里		里	汇编,1215

墓志名称	去世时间	下葬时间	籍贯	去世地点（或居所）	葬地	用字	出处
王府君墓志铭	开元七年	开元七年		怀仁里		里	汇编,1217
韦君墓志铭	开元七年	开元七年		新昌里第		里第	汇编,1219
王君墓志铭	圣历三年	开元七年		修善里		里	汇编,1220
李府君墓志铭	开元七年	开元八年		京兆府长安县怀远里		里	续集,472
刘府君墓志铭	开元八年	开元八年		大宁里		里	续集,474
刘府君神道记	开元八年	开元八年		安邑坊		坊	续集,475
敬公墓志铭	开元八年	开元八年		河南□从善里		里	汇编,1221
李氏墓志铭	开元八年	开元八年		陶化里		里	汇编,1224
李府君墓志	开元八年	开元八年		时邕里		里	汇编,1225
契苾夫人墓志铭	开元八年	开元九年		居德里		里	续集,478
裴君墓志铭	开元七年	开元九年		洛阳县嘉庆里		里	续集,479

墓志 名称	去世 时间	下葬 时间	籍　贯	去世地点 （或居所）	葬　地	用 字	出　处
房君墓 志铭	开元九年	开元九年		河南府 洛阳县 归仁里		里	续集，480
王夫人 墓志	开元九年	开元九年		都崇政 里第		里第	续集，481
济阴郡王 墓志铭	开元九年	开元九年		京师胜 业里		里	续集，482
桓府君 墓志铭	开元九年	开元九年		洛阳 通远里		里	汇编，1236
颜府君 墓志铭	开元九年	开元九年		东都 兴艺坊		坊	汇编，1239
杨府君 墓志铭	神功元年	开元九年		河南县 择善里		里	汇编，1240
裴君 墓志	垂拱元年	开元九年		永丰里第		里第	汇编，1241
裴公墓 志铭	太极元年	开元九年		东都 宣教里		里	汇编，1245
李府君 墓志铭	开元九年	开元九年		修义里		里	汇编，1254
杨府君 墓志铭	开元十年	开元十年		京兆府 万年县 大宁里		里	续集，488
赵府君 墓志铭	开元十年	开元十年		河南府 河南县 劝善坊		坊	汇编，1256

墓志名称	去世时间	下葬时间	籍贯	去世地点（或居所）	葬地	用字	出处
源公墓志铭	开元十年	开元十年		东都崇让里第		里第	汇编,1257
李府君墓志铭	开元十年	开元十年		洛阳乐城里		里	汇编,1259
张氏墓志铭	开元十年	开元十年		□南道政里		里	汇编,1261
郭君墓志铭	开元十年	开元十年		河南府道光里		里	汇编,1262
董公志石	开元十年	开元十年		河南府履顺里		里	汇编,1263
李君墓志铭	开元十年	开元十年		河南正俗里		里	汇编,1264
于府君墓志铭	开元十年	开元十一年		河南府从善里第		里第	续集,491
刘氏墓志	开元十一年	开元十一年		永兴里第		里第	续集,494
田府君墓志		开元十一年		尊贤里		里	汇编,1265
杜氏墓志铭	开元六年	开元十一年		河南府永丰里第		里第	汇编,1266
卢氏墓志铭	开元十一年	开元十一年		毓德里		里	汇编,1270

·欧·亚·历·史·文·化·文·库·

墓志名称	去世时间	下葬时间	籍贯	去世地点(或居所)	葬地	用字	出　处
李氏墓志铭	开元十一年	开元十一年		河南府洛阳县归义里第		里第	汇编,1271
樊君墓志铭	开元十一年	开元十一年		京兆府崇仁里		里	汇编,1272
孔君墓志	开元十一年	开元十一年		延福坊		坊	汇编,1273
鲜于公墓志铭	开元十一年	开元十一年		京兆安定里		里	汇编,1274
茹府君墓志	开元十一年	开元十一年		长安休祥里第		里第	汇编,1275
李氏墓志铭	开元九年	开元十一年		东京洛阳兴艺里		里	汇编,1276
崔公墓志铭	开元十一年	开元十一年		京平康里第		里第	汇编,1276
王君墓志铭	万岁通天元年	开元十一年		会节里第		里第	汇编,1278
阿那氏墓志	开元十一年	开元十一年		右贤王京师怀德坊之第		坊	汇编,1280
杨公墓志铭	开元十年	开元十一年		洛阳会□里		里	汇编,1281
寇君墓志铭	开元十一年	开元十一年		洛阳审教里		里	汇编,1283

338

墓志 名称	去世 时间	下葬 时间	籍　贯	去世地点 (或居所)	葬　地	用 字	出　处
曹氏谯郡 君夫人墓 志铭	开元 十一年	开元 十一年		居德里	金光坊 龙首原	里	汇编,1284
李君墓志文	开元 十一年	开元 十一年		道政里		里	汇编,1286
高府君 墓志铭	开元 十一年	开元 十一年		来庭里		里	汇编,1287
严府君 墓志铭	开元 十一年	开元 十二年		京兆府 万年县 胜业里		里	续集,496
刘府君 墓志铭	开元 十二年	开元 十二年		京兆府 崇贤里		里	续集,496
女子字端 墓志铭	开元 十二年	开元 十二年		京兆静 安里		里	续集,498
李公墓志	开元 十二年	开元 十二年		东都 道政里		里	续集,499
李夫人 墓志铭	开元十年	开元 十二年		丰财里		里	汇编,1268
崔氏墓 志铭	开元 十二年	开元 十二年		洛阳 归义里		里	汇编,1289
卢氏墓 志铭	开元 十一年	开元 十二年		毓德里		里	汇编,1290
张君墓铭	开元 十二年	开元 十二年		河南府 清化坊		坊	汇编,1295

·欧·亚·历·史·文·化·文·库·

墓志名称	去世时间	下葬时间	籍贯	去世地点（或居所）	葬地	用字	出处
宋府君夫人墓志	永淳二年 开元十二年	开元十二年		高陵清平归义里 京第休祥里		里	汇编，1295
故唐氏女墓志铭	开元十二年	开元十二年		京兆静安里		里	汇编，1297
李怀让墓志	开元十二年	开元十二年			河南府洛阳县平阴乡河阴里吕村		汇编，1297
李君墓志铭	开元十一年 垂拱四年	开元十二年		京师安邑里 尊贤里		里	汇编，1300
故□夫人墓志铭		开元十二年		东都兴敬里		里	汇编，1301
李府君志铭	开元十年	开元十二年		洛阳通远坊		坊	汇编，1303
崔公墓志铭	开元十三年	开元十三年		东都择善里		里	续集，501
王府君墓志铭	开元十三年	开元十三年		洛阳的德懋坊		坊	续集，502
刘君墓志铭	开元十三年	开元十三年		东都温洛里		里	汇编，1305
王氏墓志铭		开元十三年		河南府崇政坊		坊	汇编，1306

墓志 名称	去世 时间	下葬 时间	籍 贯	去世地点 （或居所）	葬 地	用 字	出 处
吉氏墓 志铭	开元 十三年	开元 十三年		洛阳 审教里		里	汇编,1307
郑君铭	开元 十三年	开元 十三年		河南 惠训里		里	汇编,1307
敬府君 墓志铭	开元 十三年	开元 十三年		德懋里	河南河 阴乡百 乐里	里	汇编,1310
索君墓志	开元 十三年	开元 十三年		大杨里		里	汇编,1311
独孤府君 墓志铭	先天二年	开元 十四年		长安县 群贤里		里	续集,504
卢氏志	开元 十四年	开元 十四年		洛阳审 教里第		里第	汇编,1312
刘夫人 墓志铭	天授三年	开元 十四年			河南府 河南县 平乐乡 安善里		汇编,1314
郑府君 墓志铭	开元 十四年	开元 十四年			洛阳县 北邙山 平阴里		汇编,1314
墓志铭	开元 十四年	开元 十四年		患坊		患坊	汇编,1315
□氏墓 志铭	开元五年	开元 十四年		归义里		里	汇编,1316
李府君 墓志铭	开元 十三年	开元 十四年		教业里		里	汇编,1317

·欧·亚·历·史·文·化·文·库·

墓志名称	去世时间	下葬时间	籍贯	去世地点（或居所）	葬地	用字	出处
张君墓志铭	开元十四年	开元十四年		殖业里		里	汇编,1319
陈公墓志铭	开元十三年	开元十四年		东都审教里		里	汇编,1320
容氏墓志铭	开元十三年	开元十四年		洛阳劝善里		里	汇编,1320
新息郡夫人墓志	圣历元年	开元十五年		京怀远里第		里第	续集,508
陈公墓志铭	开元十五年	开元十五年		河南道政里第		里第	续集,512
陈公墓志铭	开元十五年	开元十五年		河南道政里第		里第	汇编,1312
寇君墓志铭	开元十一年	开元十五年		京兆府延康里		里	汇编,1329
赵氏墓志铭	长安二年	开元十五年		河南府河南县洛城乡灵台里第		里第	汇编,1330
程君墓志铭	开元十五年	开元十五年		汴阳附郭里别业		里	汇编,1332
郑府君墓志铭	开元十五年	开元十五年		洛阳怀仁里		里	汇编,1334

墓志名称	去世时间	下葬时间	籍贯	去世地点（或居所）	葬地	用字	出处
卢府君墓志铭	开元十三年	开元十五年		洛阳景行里		里	汇编,1336
杨府君墓志铭	开元四年	开元十五年		平康里第		里第	汇编,1337
王府君墓志铭	垂拱元年	开元十五年		京兆胜业里		里	汇编,1340
崔府君墓志铭	开元十五年	开元十五年		通远里私第		里	汇编,1345
韦氏墓志铭	开元十六年	开元十六年		万年县兰陵里		里	续集,514
薛府君墓志铭	开元十二年　开元十五年	开元十六年		醴泉里　醴泉里		里	汇编,1346
范府君墓志铭	开元十六年	开元十六年		修义里		里	汇编,1349
毛府君墓志铭		开元十六年		清化坊		坊	汇编,1349
公讳君衡墓志	开元十七年	开元十七年		西京来庭里		里	续集,516
王讷墓志铭	开元十七年	开元十七年		长安布政里		里	续集,517
谈君墓志铭	开元十七年	开元十七年		时邕里		里	汇编,1353

墓志名称	去世时间	下葬时间	籍贯	去世地点（或居所）	葬地	用字	出处
高府君墓志铭	开元十七年	开元十七年		河南府洛阳县通远坊		坊	汇编，1359
李公墓志铭	开元十八年	开元十八年		东都宣风里第		里第	续集，519
李府君墓志铭	开元十二年	开元十八年		东都陶化里		里	续集，522
刘府君墓志	开元十七年	开元十八年		道政里		里	汇编，1366
史公墓志铭		开元十八年		审教里		里	汇编，1367
许氏墓志铭	开元十七年	开元十八年		洛阳敦厚里		里	汇编，1367
栢府君墓志铭	神龙二年 开元十八年	开元十八年		思顺里 通利里		里	汇编，1370
刘府君墓志铭	开元十八年	开元十八年		河南府道光坊		坊	汇编，1373
高府君墓志铭	开元十七年	开元十八年		河南之尚贤里		里	汇编，1377
张氏墓志铭	开元十九年	开元十九年		安喜里		里	续集，525
陈祚墓志铭	开元十九年	开元十九年		鼎城嘉善里		里	续集，526

墓志名称	去世时间	下葬时间	籍贯	去世地点（或居所）	葬地	用字	出处
郑府君墓志	开元十九年	开元十九年		西京循华里第		里第	续集,526
李氏墓志铭	开元十九年	开元十九年		洛城脩义坊		坊	汇编,1378
程府君墓志铭	开元十九年	开元十九年		从善里		里	汇编,1380
曹夫人墓志铭	开元十九年	开元十九年		进德坊		坊	汇编,1380
皇甫公墓志铭	开元十九年	开元十九年		京兆通义坊		坊	汇编,1381
贾夫人墓志铭	开元十九年	开元十九年		立行里		里	汇编,1382
杨氏墓志	开元十九年	开元十九年		鼎邑殖业里		里	汇编,1383
朱氏夫人志铭	开元十九年	开元十九年		北市丰财坊		市、坊	汇编,1383
房君墓志	开元十九年	开元十九年		河南府洛阳县归仁里		里	汇编,1385
宋氏墓志铭	开元十九年	开元十九年		教业里第		里第	汇编,1385
司马府君墓志铭	开元十九年	开元十九年		洛阳毓德里		里	汇编,1387

墓志名称	去世时间	下葬时间	籍贯	去世地点（或居所）	葬地	用字	出处
尚书墓志铭	开元二十年	开元二十年		河南崇政里第		里第	续集,527
郭氏墓志铭	开元二十年	开元二十年		脩义里		里	续集,529
王府君墓志铭	开元十九年	开元二十年		洛阳脩义里		里	汇编,1390
张府君墓志铭		开元二十年		怀仁坊		坊	汇编,1392
王君墓志铭	开元二十年	开元二十年		洛阳县教业之里第		里第	汇编,1393
王府君墓志铭		开元二十年		洛阳县修义里		里	汇编,1394
慕容君墓志铭	开元二十年	开元二十年		东都择善里第		里第	汇编,1395
薛府君墓志	开元二十年	开元二十年		东都正平里第		里第	汇编,1395
郑氏志铭	开元二十年	开元二十年		河南县康俗里		里	汇编,1397
王公墓志铭	开元二十年	开元二十年		集贤里		里	汇编,1398
贾府君墓志铭	开元二十年	开元二十年		洛阳脩义里		里	汇编,1399

墓志名称	去世时间	下葬时间	籍贯	去世地点（或居所）	葬地	用字	出处
姚君墓志铭	开元二十年	开元二十年		河南府洛阳县审教里		里	汇编,1400
王氏墓志铭	开元二十年	开元二十年		侍御所职沧州海运坊		坊	汇编,1403
杜府君墓志铭		开元二十年		河南乐城里		里	汇编,1404
韦君长女墓志铭	开元二十年	开元二十一年		京常乐里		里	续集,534
王君墓志铭	开元二十一年	开元二十一年		扶风里第		里第	续集,540
王府君墓志铭	开元十六年	开元二十一年		敦厚里		里	续集,540
房公墓志铭	开元二十年	开元二十一年		崇化里第		里第	汇编,1410
李公墓志铭	开元二十一年	开元二十一年		醴泉里		里	汇编,1412
崔氏墓志铭	开元二十一年	开元二十一年		洛阳毓财里之客舍		里	汇编,1413
泉君墓志铭	开元十七年	开元二十一年		京兆府兴宁里		里	汇编,1417
张府君墓志铭	开元二十年	开元二十一年		靖安里		里	汇编,1419

墓志名称	去世时间	下葬时间	籍　贯	去世地点（或居所）	葬　地	用字	出　处
张府君墓志铭	开元二十年	开元二十一年		洛阳陶化里	本郡安阳县相城里	里	汇编,1420
李氏墓志铭	开元二十一年	开元二十一年		洛阳毓德里		里	汇编,1425
开君墓志	开元二十一年	开元二十一年		西京永兴里		里	汇编,1426
江府君墓志	开元二十一年	开元二十一年		洛阳审教里		里	汇编,1428
王夫人墓志铭	贞观二十二年	贞观二十二年		审教里		里	续集,544
张氏墓志铭	开元二十一年	贞观二十二年		河南思顺里		里	汇编,1430
柳府君墓志铭	贞观二十二年	贞观二十二年		洛阳县丰财里		里	汇编,1431
裴肃墓志铭	贞观二十二年	贞观二十二年		河南崇政里		里	汇编,1431
崔嘉祉墓志	贞观二十二年	贞观二十二年		洛阳尊贤里		里	汇编,1432
苏氏墓志铭	贞观二十二年	贞观二十二年		洛阳县通远里		里	汇编,1433
段府君墓志	贞观二十二年	贞观二十二年		尊贤里		里	汇编,1436

墓志 名称	去世 时间	下葬 时间	籍 贯	去世地点 (或居所)	葬 地	用 字	出 处
郑夫人 志文	开元二 十三年	开元二 十三年		洛阳进 德里第		里第	续集,547
王夫人 墓志铭	开元二 十三年	开元二 十三年		周京 殖业里		里	续集,548
萧府君 墓志铭	开元八年	开元二 十三年		河南县 政俗里	清风乡 安乐里	里	汇编,1439
郑公墓 志铭	贞观二 十二年	开元二 十三年		河南洛阳 审教里		里	汇编,1440
夏侯□ 墓志铭	神龙二年	开元二 十三年		绥福里		里	汇编,1442
董氏墓 志铭	开元二 十三年	开元二 十三年		都德懋里		里	汇编,1443
王府君 墓志铭	开元二 十三年	开元二 十三年		时邕里、 清化里		里	汇编,1445
白府君 墓志铭		开元二 十三年		毓财里		里	汇编,1446
王府君 墓志铭	开元二 十四年	开元二 十四年		道政里		里	续集,550
慕容公 墓志铭	开元二 十四年 开元 十二年	开元二 十四年		东都殖 业里第 京亲仁里		里第 里	续集,555
李公墓 志铭	开元二 十四年	开元二 十四年		河南县 修善里		里	续集,557

·欧·亚·历·史·文·化·文·库·

墓志名称	去世时间	下葬时间	籍贯	去世地点（或居所）	葬地	用字	出处
张府君墓志铭	开元二十四年	开元二十四年		河南县道化里		里	汇编,1453
尹府君墓志铭	开元二十三年	开元二十四年		淳和里		里	汇编,1456
杨氏墓志铭	开元二十四年	开元二十四年		河南县清化里		里	汇编,1456
张夫人墓志铭	开元十年	开元二十四年		河南府道光里		里	汇编,1463
李公墓志铭	开元五年	开元二十五年		静恭里		里	续集,559
赵府君墓志铭	开元二十五年	开元二十五年		洛阳尊贤里		里	续集,559
韦府君墓志铭	开元二十五年	开元二十五年		道政里		里	续集,560
程公墓志	开元二十五年	开元二十五年		东都教业里		里	汇编,1466
崔公墓志铭	开元二十五年	开元二十五年		东都择善里		里	汇编,1467
武府君墓志	开元二十五年	开元二十五年		河南脩义里		里	汇编,1467
杨府君墓志铭	开元二十五年	开元二十五年		河南县道政坊		坊	汇编,1469

墓志 名称	去世 时间	下葬 时间	籍　贯	去世地点 （或居所）	葬　地	用 字	出　处
竹府君 墓志铭	开元二 十五年	开元二 十五年		德懋里		里	汇编,1474
李公志石	开元二 十五年	开元二 十六年		河南府 恭安里		里	汇编,1475
郑氏墓 志铭	开元二 十六年	开元二 十六年		仁风里		里	汇编,1477
李府君 墓志铭	开元二 十六年	开元二 十六年		东都 殖业里		里	汇编,1478
何府君 墓志铭	开元二 十六年	开元二 十六年		洛阳 惠和里		里	汇编,1478
王府君 墓志铭	开元二 十六年	开元二 十六年		河南府 河南县 宣教里		里	汇编,1481
夏侯府 君墓志	开元二 十六年	开元二 十六年		京兆府 万年县 崇义坊		坊	汇编,1482
王府君 墓志	长安元年	开元二 十七年		京都 兴艺里		里	续集,566
王氏墓 志铭	开元二 十七年	开元二 十七年		京兆府 万年县 道政里		里	续集,568
张君墓 志铭	开元二 十一年	开元二 十七年		光宅里		里	续集,569
郭府君 墓志铭	开元二 十七年	开元二 十七年		京兆万 年县安 兴里		里	续集,570

墓志名称	去世时间	下葬时间	籍贯	去世地点（或居所）	葬地	用字	出处
朱府君墓志铭	开元八年	开元二十七年		延福里		里	续集,571
王公墓志	开元二十七年	开元二十七年		睦仁里		里	汇编,1491
姚府君墓志铭	开元二十七年	开元二十七年		宾荷里		里	汇编,1492
清河郡君墓志铭	开元二十六年	开元二十七年		河南府温柔里第		里第	汇编,1493
赵府君墓志铭	开元二十七年	开元二十七年		河南洛阳教业里		里	汇编,1494
崔氏墓志铭	开元二十七年	开元二十七年		洛阳尊贤里		里	汇编,1496
王府君墓志铭	开元二十六年	开元二十七年		洛阳依仁里		里	汇编,1497
郑府君墓志铭	开元二十七年	开元二十七年		洛阳县尊贤里		里	汇编,1499
李府君墓志铭	开元十七年	开元二十七年		洛阳履顺里		里	汇编,1503
雍府君墓志铭	开元二十八年	开元二十八年		金城里		里	续集,572
范公墓志铭	开元二十八年	开元二十八年		京师兴宁里第		里第	续集,574

墓志名称	去世时间	下葬时间	籍贯	去世地点（或居所）	葬地	用字	出处
郑氏墓志铭	开元二十八年	开元二十八年		京师陶化里第		里第	续集,576
汲府君墓志铭	开元二十八年	开元二十八年		河南永丰坊		坊	续集,576
敬公墓志铭	开元二十八年	开元二十八年		河南之从善里		里	汇编,1503
萧君墓志铭	万岁通天二年	开元二十八年		卿州□县敦化里		里	汇编,1504
程府君墓志铭	开元二十八年	开元二十八年		洛阳里仁里		里	汇编,1506
郜君墓志铭	开元二十八年	开元二十八年		洛阳感德里		里	汇编,1508
郑氏墓志铭	开元二十八年	开元二十八年		脩善里		里	汇编,1510
康公墓志铭	开元二十八年	开元二十八年		东都温柔里		里	汇编,1511
崔府君墓志铭	开元二十八年	开元二十八年		东都思顺里第		里第	汇编,1513
段氏墓志铭	开元二十九年	开元二十九年		永兴里		里	续集,580
郎氏墓志铭	开元二十八年	开元二十九年		京师义宁里		里	续集,577

墓志名称	去世时间	下葬时间	籍贯	去世地点（或居所）	葬地	用字	出处
张府君墓志铭	开元二十七年	开元二十九年		广州南海县安定里大云寺		里	汇编,1514
裴府君墓志铭	开元二十八年	开元二十九年		立德里		里	汇编,1514
裴君墓志铭	开元二十八年	开元二十九年		长安光德里		里	汇编,1515
郑氏墓志铭	开元二十八年	开元二十九年		京师义宁里		里	汇编,1516
李府君墓志铭	开元二十九年	开元二十九年		怀仁之里第		里第	汇编,1517
白公墓志铭	开元二十九年	开元二十九年		洛阳兴艺里		里	汇编,1519
源氏墓志铭	开元二十九年	开元二十九年		尊贤里		里	汇编,1521
严氏墓志铭	开元二十九年	开元二十九年		归义里		里	汇编,1522
邢公墓志	开元二十九年	开元二十九年		崇政坊		坊	汇编,1524
沈府君墓志铭		开元二十九年		东都毓德里		里	汇编,1525
张君墓志铭	开元二十九年	开元二十九年		洛阳殖业里		里	汇编,1527

墓志 名称	去世 时间	下葬 时间	籍　贯	去世地点 （或居所）	葬　地	用 字	出　处
张氏墓志	开元二 十九年	开元二 十九年		崇政里		里	汇编,1527
李氏墓 志铭	开元□年	开元□年		东京 审教里		里	续集,580
韩氏墓志	开元二 十七年	天宝元年		洛阳 立行里		里	续集,582
慕容府君 墓志铭	开元二 十九年	天宝元年		从善里第		里第	续集,582
胡氏墓 志铭	开元二 十八年	天宝元年		韦曲里		里	续集,583
严府君 墓志铭	天宝元年	天宝元年		河南福 善里第		里第	续集,585
王府君 墓志铭	天宝元年	天宝元年		都恭安里		里	汇编,1532
张公墓 志铭	开元二 十九年	天宝元年		安邑里		里	汇编,1532
贾公墓 志铭	开元二 十九年	天宝元年		洛阳 毓财里		里	汇编,1534
朱氏墓 志铭	开元二 十九年	天宝元年		汴州归 仙里第		里第	汇编,1534
高府君 墓志铭	天宝元年	天宝元年		东都 道政里		里	汇编,1536

·欧·亚·历·史·文·化·文·库·

墓志名称	去世时间	下葬时间	籍贯	去世地点（或居所）	葬地	用字	出处
李府君墓志铭	开元二十九年	天宝元年		西京永宁里		里	汇编,1539
何府君墓志铭	天宝元年	天宝元年		河南县敦化坊		坊	汇编,1540
李府君墓志铭	天宝元年	天宝元年		河南府河南县乐城里		里	汇编,1540
宁氏墓志铭	天宝元年	天宝元年		洛阳睦仁里		里	汇编,1542
王府君墓志铭	天宝元年	天宝二年		真安里		里	续集,587
寇公墓志铭	天宝二年	天宝二年		洛阳审教里		里	汇编,1547
明府公墓志铭	天宝二年	天宝二年		立德里		里	汇编,1551
王府君墓志铭	天宝二年	天宝二年		洛阳仁风里		里	汇编,1553
独孤氏墓志铭	天宝二年	天宝二年		长安县嘉会里		里	汇编,1554
左府君墓志铭	天宝二年	天宝二年		洛阳进德里		里	汇编,1555
王公墓志铭	天宝二年	天宝二年		洛阳归仁里		里	汇编,1556

墓志 名称	去世 时间	下葬 时间	籍 贯	去世地点 （或居所）	葬 地	用 字	出 处
王府君 志铭	天宝二年	天宝三载		京兆府 胜业里		里	续集,590
史府君 墓志铭	天宝三载	天宝三载		兴宁里		里	续集,594
周公墓志	天宝三载	天宝三载		西京 普宁里		里	续集,595
□君夫 人□氏 墓志铭		天宝三载		洛阳 永泰里		里	汇编,1558
吕夫人 墓志铭	天宝三载	天宝三载		洛阳 德懋里		里	汇编,1558
皇甫府君 墓志铭	开元二 十九年 天宝二年	天宝三载		金谷乡 金谷里		里	汇编,1560
卢府君 墓志铭	天宝三载	天宝三载		道政里		里	汇编,1561
郭夫人 墓志铭	天宝二年	天宝三载		范阳郡 蓟宁里		里	汇编,1562
索公墓志	天宝三载	天宝三载		长安 安定里		里	汇编,1564
卢公墓 志铭	天宝三载	天宝三载		京胜业里		里	汇编,1565
元氏墓 志铭	天宝三载	天宝三载		河南县界 道光里		里	汇编,1566

墓志名称	去世时间	下葬时间	籍 贯	去世地点（或居所）	葬 地	用字	出 处
宇文府君墓志铭	天宝三载	天宝三载		新昌里		里	汇编,1568
马府君墓志铭	天宝三载	天宝三载		东京永丰里		里	汇编,1570
苏公志铭	天宝四载	天宝四载		安兴里		里	续集,596
骞府君墓志铭	开元二十七年	天宝四载		浐川里		里	续集,579
豆卢夫人墓志铭	天宝四载	天宝四载		洛阳县毓德里		里	续集,597
李公墓志铭	开元十八年 天宝四载	天宝四载		思恭坊 东京道政坊		坊	汇编,1575
郑氏墓志铭	天宝四载	天宝四载		东京崇政里		里	汇编,1576
万俟氏墓志铭	天宝三载	天宝四载		洛阳县丰财里		里	汇编,1576
司马府君墓志铭	天宝二年	天宝四载		东京福善里		里	汇编,1577
刘府君墓志铭	开元十八年	天宝四载		京兆脩行里		里	汇编,1579
高君墓志铭	天宝三载	天宝四载		东京丰财坊		坊	汇编,1581

墓志名称	去世时间	下葬时间	籍贯	去世地点(或居所)	葬地	用字	出处
贾公墓志	开元二十九年 天宝四载	天宝四载		东京毓财里 东京审教里		里	汇编,1584
王府君墓志	天宝四载	天宝四载		东京脩义里		里	汇编,1585
元氏权殡墓志	天宝五载	天宝五载		洛阳里第		里第	续集,600
施府君墓志铭	天宝五载	天宝五载		京兆太平里		里	续集,602
孙氏墓志铭	天宝五载	天宝五载		万年兴宁里		里	续集,603
胡府君墓志铭	天宝五载	天宝五载		时邕里		里	汇编,1595
李夫人墓志铭	天宝五载	天宝五载		东京洛阳县之嘉猷里		里	汇编,1598
郭氏墓志铭	天宝五载	天宝五载		永兴里		里	汇编,1599
娄氏墓志铭	开元二十九年	天宝六载		洛阳县感德里		里	汇编,1602
董君墓志铭	天宝五载	天宝六载		镐京城西甘泉里		里	汇编,1603
源府君墓志铭	天宝五载	天宝六载		宣阳里第		里第	汇编,1605

墓志名称	去世时间	下葬时间	籍贯	去世地点（或居所）	葬地	用字	出处
来氏墓志铭	天宝五载	天宝六载		洛阳时邕里		里	汇编,1607
张君墓志	开元二十六年	天宝六载		洛阳陶化里	安阳县相城里	里	汇编,1609
桓府君墓志铭	天宝六载	天宝七载		扶风里		里	续集,609
严府君墓志铭	开元九年 天宝七载	天宝七载		西京崇仁里 平康宅		里	续集,609
卢庭宾墓志	天宝七载	天宝七载		京兆府万年县平康坊		坊	续集,610
蔺夫人龛铭	天宝七载	天宝七载		长安宣义里		里	续集,611
万府君墓志铭	天宝二年	天宝七载		永兴里第		里第	续集,613
王氏墓志铭	天宝七载	天宝七载		河南府洛阳县履信里		里	续集,614
段君墓志铭	天宝六载	天宝七载		东京洛阳县丰财里		里	汇编,1614
宋公墓志铭	天宝六载	天宝七载			洛阳清风乡崇德里北邙原		汇编,1615

墓志 名称	去世 时间	下葬 时间	籍 贯	去世地点 （或居所）	葬 地	用 字	出 处
程府君 墓志铭	天宝七载	天宝七载			河南府 河南县 平乐乡 安善里 杜郭村		汇编,1615
王夫人 墓志铭	天宝七载	天宝七载		河南 永丰里		里	汇编,1616
张府君 墓志铭	天宝七载	天宝七载		长安县 颁政里		里	汇编,1621
王府君 墓志铭	天宝七载	天宝七载		徽安里		里	汇编,1621
祖氏墓 志铭	天宝七载	天宝七载		洛阳县 利仁里		里	汇编,1622
丁府君 墓志铭	天宝七载	天宝七载		河南府 洛阳县 通远里		里	汇编,1623
斛斯府君 墓志铭	天宝七载	天宝七载		利仁里		里	汇编,1623
李氏墓 志铭	天宝七载	天宝七载		河南县 孝水里		里	汇编,1626
裴氏墓 志铭	天宝七载	天宝七载 天宝七载		洛阳县 依仁坊 洛阳县 尊贤里		坊 里	汇编,1629
史府君 墓志铭	开元二 十七年	天宝七载		从善里		里	汇编,1629

墓志名称	去世时间	下葬时间	籍贯	去世地点（或居所）	葬地	用字	出处
李君墓志铭	天宝七载	天宝八载		翊善里		里	续集，617
李夫人墓志铭	天宝八载	天宝八载		德懋坊		坊	续集，618
张夫人墓志铭	天宝八载	天宝八载		长安县崇德里		里	续集，618
裴夫人墓志铭	天宝八载	天宝八载		洛阳县德懋里		里	续集，619
陈府君墓志铭	天宝八载	天宝八载		洛阳睦仁里第		里第	续集，620
崔氏墓志铭	天宝八载	天宝八载		东京宁仁里第		里第	汇编，1631
张公墓志铭	开元十五年	天宝八载		思恭里		里	汇编，1631
陈府君墓志铭	天宝八载	天宝八载		睢阳郡宋城县郭下		郭下	汇编，1631
高氏墓志铭	天宝五载	天宝八载		殖荣里		里	汇编，1633
薛府君墓志	天宝八载	天宝八载		西京长安金城里		里	汇编，1633
崔氏墓志铭	天宝八载	天宝八载		福善坊		坊	汇编，1634

墓志名称	去世时间	下葬时间	籍贯	去世地点（或居所）	葬地	用字	出处
胡夫人墓志铭	天宝八载	天宝八载		洛阳县时邕坊		坊	汇编,1634
高府君墓志铭	天宝八载	天宝八载		东京尚善里		里	汇编,1635
崔氏墓志铭	天宝八载	天宝八载		河南敦行里		里	汇编,1636
吴公墓志铭	天宝八载	天宝八载		东京徽安里		里	汇编,1636
李公墓志铭	天宝八载	天宝八载		东京嘉庆里		里	汇编,1637
屈府君墓志铭	天宝九载	天宝九载		翊善里		里	续集,626
尉迟府君墓志	天宝九载	天宝九载		京安兴里		里	续集,627
唐荣王第八女墓志铭		天宝九载		大明宫兴□里之河馆	大明宫里		续集,628
张也墓志铭	天宝九载	天宝九载		丰财里		里	续集,629
卢府君墓志铭	天宝八载	天宝九载		谯郡鹿邑县里之私舍	县里		汇编,1639
窦君墓志	天宝九载	天宝九载		长安延寿坊		坊	汇编,1643

363

墓志名称	去世时间	下葬时间	籍贯	去世地点（或居所）	葬地	用字	出处
崔氏墓志铭	天宝九载	天宝九载		东京安众坊		坊	汇编,1643
张府君墓志	天宝九载	天宝九载		东都时邕里		里	汇编,1645
韦氏墓志铭	天宝九载	天宝九载		扬州江阳县集贤里	城东嘉宁乡	里	汇编,1646
韦氏墓志铭	天宝九载	天宝九载		洛阳履顺里		里	汇编,1647
张公墓志铭	天宝九载	天宝九载		丰财里		里	汇编,1649
郑氏墓志铭	天宝九载	天宝十载		东京登封县□阳里		里	续集,627
臧府君墓志铭	开元十六年	天宝十载		西京平康里		里	续集,631
钟君墓志铭	天宝九载	天宝十载		大宁里		里	续集,632
高府君墓志铭	开元七年	天宝十载		向贤里		里	续集,638
崔府君墓志铭	天宝九载	天宝十载		河南兴敬里		里	续集,639
赵府君墓志		天宝十载			权窆于洛阳之兴艺里		汇编,1651

墓志 名称	去世 时间	下葬 时间	籍　贯	去世地点 （或居所）	葬　地	用 字	出　处
李君墓 志铭	天宝十载	天宝十载		清化里		里	汇编，1653
梁府君 墓志铭	天宝七载	天宝十载		西京 延寿里		里	汇编，1654
慕容氏女 墓志铭	天宝十载	天宝十载		恭安里		里	汇编，1655
崔府君 墓志铭	天宝八载	天宝十载		洛阳 宣教里		里	汇编，1655
王府君 夫人高 氏合祔 墓铭	天宝九载	天宝十载		东京 仁风里		里	汇编，1656
冯夫人 墓志铭	天宝元年 天宝九载	天宝十载		崇化里 崇贤里		里	汇编，1658
房府君 墓志铭	天宝十载	天宝十载		洛阳 永泰里		里	汇编，1659
卢府君 墓志铭	开元二 十九年	天宝十载		德懋里		里	汇编，1661
故阳夫人 墓志铭	贞观二 十二年 天宝十载	天宝六载		河南府 崇政里 广陵郡 来凤里 之旅次		里	汇编，1662
赵府君 墓志铭	开元 十二年	天宝十载		审教里		里	汇编，1663

墓志名称	去世时间	下葬时间	籍贯	去世地点（或居所）	葬地	用字	出处
卢公墓志铭	天宝十载	天宝十载		东京德懋里		里	汇编,1666
崔氏墓志铭	天宝十载	天宝十载		东京仁和里		里	汇编,1668
张公墓志铭	天宝十载	天宝十载		洛阳思恭里		里	汇编,1670
顺节夫人墓志铭	天宝十载	天宝十载		常乐里		里	汇编,1670
周府君墓志铭	天宝十一载	天宝十一载		东京洛阳县里仁里		里	续集,639
周府君墓志铭	天宝十一载	天宝十一载		归仁里		里	续集,640
张氏墓志铭	天宝十一载	天宝十一载		东京利仁里第		里第	续集,643
韦氏墓志铭	天宝九载	天宝十一载		通远里		里	汇编,1672
萧夫人墓志铭	天宝十一载	天宝十一载		东京之会节里		里	汇编,1672
齐公墓志铭	天宝十一载	天宝十一载		河南徽安里		里	汇编,1673
鲁氏墓志铭	天宝十一载	天宝十一载		河南县道政里		里	汇编,1677

墓志 名称	去世 时间	下葬 时间	籍贯	去世地点 (或居所)	葬地	用字	出处
常郡魏夫人合葬之铭	天宝七载	天宝 十一载			林虑县 子城西 北二百 步平原		汇编,1678
南川县主墓志铭	天宝 十一载	天宝 十一载		兴宁里之 十王院		里	汇编,1678
刘府君夫人墓志铭	天宝 十一载	天宝 十一载		正俗里		里	汇编,1679
韩夫人墓志铭	天宝 十一载	天宝 十一载		荥阳 千塔里		里	汇编,1679
王府君墓志铭	天宝 十一载	天宝 十二载		长安县 □安里		里	续集,644
张府君墓志铭	神龙二年	天宝 十二载		东京 温柔里		里	汇编,1681
王氏墓志	天宝 十二载	天宝 十二载		怀仁里		里	汇编,1682
杜氏墓志铭	开元十年 天宝 十二载	天宝 十二载		德懋里 新安县之 谷川里	里(谷 川里) 之北原	里	汇编,1682
贾君墓志铭	天宝 十二载	天宝 十二载			平乐里		汇编,1689
刘公墓志铭	天宝 十二载	天宝 十二载		永兴里		里	汇编,1690
裴氏墓志铭	天宝 十二载	天宝 十二载		东京 宣教里		里	汇编,1692

墓志名称	去世时间	下葬时间	籍贯	去世地点（或居所）	葬地	用字	出处
崔氏墓志铭	天宝十二载	天宝十二载		宣教里		里	汇编,1693
令狐氏墓志铭	天宝十二载	天宝十二载		京兆府殖业里		里	汇编,1694
冯府君墓志铭	天宝十三载	天宝十三载		大宁里		里	续集,648
何公墓志铭	天宝十三年	天宝十三载		金光里		里	续集,650
韦君墓志铭	天宝十三载	天宝十三载		延康里		里	续集,651
卢尊师墓志铭	天宝十三载	天宝十三载		京兆安兴里		里	续集,652
郑府君墓志铭	开元十六年	天宝十三载		绥福里		里	续集,653
韦府君墓志铭	天宝十三载	天宝十三载		京城兴化里第		里第	续集,654
陈府君墓志铭	天宝十三载	天宝十三载		京师道政里		里	续集,655
阎府君墓志铭	天宝十三载	天宝十三载		京兆府长乐乡里		里	续集,656
卫府君墓志铭	天宝十二载	天宝十三载		观德里		里	汇编,1698

墓志名称	去世时间	下葬时间	籍贯	去世地点（或居所）	葬地	用字	出处
李氏墓志铭	天宝十三载	天宝十三载		永丰里		里	汇编,1699
张公墓志铭	天宝十三载	天宝十三载		河南安业里		里	汇编,1700
张氏墓志	天宝十三载	天宝十三载		履道里		里	汇编,1701
孙府君墓志铭	天宝十二载	天宝十三载		咸宁县来庭里		里	汇编,1702
高氏墓志铭	天宝十三载	天宝十三载		东京道光里		里	汇编,1704
黄府君夫人刘氏龛铭	天宝十三载	天宝十三载		东京宣教里		里	汇编,1706
卢公墓志铭	天宝十三载	天宝十三载		东京崇政里		里	汇编,1707
刘府君墓志铭	天宝十二载	天宝十三载		金城里		里	汇编,1707
朱府君墓志	天宝十三载	天宝十三载		睦仁里		里	汇编,1708
卢府君墓志铭	天宝十三载	天宝十三载		敦化里		里	汇编,1710
裴君墓志铭	天宝十三载	天宝十三载		永丰里		里	汇编,1711

墓志名称	去世时间	下葬时间	籍贯	去世地点（或居所）	葬地	用字	出处
梁氏墓志铭	天宝十三载	天宝十三载		上东里		里	汇编,1714
李府君墓志铭	天宝十四载	天宝十四载		翊善里		里	续集,659
李洪钧墓志铭	天宝十四载	天宝十四载		洛阳政平里		里	续集,659
张府君墓志铭	天宝十四载	天宝十四载		慈仁坊		坊	续集,660
郑夫人墓志铭	天宝十四载	天宝十四载		光德里		里	续集,660
刘氏墓志铭	天宝十四载	天宝十四载		兰陵里		里	续集,662
崔氏墓志铭	天宝十四载	天宝十四载		西京平康里		里	续集,663
高府君墓志铭	天宝十四载	天宝十四载		西京大宁里		里	续集,664
陈夫人墓志铭	天宝十三载	天宝十四载		尊贤里		里	汇编,1715
崔府君墓志铭	天宝十三载	天宝十四载		扬州江阳县德政里		里	汇编,1716
梁君墓志铭	天宝十四载	天宝十四载		使亭里		里	汇编,1717

墓志 名称	去世 时间	下葬 时间	籍　贯	去世地点 (或居所)	葬　地	用 字	出　处
李府君 墓志铭	天宝 十三载	天宝 十四载		京兆府 咸宁县 道政里		里	汇编,1721
张府君 墓志铭	天宝 十四载	天宝 十四载		金城里		里	汇编,1721
张府君 墓志铭	天宝 十四载	天宝 十五载		醴泉里		里	汇编,1722

参考文献

一、古代史料

诸祖耿,编撰.战国策集注汇考.南京:凤凰出版社,2008.

赵守正.管子译注.南宁:广西人民出版社,1982.

〔清〕孙希旦,撰.沈啸寰,点校.礼记集解.北京:中华书局,1989.

前汉纪∥两汉纪.北京:中华书局,2002.

汉书.北京:中华书局,1962.

三国志.北京:中华书局,1959.

晋书.北京:中华书局,1974.

宋书.北京:中华书局,1974.

南齐书.北京:中华书局,1972.

梁书.北京:中华书局,1973.

魏书.北京:中华书局,1973.

周书.北京:中华书局,1971.

北齐书.北京:中华书局,1972.

北史.北京:中华书局,1974.

隋书.北京:中华书局,1973.

十六国春秋.北京:中华书局,1985.

文选.上海:上海古籍出版社,1986.

(北魏)郦道元,注.杨守敬,熊会贞,疏.段熙仲,点校.陈桥驿,复校.水经注疏.南京:江苏古籍出版社,1989.

(北魏)范祥雍.洛阳伽蓝记校注.上海:上海古籍出版社,1958.

(唐)罗隐.罗昭谏集.四库全书本.

元和郡县图志.北京:中华书局,1983.

大唐六典.西安:三秦出版社,1991.

旧唐书.北京:中华书局,1975.

新唐书.北京:中华书局,1975.

通典.北京：中华书局，1988.

（唐）长孙无忌，等，撰.刘俊文，点校.唐律疏议.北京：中华书局，1983.

唐会要.北京：中华书局，1955.

（宋）宋敏求.唐大诏令集.北京：中华书局，2008.

全唐文.北京：中华书局，1983.

（宋）吕祖谦.大事记·大事记解题.四库全书本.

太平寰宇记.北京：中华书局，2007.

资治通鉴.北京：中华书局，1956.

（宋）程大昌.雍录 // 宋元方志丛刊：第 1 册.北京：中华书局，1990.

（宋）宋敏求.长安志 // 宋元方志丛刊：第 1 册.北京：中华书局，1990.

日下旧闻考.北京：北京古籍出版社，1981.

畿辅通志.四库全书本.

江南通志.四库全书本.

广东通志.四库全书本.

广西通志.四库全书本.

湖广通志.四库全书本.

江西通志.四库全书本.

畿辅通志.四库全书本.

（清）顾炎武.历代宅京记.北京：中华书局，1984.

（清）朱偰.金陵古迹图考.北京：中华书局，2006.

（清）郑珍.说文新附考 // 丛书集成新编.台北：新文丰出版社，1985：第 37 册.

二、研究著作

陈寅恪.隋唐制度渊源略论稿.北京：三联书店，2001.

程存洁.唐代城市史研究初篇.北京：中华书局，2002.

成一农.古代城市形态研究方法新探.北京：社会科学文献出版社，2009.

戴应新.赫连勃勃与统万城.西安：陕西人民出版社，1990.

·欧·亚·历·史·文·化·文库·

段鹏琦.汉魏洛阳故城.北京:文物出版社,2009.

顾朝林.中国城镇体系——历史·现状·展望.北京:商务印书馆,1992.

贺业钜.中国古代城市规划史.北京:中国建筑工业出版社,1996.

侯旭东.北朝村民的生活世界——朝廷、州县与村里.北京:商务印书馆,2005.

黄玫茵.唐代江西地区开发研究//台湾大学文史丛刊.台北:台湾大学出版委员会,1996.

姜伯勤.敦煌社会文书导论.台北:新文丰出版公司,1992.

姜波.汉唐都城礼制建筑研究.北京:文物出版社,2003.

具圣姬.两汉魏晋南北朝的坞壁.北京:民族出版社,2004.

李季,译.马可波罗游记.上海:上海东亚图书馆,1936.

李孝聪.历史城市地理.济南:山东教育出版社,2007.

李肖.交河故城的形制布局.北京:文物出版社,2003.

李锦绣.唐代财政史稿.北京:北京大学,1995.

刘淑芬.六朝的城市与社会.台北:学生书局,1992.

刘统.唐代羁縻府州研究.西安:西北大学出版社,1998.

刘庆柱,李毓芳.汉长安城.北京:文物出版社,2003.

鲁西奇.城墙内外——古代汉水流域城市的形态与空间.北京:中华书局,2011.

洛阳师范学院河洛文化国际研究中心,编著.洛阳考古集成·秦汉魏晋南北朝卷.北京:北京图书馆出版社,2007.

洛阳市文物局,洛阳市白马寺汉魏故城文物局保管所.汉魏洛阳故城研究.北京:科学出版社,2000.

洛阳师范学院河洛文化国际研究中心,编.洛阳考古集成·隋唐五代宋卷.北京:北京图书馆出版社,2005.

洛阳市文物局,编.洛阳出土北魏墓志选编.北京:科学出版社,2001.

罗宗真.六朝考古.南京:南京大学出版社,1994.

罗新,叶炜.新出魏晋南北朝墓志疏证.北京:中华书局,2005.

马正林.中国城市历史地理.济南:山东教育出版社,1998.

马先醒.中国古代城市论集.台北:简牍学会,1980.

[日]前田正名.平城历史地理学研究.北京:书目文献出版社,1994.

曲英杰.史记都城考.北京:商务印书馆,2007.

曲英杰.古代城市.北京:文物出版社,2003.

山东省文物考古研究所,山东省博物馆,等.曲阜鲁国故城.济南:齐鲁书社,1982.

施和金.北齐地理志.北京:中华书局,2008.

施和金.中国行政区划通史·隋代卷.上海:复旦大学出版社,2009.

施坚雅,主编.中华帝国晚期的城市.叶光庭,等译.北京:中华书局,2000.

陕西省咸阳考古研究所.秦都咸阳考古报告.北京:科学出版社,2004.

睡虎地秦墓竹简整理小组.睡虎地秦墓竹简.北京:文物出版社,1990.

[美]斯皮罗·科斯托夫,著.城市的形成——历史进程中的城市模式和城市意义.单皓,译.北京:中国建筑工业出版社,2005.

同济大学建筑城规学院.城市规划资料集.北京:中国建筑工业出版社,2003.

王仲荦.北周地理志.北京:中华书局,1980.

王学理.秦都咸阳.西安:陕西人民出版社,1985.

王学理.咸阳帝都记.西安:三秦出版社,1999.

王禹浪,王宏北.高句丽渤海古城址研究汇编.哈尔滨:哈尔滨出版社,1994.

王绵厚.高句丽古城研究.北京:文物出版社,2002.

魏存成.高句丽考古.长春:吉林大学出版社,1994.

辛德勇.隋唐两京丛考.西安:三秦出版社,1991.

新疆文物考古研究所.新疆文物考古新收获(1979—1989).乌鲁木齐:新疆人民出版社,1995.

新疆维吾尔自治区博物馆.新疆文物考古新收获(1990—1996).

·欧·亚·历·史·文·化·文·库·

乌鲁木齐:新疆美术摄影出版社,1997.

许宏.先秦城市考古学研究.北京:北京燕山出版社,2000.

徐卫民.秦都城研究//"秦俑·秦文化"丛书.西安:陕西人民教育出版社,2000.

徐松,撰.李建超,增订.增订两京城坊考.西安:三秦出版社,1996.

严耕望.中国地方行政制度史·魏晋南北朝地方行政制度.台北:学生书局,1997.

杨宽.中国古代都城制度史研究.上海:上海古籍出版社,1993.

杨鸿年.隋唐两京考.武汉:武汉大学出版社,2005.

杨鸿年.隋唐两京坊里谱.上海:上海古籍出版社,1999.

赵超.汉魏南北朝墓志汇编.天津:天津古籍出版社,1992.

中国科学院考古研究所.唐长安大明宫.北京:北京科学出版社,1959.

中国社会科学院考古研究所.汉长安城未央宫.北京:中国大百科全书出版社.1996.

李晓杰.东汉政区地理.济南:山东教育出版社,1999.

周长山.汉代城市研究.北京:人民出版社,2001.

周绍良,主编.唐代墓志汇编.上海:上海古籍出版社,1992.

中国文物地图集·陕西分册.西安:西安地图出版社,1998.

A E J Morris. History of Urban Form:Before the Industrial Revolution, Prentice Hall,1996.

三、研究论文

〔美〕安·P·安德黑尔.中国北方地区龙山时代聚落的变迁.华夏考古,2000(1).

爱宕元.唐代州县城郭の规模と构造//第一届国际唐代学术会议论文集.台北:学生书局,1989.

艾冲.唐前期"六胡州"古城位置有待继续探索.中国历史地理论丛,2009(1).

艾冲.唐代河曲粟特人"六胡州"治城的探索.民族研究,2005(6).

艾冲.论毛乌素沙漠形成与唐代六胡州土地利用的关系.陕西师范大学学报(哲学社会科学版),2004(3).

包伟民.宋代城市管理制度.文史,2007(2).

常腾蛟,吕家新.唐长安坊里建筑遗址的地理位置.考古与文物,1992(5).

陈忠凯.唐长安外郭城区域结构之研究.文博,2001(1).

陈彝秋.唐代扬州城坊乡里考略.扬州大学学报(人文社会科学版),2000(2).

陈昌文.汉代城市的布局及其发展趋势.江西师范大学学报,1998(1).

陈海涛.唐代粟特人聚落六胡州的性质及始末.内蒙古社会科学:汉文版,2002(5).

陈正祥.中国的城∥陈正祥.中国文化地理.北京:三联书店,1983.

陈国英.秦都咸阳考古工作三十年.考古与文物,1988(5)(6)合刊.

程义.试论邺北城的设计思想、布局与影响.西北大学学报:哲学社会科学版,2001(1).

程义.隋唐长安辖县乡里考新补.中国历史地理论丛,2006(4).

成一农."中世纪城市革命"的再思考.清华大学学报:哲社版,2007(2).

成一农.中国古代地方城市形态研究现状评述.中国史研究,2010(1).

成一农.中国古代地方城市筑城简史∥成一农.古代城市形态研究方法新探.北京:社会科学文献出版社,2009.

成一农.唐代的地缘政治结构∥李孝聪,主编."盛唐研究系列丛书"盛唐的地域结构.上海:上海辞书出版社,2003.

成一农.太和年间北魏御夷镇初探∥北京大学历史学系编.北大史学:第5集.北京:北京大学出版社,1998.

成都市博物馆,四川大学博物馆.成都指挥街唐宋遗址发掘报告.南方民族考古:第2辑,1989.

成都市博物馆考古队.成都罗城1、2号门址发掘简报.南方民族考古:第3辑,1990.

[日]池田雄一.汉代の里と自然村∥中国古代の聚落と地方行

政.东京:汲古书院,2002.

戴应新.赫连勃勃与统万城∥代来城故址考古记.西安:陕西人民出版社,1990.

邓辉等.利用彩红外航空影像对统万城的再研究.考古,2003(1).

丁晓雷.大同旧城的形制布局及其所反映的时代特征∥汉唐与边疆考古研究:第1辑.科学出版社,1994.

冻国栋.二十世纪唐代商业史研究述评∥胡戟,张弓,李斌城,葛承雍,主编.二十世纪唐研究.北京:中国社会科学出版社,2002.

杜正胜.古代聚落的传统与变迁∥中国社会经济史研讨会论文集.台北:汉学研究资料及服务中心,1983.

段鹏琦.汉魏故城的调查与发掘∥新中国的考古发现和研究.北京:文物出版社,1984.

段鹏琦.汉魏洛阳城的几个问题∥中国考古学研究——夏鼐先生考古五十年纪念论文集.北京:文物出版社,1986.

傅熹年.隋唐长安洛阳规划手法的探讨.文物,1995(3).

[日]宫崎市定.汉代の里制と唐代の坊制∥宫崎市定全集:第7集.东京:岩波书店,1992.

[日]宫崎市定.关于中国聚落形体的变迁∥日本学者研究中国史论著选译.北京:中华书局,1993.

[日]谷川道雄.北魏末期的内乱与城民∥谷川道雄.隋唐帝国形成史论.上海:上海古籍出版社,2004.

郭济桥.北朝时期邺南城布局初探.文物春秋,2002(2).

郭济桥.曹魏邺城中央官署布局初释.殷都学刊,2002(2).

郭义孚.邺南城朱明门复原研究.考古,1996(1).

何炳棣.北魏洛阳城郭规划∥庆祝李济先生七十岁论文集:上册.台北:清华学报社,1965.

何建国.北魏军镇研究.山西大学历史文化学院2005届硕士研究生学位毕业论文.

贺业钜.唐宋市坊规划制度演变探讨∥中国古代城市规划史论丛.北京:中国建筑工业出版社,1986.

贺业钜.北魏洛都规划分析——兼论中期封建社会城市规划制度

//中国古代城市规划史论丛.北京:中国建筑工业出版社,1986.

河北省临漳县文保所.邺城考古调查和钻探简报.中原文物:1983
(4).

黑龙江省文物考古研究所,牡丹江市文物管理站.渤海国上京龙
泉府遗址1997年考古发掘收获.北方文物,1999(4).

黄盛璋,方水.吐谷浑故都——伏俟城发现与考证.考古,1962
(8).

黄银洲,等.再论唐六胡州城址的定位问题——兼谈历史地理学
研究方法.中国历史地理论丛,2011(1).

吉林省文物工作队.高句丽罗通山城调查简报.文物,1985(2).

[日]加藤繁.宋代都市的发展//加藤繁.中国经济史考证.北京:
商务印书馆,1973.

蒋忠义.隋唐宋明扬州城的复原与研究//中国考古学论丛——中
国社会科学院考古研究所建所40年纪念.北京:科学出版社,1993.

蒋忠义.唐代扬州河道与二十四桥考//汉唐与边疆考古研究(1).
北京:科学出版社,1994.

蒋赞初,熊海堂,贺中香.湖北鄂城六朝考古的主要收获//中国考
古学会第四次年会论文集.北京:文物出版社,1985.

蒋赞初,熊海堂,贺中香.六朝武昌城初探//中国考古学会第五次
年会论文集.北京:文物出版社,1988.

劳干.北魏洛阳城图的复原//台北:"国立中央"研究院历史语言
研究所集刊:第20本上,1948.

雷玉华.唐宋明清时期的成都城垣考.四川文物,1998(1).

李久昌.北魏洛阳里坊制度及其特点.学术交流,2007(7).

李孝聪.唐宋运河城市城址选择与城市形态的研究//环境变迁研
究:第4辑.北京:北京古籍出版社,1993.

李孝聪.中西封建社会城市形态的比较研究//马克尧主编.中西
封建社会比较研究.上海:学林出版社,1997.

李兴盛,赵杰.四子王旗土城子、城卜子古城再调查.内蒙古文物考
古,1998(1).

李济.中国民族的形成·我群的演进:以城址衡量其规模//李济.

·欧·亚·历·史·文·化·文·库·

李济文集:第 1 卷.上海:上海人民出版社,2006.

李兴盛,赵杰.四子王旗土城子、城卜子古城再调查.内蒙古文物考古,1998(1).

李殿福.高句丽丸都山城.文物,1982(6).

李丹婕.唐代六胡州研究评述.新疆师范大学学报:哲学社会科学版,2004(4).

李逸友.内蒙古托克托城的考古发现∥文物资料丛刊:第 4 期.北京:文物出版社,1981.

李作智.隋唐胜州榆林城的发现.文物,1976(2).

刘庆柱.论秦咸阳城布局形制及其相关问题∥刘庆柱.古代都城与帝陵考古学研究.北京:科学出版社,2000.

刘庆柱.西安市汉长安城东市和西市遗址∥中国考古学年鉴(1987 年).北京:文物出版社,1989.

刘华祝.试论两汉豪强地主坞壁.历史研究,1985(5).

刘建国.新疆高昌、北庭古城的遥感探查.考古,1995(8).

洛阳博物馆.洛阳发现隋唐城夹城城墙.考古,1983(11).

洛阳市文物工作队.1981 年河南洛阳隋唐东都夹城发掘简报.中原文物,1983(2).

逯燿东.北魏平城对洛阳规建的影响∥从平城到洛阳——拓跋魏文化转变的历程.台北:联经出版事业公司,1979.

鲁西奇.唐代地方城市中的里坊制及其形态∥厦门大学国学研究院集刊:第 2 辑.北京:中华书局,2010.

鲁西奇.六朝买地券丛考.文史,2006(2).

鲁西奇.汉宋间长江中游地区的乡村聚落形态及其演变∥历史地理第:第 23 辑.上海:上海人民出版社,2008.

卢海鸣.六朝建康里坊制度辨析.南京社会科学,1994(6).

孟凡人.北魏洛阳外郭城形制初探.中国历史博物馆馆刊,1982(4).

马得志.唐大明宫发掘简报.考古,1959(6).

马得志.唐长安兴庆宫发掘记.考古,1959(10).

马得志.唐长安城的调查发掘.文博通讯,1982(5).

马得志.唐长安城发掘新收获.考古,1987(4).

马正林.唐长安城总体布局的地理的特征∥历史地理:第3辑,上海:上海人民出版社,1983.

穆渭生.唐代设置六胡州的历史地理考察.唐都学刊,2007(3).

南京博物院,等.扬州唐城遗址1975年考古工作简报.文物,1977(9).

南京博物院.扬州古城1978年调查发掘简报.文物,1979(9).

内蒙古文物工作队,包头市文物管理所.内蒙古百灵淖城圐圙北魏古城遗址调查与试掘.考古,1984(2).

内蒙古文物工作队,内蒙古博物馆.内蒙古自治区文物考古工作的重大成果.文物,1977(5).

内蒙古文物考古研究所.和林格尔县土城子古城考古发掘主要收获.内蒙古文物考古,2006(1).

牛润珍.邺与中世纪东亚都城城制系统.河北学刊,2006(5).

朴汉济.北魏洛阳社会与胡汉体制.中原文物,1988(4).

朴汉济.唐代"六胡州"州城的建置及其运用—"降户"的安置和役使的一个类型.李椿浩,译.中国历史地理论丛,2010(2).

齐东方.魏晋隋唐城市里坊制度——考古学的印证∥唐研究:第9卷.北京:北京大学出版社,2003.

秦都咸阳考古工作站.秦都咸阳第一号宫殿建筑遗址简报.文物,1976(11).

秦都咸阳考古工作站.秦咸阳宫第二号建筑遗址发掘简报.考古与文物,1986(4).

青海省文物考古队.青海湖环湖考古调查.考古,1984(3).

荣新江.关于隋唐长安研究的几点思考∥唐研究:第9卷.北京:北京大学出版社,2003.

陕西省社会科学院考古研究所渭水队.秦都咸阳故城遗址的调查和试掘.考古,1962(6).

陕西省文物管理委员会.唐长安城地基初步探测资料.人文杂志,1958(1).

陕西省文物管理委员会.唐长安城地基初步探测.考古学报,1958

（3）．

陕西省文物管理委员会．统万城城址勘测记．考古，1981（3）．

陕西省博物馆，文管会钻探组．唐长安城兴化坊遗址钻探简报．文物，1972（1）．

尚民杰．隋唐长安城的设计思想与隋唐政治．人文杂志，1991（1）．

史念海，史先智．论十六国和南北朝时期长安城中的小城、子城和皇城．中国历史地理论丛，1997（1）．

史念海．唐长安城外郭城街道及坊里的变迁．中国历史地理论丛，1994（1）．

宿白．北魏洛阳城和北邙陵墓——鲜卑遗迹辑录之三．文物，1978（7）．

宿白．盛乐、平城一带的拓跋鲜卑—北魏遗迹——鲜卑遗迹辑录之二．文物，1977（11）．

宿白．隋唐长安城和洛阳城．考古，1978（6）．

索秀芬．内蒙古地区北魏城址．内蒙古文物考古，2002（1）．

孙靖国．桑干河流域历史城市地理研究．北京大学历史系 2009 年博士毕业论文．

唐长孺．北魏南境诸州的城民 // 唐长孺．山居存稿．北京：中华书局，1989．

唐金裕．西安西郊汉代建筑遗址发掘报告．考古学报，1959（2）．

陶正刚，叶学明．古魏城和禹王古城调查简报．文物，1962 年（4）、（5）．

田岸．曲阜鲁城勘探．文物，1982（12）．

王德权．从"汉县"到"唐县"——三至八世纪河北县治体系变动的考察 // 唐研究：第 5 卷．北京：北京大学出版社，1999．

王仲殊．汉长安城考古工作的初步收获．考古通讯，1957（5）．

王仲殊．汉长安城考古工作收获续记．考古通讯，1958（4）．

王恩田．曲阜鲁国故城的年代及其相关问题．考古与文物，1988（2）．

王刚，等．"统万城"复原图考．文物世界，2004（6）．

王勤金．唐代扬州二十四桥桥址与考古勘探调查与研究．南方文物,1995(3).

王维坤.试论隋唐长安城的总体设计思想与布局——隋唐长安城研究之一//考古文物研究——纪念西北大学考古专业成立四十周年文集(1956—1996).西安:三秦出版社,1996.

王维坤.试论隋唐长安城的总体设计思想与布局——隋唐长安城研究之二.西北大学学报,1997(3).

王义康.六胡州的变迁与六州胡的种族.中国历史地理论丛,1998(4).

王乃昂,等.六胡州古城址的发现及其环境意义.中国历史地理论丛,2006(3).

魏隽如,张智海.北魏柔玄镇地望考述.北方文物,2009(1).

吴宏岐.关于大夏国都统万城的城市形态与布局问题.中国历史地理论丛,2004(3).

毋有江.北魏政区地理研究.复旦大学2005年博士毕业论文.

武伯纶.唐万年、长安县乡里考.考古学报,1963(2).

武伯纶.新疆天山南路的文物调查.文物参考资料,1954(10).

乌兰察布博物馆.武川县二份子北魏古城调查记//内蒙古文物考古文集.北京:中国大百科全书出版社,1994.

咸阳市文管会,等.秦都咸阳第三号宫殿建筑遗址发掘简报.考古与文物,1980(2).

肖爱玲.西汉城市地理研究.陕西师范大学2006年博士学位论文.

许倬云.周代都市的发展与商业的发达//梁庚尧,刘淑芬,主编.城市与乡村.北京:中国大百科全书出版社,2005.

徐苹芳.马王堆三号汉墓出土的帛画"城邑图"及其有关问题//简帛研究:第1辑.北京:法律出版社,1993.

徐光冀.邺城考古的新收获.文物春秋,1995(3).

徐光冀.邺城遗址的勘探发掘及其意义——在磁山文化学术讨论会上的发言//邺城暨北朝史研究.石家庄:河北人民出版社,1991.

学理,等.秦都咸阳发掘报道的若干补正意见.文物,1979(2).

阎文儒.洛阳汉魏隋唐城址勘查记.考古学报,1955(9).

要子瑾.魏都平城遗址试探.中国历史地理论丛,1992(3).

姚勤镇,吕达.统万城的历史演变及其建筑特点探析.延安大学学报:社会科学版,2004(2).

严耕望.唐五代时期之成都∥严耕望.严耕望史学论文选集.北京:中华书局,2006.

俞伟超.中国古代都城规划的发展阶段性.文物,1985(2).

俞伟超.邺城调查记.考古,1963(1).

赵望秦."独柳树"地点考实.中国历史地理论丛,1999(1).

赵淑贞.北魏平城考.山西大学师范学院学报:1999(2).

赵强.西安发现唐代坊里道路遗址.中国文物报,1992—11—08(1).

赵超.唐代洛阳城坊补考.考古,1987(9).

赵克尧.论魏晋南北朝的坞壁.历史研究,1980(6).

张金龙.北魏洛阳里坊制度探微.历史研究,1996(6).

张南.安徽汉代城市的分布与建设.学术界,1991(6).

张郁.内蒙古大青山后东汉北魏古城遗址调查记.考古通讯,1958(3).

张中印.东汉—北魏时期洛阳城市形态与内部空间结构演变.陕西师范大学2003年研究生学位论文.

张郁.内蒙古大青山后东汉北魏古城遗址调查记.考古通讯,1958(3).

张增光.平城遗址浅析.晋阳学刊,1988(1).

郑炳林.高昌城诸门考.兰州大学学报,1985(4).

中国科学院考古研究所山东工作队,等.山东曲阜考古调查试掘简报.考古,1965(12).

中国社会科学院考古研究所汉城工作队.汉长安城南郊礼制建筑遗址发掘简报.考古,1960(7).

中国社会科学院考古研究所汉城工作队.汉长安城武库遗址发掘的初步收获.考古,1978(4).

中国社会科学院考古研究所汉城工作队.汉长城北宫的勘探及其南面砖瓦窑的发掘.考古,1996(10).

中国科学院考古研究所洛阳工作队.汉魏洛阳城初步勘查.考古,

1973(4).

中国社会科学院考古研究所汉魏城工作队.汉魏洛阳城城垣试掘.考古,1998(3).

中国社会科学院考古研究所洛阳汉魏城队.洛阳汉魏故城北魏外廓城内丛葬墓发掘.考古,1992(1).

中国社会科学院考古研究所汉魏城工作队.北魏洛阳外郭和水道的勘查.考古,1993(7).

中国社会科学院考古研究所汉魏城工作队.汉魏洛阳故城金镛城址发掘简报.考古,1999(3).

中国社会科学院考古研究所,河北省文物研究所邺城考古工作队.河北临漳邺北城遗址勘探发掘简报.考古,1990(7).

中国社会科学院考古研究所,河北省文物研究所邺城考古工作队.河北临漳邺南城朱明门遗址的发掘.考古,1996(1).

中国社会科学院考古研究所,河北省文物研究所邺城考古工作队.河北临漳县邺南城遗址勘探与发掘.考古,1997(3).

中国科学院考古研究所洛阳发掘队.隋唐东都城址的勘查和发掘.考古,1961(3).

中国社会科学院考古研究所洛阳工作队."隋唐东都城址的勘查与发掘"续记.考古,1978(6).

中国社会科学院考古研究所洛阳唐城队.唐东都武则天明堂遗址发掘简报.考古,1988(3).

中国社会科学院考古研究所洛阳唐城队.洛阳隋唐东都城 1982—1986 年考古工作纪要.考古,1989(3).

中国社会科学院考古研究所洛阳唐城队.1987 年隋唐东都发掘简报.考古,1989(5).

中国社会科学院考古研究所洛阳唐城队.洛阳东都上阳宫园林遗址发掘简报.考古,1998(2).

中国社会科学院考古研究所洛阳唐城队.隋唐洛阳城城垣 1995—1997 年发掘简报.考古,2003(3).

中国社会科学院考古研究所西安唐城工作队.唐长安城安定坊发掘记.考古,1989(4).

中国社会科学院考古研究所西安唐城工作队.唐长安城西市遗址发掘.考古,1961(5).

中国科学院考古研究所西安发掘队.唐代长安城考古纪略.考古,1961(11).

中国科学院考古研究所.1961年田野工作的主要收获.考古,1962(5).

中国社会科学院考古研究所.渤海上京龙泉府遗址的调查与发掘//中国社会科学院考古研究所.新中国的考古发现和研究.北京:文物出版社,1984.

中国社会科学院考古研究所,等.扬州城考古工作简报.考古,1990(1).

周一良.领民酋长与六州都督//周一良.魏晋南北朝史论集.北京:北京大学出版社,1997.

周振鹤.历史上行政区划幅员的伸缩变化(上).中国方域,1997(6).

朱大渭.魏晋南北朝时期的套城.齐鲁学刊,1987(4).

诸祖煜.唐代扬州坊市制度及其嬗变.东南文化,1999(4).

索　引

· 欧 · 亚 · 历 · 史 · 文 · 化 · 文 · 库 ·